UZBEQUE
VOCABULÁRIO

PORTUGUÊS BRASILEIRO

PORTUGUÊS UZBEQUE

Para alargar o seu léxico e apurar
as suas competências linguísticas

9000 palavras

Vocabulário Português Brasileiro-Uzbeque - 9000 palavras

Por Andrey Taranov

Os vocabulários da T&P Books destinam-se a ajudar a aprender, a memorizar, e a rever palavras estrangeiras. O dicionário é dividido em temas, cobrindo todas as principais esferas de atividades quotidianas, negócios, ciência, cultura, etc.

O processo de aprendizagem, utilizando os dicionários baseados em temáticas da T&P Books dá-lhe as seguintes vantagens:

- Informação de origem corretamente agrupada predetermina o sucesso em fases subsequentes da memorização de palavras
- Disponibilização de palavras derivadas da mesma raiz, o que permite a memorização de unidades de texto (em vez de palavras separadas)
- Pequenas unidades de palavras facilitam o processo de estabelecimento de vínculos associativos necessários para a consolidação do vocabulário
- O nível de conhecimento da língua pode ser estimado pelo número de palavras aprendidas

T&P Books Publishing
www.tpbooks.com

ISBN: 978-1-78767-299-4

Este livro também está disponível em formato E-book.
Por favor visite www.tpbooks.com ou as principais livrarias on-line.

VOCABULÁRIO UZBEQUE
palavras mais úteis

Os vocabulários da T&P Books destinam-se a ajudar a aprender, a memorizar, e a rever palavras estrangeiras. O vocabulário contém mais de 9000 palavras de uso comum organizadas tematicamente.

O vocabulário contém as palavras mais comummente usadas
Recomendado como adicional para qualquer curso de línguas
Satisfaz as necessidades dos iniciados e dos alunos avançados de línguas estrangeiras
Conveniente para o uso diário, sessões de revisão e atividades de auto-teste
Permite avaliar o seu vocabulário

Características especias do vocabulário

*   As palavras estão organizadas de acordo com o seu significado, e não por ordem alfabética
*   As palavras são apresentadas em três colunas para facilitar os processos de revisão e auto-teste
*   As palavras compostas são divididas em pequenos blocos para facilitar o processo de aprendizagem
*   O vocabulário oferece uma transcrição simples e adequada de cada palavra estrangeira

O vocabulário contém 256 tópicos incluindo:

Conceitos básicos, Números, Cores, Meses, Estações do ano, Unidades de medida, Roupas & Acessórios, Alimentos & Nutrição, Restaurante, Membros da Família, Parentes, Caráter, Sentimentos, Emoções, Doenças, Cidade, Passeios, Compras, Dinheiro, Casa, Lar, Escritório, Trabalho no Escritório, Importação & Exportação, Marketing, Pesquisa de Emprego, Esportes, Educação, Computador, Internet, Ferramentas, Natureza, Países, Nacionalidades e muito mais ...

TABELA DE CONTEÚDOS

GUIA DE PRONUNCIAÇÃO

Letra	Exemplo Uzbeque	Alfabeto fonético T&P	Exemplo Português
A a	satr	[a]	chamar
B b	kutubxona	[b]	barril
D d	marvarid	[d]	dentista
E e	erkin	[e]	metal
F f	mukofot	[f]	safári
G g	girdob	[g]	gosto
G' g'	g'ildirak	[ɣ]	agora
H h	hasharot	[h]	[h] aspirada
I i	kirish	[i], [iː]	sinônimo
J j	natija	[dʒ]	adjetivo
K k	namlik	[k]	aquilo
L l	talaffuz	[l]	libra
M m	tarjima	[m]	magnólia
N n	nusxa	[n]	natureza
O o	bosim	[ɒ], [o]	de volta
O' o'	o'simlik	[ø]	orgulhoso
P p	polapon	[p]	presente
Q q	qor	[q]	teckel
R r	rozilik	[r]	riscar
S s	siz	[s]	sanita
T t	tashkilot	[t]	tulipa
U u	uchuvchi	[u]	bonita
V v	vergul	[w]	página web
X x	xonadon	[h]	[h] suave
Y y	yigit	[j]	Vietnã
Z z	zirak	[z]	sésamo
ch	chang	[tʃ]	Tchau!
sh	shikoyat	[ʃ]	mês
' 1	san'at	[ː], [--]	mudo

Comentários

1 [ː] - Prolonga a vogal anterior; após consoantes é usado como um 'sinal forte'

ABREVIATURAS
usadas no vocabulário

Abreviaturas do Português

adj	-	adjetivo
adv	-	advérbio
anim.	-	animado
conj.	-	conjunção
desp.	-	esporte
etc.	-	Etcetera
ex.	-	por exemplo
f	-	nome feminino
f pl	-	feminino plural
fem.	-	feminino
ınanim.	-	inanimado
m	-	nome masculino
m pl	-	masculino plural
m, f	-	masculino, feminino
masc.	-	masculino
mat.	-	matemática
mil.	-	militar
pl	-	plural
prep.	-	preposição
pron.	-	pronome
sb.	-	sobre
sing.	-	singular
v aux	-	verbo auxiliar
vi	-	verbo intransitivo
vi, vt	-	verbo intransitivo, transitivo
vr	-	verbo reflexivo
vt	-	verbo transitivo

CONCEITOS BÁSICOS

Conceitos básicos. Parte 1

1. Pronomes

eu	мен	men
você	сен	sen
ele, ela	у	u
nós	биз	biz
vocês	сиз	siz
eles, elas	улар	ular

2. Cumprimentos. Saudações. Despedidas

Oi!	Салом!	Salom!
Olá!	Ассалому алайкум!	Assalomu alaykum!
Bom dia!	Хайрли тонг!	Xayrli tong!
Boa tarde!	Хайрли кун!	Xayrli kun!
Boa noite!	Хайрли оқшом!	Xayrli oqshom!
cumprimentar (vt)	саломлашмоқ	salomlashmoq
Oi!	Салом бердик!	Salom berdik!
saudação (f)	салом	salom
saudar (vt)	салом бермоқ	salom bermoq
Como você está?	Ишларингиз қалай?	Ishlaringiz qalay?
Como vai?	Ишларинг қалай?	Ishlaring qalay?
E aí, novidades?	Янгилик борми?	Yangilik bormi?
Tchau! Até logo!	Хайр!	Xayr!
Até breve!	Кўришқунча хайр!	Ko'rishquncha xayr!
Adeus!	Соғ бўлинг!	Sog' bo'ling!
despedir-se (dizer adeus)	хайрлашмоқ	xayrlashmoq
Até mais!	Ҳозирча хайр!	Hozircha xayr!
Obrigado! -a!	Раҳмат!	Rahmat!
Muito obrigado! -a!	Катта раҳмат!	Katta rahmat!
De nada	Марҳамат	Marhamat
Não tem de quê	Ташаккур билдиришга арзимайди.	Tashakkur bildirishga arzimaydi.
Não foi nada!	Арзимайди	Arzimaydi
Desculpa!	Кечир!	Kechir!
Desculpe!	Кечиринг!	Kechiring!
desculpar (vt)	кечирмоқ	kechirmoq
desculpar-se (vr)	кечирим сўрамоқ	kechirim so'ramoq

Me desculpe	Мени кечиргайсиз.	Meni kechirgaysiz.
Desculpe!	Афв етасиз!	Afv etasiz!
perdoar (vt)	афв етмоқ	afv etmoq
Não faz mal	Ҳечқиси йўқ!	Hechqisi yo'q!
por favor	марҳамат қилиб	marhamat qilib
Não se esqueça!	Унутманг!	Unutmang!
Com certeza!	Албатта!	Albatta!
Claro que não!	Албатта, йўқ!	Albatta, yo'q!
Está bem! De acordo!	Розиман!	Roziman!
Chega!	Бас!	Bas!

3. Como se dirigir a alguém

Desculpe ...	Маъзур тутасиз!	Ma'zur tutasiz!
senhor	Жаноб	Janob
senhora	Хоним	Xonim
senhorita	Яхши қиз	Yaxshi qiz
jovem	Яхши йигит	Yaxshi yigit
menino	Болакай	Bolakay
menina	Қизалоқ	Qizaloq

4. Números cardinais. Parte 1

zero	нол	nol
um	бир	bir
dois	икки	ikki
três	уч	uch
quatro	тўрт	to'rt
cinco	беш	besh
seis	олти	olti
sete	етти	etti
oito	саккиз	sakkiz
nove	тўққиз	to'qqiz
dez	ўн	o'n
onze	ўн бир	o'n bir
doze	ўн икки	o'n ikki
treze	ўн уч	o'n uch
catorze	ўн тўрт	o'n to'rt
quinze	ўн беш	o'n besh
dezesseis	ўн олти	o'n olti
dezessete	ўн етти	o'n etti
dezoito	ўн саккиз	o'n sakkiz
dezenove	ўн тўққиз	o'n to'qqiz
vinte	йигирма	yigirma
vinte e um	йигирма бир	yigirma bir
vinte e dois	йигирма икки	yigirma ikki
vinte e três	йигирма уч	yigirma uch

trinta	ўттиз	o'ttiz
trinta e um	ўттиз бир	o'ttiz bir
trinta e dois	ўттиз икки	o'ttiz ikki
trinta e três	ўттиз уч	o'ttiz uch

quarenta	қирқ	qirq
quarenta e um	қирқ бир	qirq bir
quarenta e dois	қирқ икки	qirq ikki
quarenta e três	қирқ уч	qirq uch

cinquenta	еллик	ellik
cinquenta e um	еллик бир	ellik bir
cinquenta e dois	еллик икки	ellik ikki
cinquenta e três	еллик уч	ellik uch

sessenta	олтмиш	oltmish
sessenta e um	олтмиш бир	oltmish bir
sessenta e dois	олтмиш икки	oltmish ikki
sessenta e três	олтмиш уч	oltmish uch

setenta	етмиш	etmish
setenta e um	етмиш бир	etmish bir
setenta e dois	етмиш икки	etmish ikki
setenta e três	етмиш уч	etmish uch

oitenta	саксон	sakson
oitenta e um	саксон бир	sakson bir
oitenta e dois	саксон икки	sakson ikki
oitenta e três	саксон уч	sakson uch

noventa	тўқсон	to'qson
noventa e um	тўқсон бир	to'qson bir
noventa e dois	тўқсон икки	to'qson ikki
noventa e três	тўқсон уч	to'qson uch

5. Números cardinais. Parte 2

cem	юз	yuz
duzentos	икки юз	ikki yuz
trezentos	уч юз	uch yuz
quatrocentos	тўрт юз	to'rt yuz
quinhentos	беш юз	besh yuz
seiscentos	олти юз	olti yuz
setecentos	етти юз	etti yuz
oitocentos	саккиз юз	sakkiz yuz
novecentos	тўққиз юз	to'qqiz yuz

mil	минг	ming
dois mil	икки минг	ikki ming
três mil	уч минг	uch ming
dez mil	ўн минг	o'n ming
cem mil	юз минг	yuz ming
um milhão	миллион	million
um bilhão	миллиард	milliard

6. Números ordinais

primeiro (adj)	биринчи	birinchi
segundo (adj)	иккинчи	ikkinchi
terceiro (adj)	учинчи	uchinchi
quarto (adj)	тўртинчи	to'rtinchi
quinto (adj)	бешинчи	beshinchi
sexto (adj)	олтинчи	oltinchi
sétimo (adj)	еттинчи	ettinchi
oitavo (adj)	саккизинчи	sakkizinchi
nono (adj)	тўққизинчи	to'qqizinchi
décimo (adj)	ўнинчи	o'ninchi

7. Números. Frações

fração (f)	каср	kasr
um meio	иккидан бир	ikkidan bir
um terço	учдан бир	uchdan bir
um quarto	тўртдан бир	to'rtdan bir
um oitavo	саккиздан бир	sakkizdan bir
um décimo	ўндан бир	o'ndan bir
dois terços	учдан икки	uchdan ikki
três quartos	тўртдан уч	to'rtdan uch

8. Números. Operações básicas

subtração (f)	айириш	ayirish
subtrair (vi, vt)	айирмоқ	ayirmoq
divisão (f)	бўлиш	bo'lish
dividir (vt)	бўлмоқ	bo'lmoq
adição (f)	қўшиш	qo'shish
somar (vt)	қўшмоқ	qo'shmoq
adicionar (vt)	яна қўшмоқ	yana qo'shmoq
multiplicação (f)	кўпайтириш	ko'paytirish
multiplicar (vt)	кўпайтирмоқ	ko'paytirmoq

9. Números. Diversos

algarismo, dígito (m)	рақам	raqam
número (m)	сон	son
numeral (m)	саноқ сон	sanoq son
menos (m)	минус	minus
mais (m)	плюс	plyus
fórmula (f)	формула	formula
cálculo (m)	ҳисоблаш	hisoblash
contar (vt)	санамоқ	sanamoq

calcular (vt)	ҳисобламоқ	hisoblamoq
comparar (vt)	солиштирмоқ	solishtirmoq

Quanto?	Қанча?	Qancha?
Quantos? -as?	Нечта?	Nechta?

soma (f)	сумма	summa
resultado (m)	натижа	natija
resto (m)	қолдиқ	qoldiq

alguns, algumas ...	бир нечта	bir nechta
pouco (~ tempo)	бир оз	biroz
resto (m)	қолгани	qolgani
um e meio	бир ярим	bir yarim
dúzia (f)	ўн иккита	o'n ikkita

ao meio	иккига бўлиб	ikkiga bo'lib
em partes iguais	тенг-баравар	teng-baravar
metade (f)	ярим	yarim
vez (f)	марта	marta

10. Os verbos mais importantes. Parte 1

abrir (vt)	очмоқ	ochmoq
acabar, terminar (vt)	тугатмоқ	tugatmoq
aconselhar (vt)	маслаҳат бермоқ	maslahat bermoq
adivinhar (vt)	топмоқ	topmoq
advertir (vt)	огоҳлантирмоқ	ogohlantirmoq

ajudar (vt)	ёрдамлашмоқ	yordamlashmoq
almoçar (vi)	тушлик қилмоқ	tushlik qilmoq
alugar (~ um apartamento)	ижарага олмоқ	ijaraga olmoq
amar (pessoa)	севмоқ	sevmoq
ameaçar (vt)	пўписа қилмоқ	po'pisa qilmoq

anotar (escrever)	ёзиб олмоқ	yozib olmoq
apressar-se (vr)	шошилмоқ	shoshilmoq
arrepender-se (vr)	афсусланмоқ	afsuslanmoq
assinar (vt)	имзоламоқ	imzolamoq
brincar (vi)	ҳазиллашмоқ	hazillashmoq

brincar, jogar (vi, vt)	ўйнамоқ	o'ynamoq
buscar (vt)	... изламоқ	... izlamoq
caçar (vi)	ов қилмоқ	ov qilmoq
cair (vi)	йиқилмоқ	yiqilmoq
cavar (vt)	қазимоқ	qazimoq
chamar (~ por socorro)	чақирмоқ	chaqirmoq

chegar (vi)	етиб келмоқ	etib kelmoq
chorar (vi)	йиғламоқ	yig'lamoq
começar (vt)	бошламоқ	boshlamoq
comparar (vt)	солиштирмоқ	solishtirmoq
concordar (dizer "sim")	рози бўлмоқ	rozi bo'lmoq
confiar (vt)	ишонмоқ	ishonmoq

confundir (equivocar-se)	адаштирмоқ	adashtirmoq
conhecer (vt)	танимоқ	tanimoq
contar (fazer contas)	ҳисобламоқ	hisoblamoq
contar com ...	... га умид қилмоқ	... ga umid qilmoq
continuar (vt)	давом еттирмоқ	davom ettirmoq

controlar (vt)	назорат қилмоқ	nazorat qilmoq
convidar (vt)	таклиф қилмоқ	taklif qilmoq
correr (vi)	югурмоқ	yugurmoq
criar (vt)	яратмоқ	yaratmoq
custar (vt)	арзимоқ	arzimoq

11. Os verbos mais importantes. Parte 2

dar (vt)	бермоқ	bermoq
dar uma dica	ишора қилмоқ	ishora qilmoq
decorar (enfeitar)	безамоқ	bezamoq
defender (vt)	ҳимоя қилмоқ	himoya qilmoq
deixar cair (vt)	туширмоқ	tushirmoq

descer (para baixo)	тушмоқ	tushmoq
desculpar (vt)	кечирмоқ	kechirmoq
desculpar-se (vr)	кечирим сўрамоқ	kechirim so'ramoq
dirigir (~ uma empresa)	бошқармоқ	boshqarmoq
discutir (notícias, etc.)	муҳокама қилмоқ	muhokama qilmoq

disparar, atirar (vi)	отмоқ	otmoq
dizer (vt)	айтмоқ	aytmoq
duvidar (vt)	иккиланмоқ	ikkilanmoq
encontrar (achar)	топмоқ	topmoq
enganar (vt)	алдамоқ	aldamoq

entender (vt)	тушунмоқ	tushunmoq
entrar (na sala, etc.)	кирмоқ	kirmoq
enviar (uma carta)	жўнатмоқ	jo'natmoq
errar (enganar-se)	адашмоқ	adashmoq
escolher (vt)	танламоқ	tanlamoq

esconder (vt)	беркитмоқ	berkitmoq
escrever (vt)	ёзмоқ	yozmoq
esperar (aguardar)	кутмоқ	kutmoq
esperar (ter esperança)	умид қилмоқ	umid qilmoq
esquecer (vt)	унутмоқ	unutmoq

estudar (vt)	ўрганмоқ	o'rganmoq
exigir (vt)	талаб қилмоқ	talab qilmoq
existir (vi)	мавжуд бўлмоқ	mavjud bo'lmoq
explicar (vt)	тушунтирмоқ	tushuntirmoq

falar (vi)	гапирмоқ	gapirmoq
faltar (a la escuela, etc.)	қолдирмоқ	qoldirmoq
fazer (vt)	қилмоқ	qilmoq
ficar em silêncio	индамай турмоқ	indamay turmoq
gabar-se (vr)	мақтанмоқ	maqtanmoq

gostar (apreciar)	ёқмоқ	yoqmoq
gritar (vi)	бақирмоқ	baqirmoq
guardar (fotos, etc.)	сақламоқ	saqlamoq
informar (vt)	хабардор қилмоқ	xabardor qilmoq
insistir (vi)	талаб қилмоқ	talab qilmoq
insultar (vt)	ҳақоратламоқ	haqoratlamoq
interessar-se (vr)	қизиқмоқ	qiziqmoq
ir (a pé)	юрмоқ	yurmoq
ir nadar	чўмилмоқ	cho'milmoq
jantar (vi)	кечки овқатни емоқ	kechki ovqatni emoq

12. Os verbos mais importantes. Parte 3

ler (vt)	ўқимоқ	o'qimoq
libertar, liberar (vt)	халос қилмоқ	xalos qilmoq
matar (vt)	ўлдирмоқ	o'ldirmoq
mencionar (vt)	эслатиб ўтмоқ	eslatib o'tmoq
mostrar (vt)	кўрсатмоқ	ko'rsatmoq
mudar (modificar)	ўзгартирмоқ	o'zgartirmoq
nadar (vi)	сузмоқ	suzmoq
negar-se a … (vr)	рад қилмоқ	rad qilmoq
objetar (vt)	эътироз билдирмоқ	e'tiroz bildirmoq
observar (vt)	кузатмоқ	kuzatmoq
ordenar (mil.)	буюрмоқ	buyurmoq
ouvir (vt)	эшитмоқ	eshitmoq
pagar (vt)	тўламоқ	to'lamoq
parar (vi)	тўхтамоқ	to'xtamoq
parar, cessar (vt)	тўхтатмоқ	to'xtatmoq
participar (vi)	иштирок етмоқ	ishtirok etmoq
pedir (comida, etc.)	буюртма бермоқ	buyurtma bermoq
pedir (um favor, etc.)	сўрамоқ	so'ramoq
pegar (tomar)	олмоқ	olmoq
pegar (uma bola)	тутмоқ	tutmoq
pensar (vi, vt)	ўйламоқ	o'ylamoq
perceber (ver)	кўриб қолмоқ	ko'rib qolmoq
perdoar (vt)	кечирмоқ	kechirmoq
perguntar (vt)	сўрамоқ	so'ramoq
permitir (vt)	рухсат бермоқ	ruxsat bermoq
pertencer a … (vi)	тегишли бўлмоқ	tegishli bo'lmoq
planejar (vt)	режаламоқ	rejalamoq
poder (~ fazer algo)	уддаламоқ	uddalamoq
possuir (uma casa, etc.)	эга бўлмоқ	ega bo'lmoq
preferir (vt)	афзал кўрмоқ	afzal ko'rmoq
preparar (vt)	тайёрламоқ	tayyorlamoq
prever (vt)	олдиндан кўрмоқ	oldindan ko'rmoq
prometer (vt)	ваъда бермоқ	va'da bermoq
pronunciar (vt)	айтмоқ	aytmoq

propor (vt)	таклиф қилмоқ	taklif qilmoq
punir (castigar)	жазоламоқ	jazolamoq
quebrar (vt)	синдирмоқ	sindirmoq
queixar-se de …	шикоят қилмоқ	shikoyat qilmoq
querer (desejar)	истамоқ	istamoq

13. Os verbos mais importantes. Parte 4

ralhar, repreender (vt)	койимоқ	koyimoq
recomendar (vt)	тавсия қилмоқ	tavsiya qilmoq
repetir (dizer outra vez)	қайтармоқ	qaytarmoq
reservar (~ um quarto)	захира қилиб қўймоқ	zaxira qilib qo'ymoq
responder (vt)	жавоб бермоқ	javob bermoq

rezar, orar (vi)	ибодат қилмоқ	ibodat qilmoq
rir (vi)	кулмоқ	kulmoq
roubar (vt)	ўғирламоқ	o'g'irlamoq
saber (vt)	билмоқ	bilmoq
sair (~ de casa)	чиқмоқ	chiqmoq

salvar (resgatar)	қутқармоқ	qutqarmoq
seguir (~ alguém)	… орқасидан бормоқ	… orqasidan bormoq
sentar-se (vr)	ўтирмоқ	o'tirmoq
ser necessário	керак бўлмоқ	kerak bo'lmoq

ser, estar	бўлмоқ	bo'lmoq
significar (vt)	билдирмоқ	bildirmoq
sorrir (vi)	жилмаймоқ	jilmaymoq
subestimar (vt)	кам баҳо бермоқ	kam baho bermoq
surpreender-se (vr)	ҳайрон қолмоқ	hayron qolmoq

tentar (~ fazer)	уриниб кўрмоқ	urinib ko'rmoq
ter (vt)	эга бўлмоқ	ega bo'lmoq
ter fome	ейишни истамоқ	eyishni istamoq

ter medo	қўрқмоқ	qo'rqmoq
ter sede	чанқамоқ	chanqamoq
tocar (com as mãos)	тегмоқ	tegmoq
tomar café da manhã	нонушта қилмоқ	nonushta qilmoq
trabalhar (vi)	ишламоқ	ishlamoq
traduzir (vt)	таржима қилмоқ	tarjima qilmoq

unir (vt)	бирлаштирмоқ	birlashtirmoq
vender (vt)	сотмоқ	sotmoq
ver (vt)	кўрмоқ	ko'rmoq
virar (~ para a direita)	бурмоқ	burmoq
voar (vi)	учмоқ	uchmoq

14. Cores

| cor (f) | ранг | rang |
| tom (m) | рангдаги нозик фарқ | rangdagi nozik farq |

| tonalidade (m) | тус | tus |
| arco-íris (m) | камалак | kamalak |

branco (adj)	оқ	oq
preto (adj)	қора	qora
cinza (adj)	кул ранг	kul rang

verde (adj)	яшил	yashil
amarelo (adj)	сариқ	sariq
vermelho (adj)	қизил	qizil

azul (adj)	кўк	ko'k
azul claro (adj)	ҳаво ранг	havo rang
rosa (adj)	пушти	pushti
laranja (adj)	тўқ сариқ	to'q sariq
violeta (adj)	бинафша ранг	binafsha rang
marrom (adj)	жигар ранг	jigar rang

| dourado (adj) | олтин ранг | oltin rang |
| prateado (adj) | кумуш ранг | kumush rang |

bege (adj)	оч жигар ранг	och jigar rang
creme (adj)	оч сариқ ранг	och sariq rang
turquesa (adj)	феруза ранг	feruza rang
vermelho cereja (adj)	олча ранг	olcha rang
lilás (adj)	нафармон	nafarmon
carmim (adj)	тўқ қизил ранг	to'q qizil rang

claro (adj)	оч	och
escuro (adj)	тўқ	to'q
vivo (adj)	ёрқин	yorqin

de cor	рангли	rangli
a cores	рангли	rangli
preto e branco (adj)	оқ-қора	oq-qora
unicolor (de uma só cor)	бир рангдаги	bir rangdagi
multicolor (adj)	ранг-баранг	rang-barang

15. Questões

Quem?	Ким?	Kim?
O que?	Нима?	Nima?
Onde?	Қаерда?	Qaerda?
Para onde?	Қаерга?	Qaerga?
De onde?	Қаердан?	Qaerdan?
Quando?	Қачон?	Qachon?
Para quê?	Нега?	Nega?
Por quê?	Нима сабабдан?	Nima sababdan?

Para quê?	Нима учун?	Nima uchun?
Como?	Қандай?	Qanday?
Qual (~ é o problema?)	Қанақа?	Qanaqa?
Qual (~ deles?)	Қайси?	Qaysi?
A quem?	Кимга?	Kimga?

De quem?	Ким ҳақида?	Kim haqida?
Do quê?	Нима ҳақида?	Nima haqida?
Com quem?	Ким билан?	Kim bilan?

Quantos? -as?	Нечта?	Nechta?
Quanto?	Қанча?	Qancha?
De quem? (masc.)	Кимники?	Kimniki?

16. Preposições

com (prep.)	... билан	... bilan
sem (prep.)	... сиз	... siz
a, para (exprime lugar)	... га	... ga
sobre (ex. falar ~)	ҳақида	haqida
antes de ...	аввал	avval
em frente de ...	олдин	oldin

debaixo de ...	тагида	tagida
sobre (em cima de)	устида	ustida
em ..., sobre ...	... да	... da
de, do (sou ~ Rio de Janeiro)	... дан	... dan
de (feito ~ pedra)	... дан	... dan

| em (~ 3 dias) | ... дан кейин | ... dan keyin |
| por cima de ... | устидан | ustidan |

17. Palavras funcionais. Advérbios. Parte 1

Onde?	Қаерда?	Qaerda?
aqui	шу ерда	shu erda
lá, ali	у ерда	u erda

| em algum lugar | қаердадир | qaerdadir |
| em lugar nenhum | ҳеч қаерда | hech qaerda |

| perto de ... | ... ёнида | ... yonida |
| perto da janela | дераза ёнида | deraza yonida |

Para onde?	Қаерга?	Qaerga?
aqui	бу ерга	bu erga
para lá	у ерга	u erga
daqui	бу ердан	bu erdan
de lá, dali	у ердан	u erdan

| perto | яқин | yaqin |
| longe | узоқ | uzoq |

perto de ...	ёнида, яқинида	yonida, yaqinida
à mão, perto	ёнма-ён	yonma-yon
não fica longe	узоқ емас	uzoq emas
esquerdo (adj)	чап	chap
à esquerda	чапдан	chapdan

para a esquerda	чапга	chapga
direito (adj)	ўнг	o'ng
à direita	ўнгда	o'ngda
para a direita	ўнгга	o'ngga
em frente	олдида	oldida
da frente	олдинги	oldingi
adiante (para a frente)	олдинга	oldinga
atrás de ...	орқада	orqada
de trás	орқадан	orqadan
para trás	орқага	orqaga
meio (m), metade (f)	ўрта	o'rta
no meio	ўртада	o'rtada
do lado	ёнида	yonida
em todo lugar	ҳар ерда	har erda
por todos os lados	атрофда	atrofda
de dentro	ичида	ichida
para algum lugar	қаергадир	qaergadir
diretamente	тўғри йўлдан	to'g'ri yo'ldan
de volta	қарама-қарши томонга	qarama-qarshi tomonga
de algum lugar	бирор жойдан	biror joydan
de algum lugar	қаердандир	qaerdandir
em primeiro lugar	биринчидан	birinchidan
em segundo lugar	иккинчидан	ikkinchidan
em terceiro lugar	учинчидан	uchinchidan
de repente	тўсатдан	to'satdan
no início	дастлаб	dastlab
pela primeira vez	илк бор	ilk bor
muito antes de ...	анча олдин	ancha oldin
de novo	янгидан	yangidan
para sempre	бутунлай	butunlay
nunca	ҳеч қачон	hech qachon
de novo	яна	yana
agora	ҳозир	hozir
frequentemente	тез-тез	tez-tez
então	ўшанда	o'shanda
urgentemente	тезда	tezda
normalmente	одатда	odatda
a propósito, ...	айтганча, ...	aytgancha, ...
é possível	бўлиши мумкин	bo'lishi mumkin
provavelmente	эҳтимол	ehtimol
talvez	бўлиши мумкин	bo'lishi mumkin
além disso, ...	ундан ташқари, ...	undan tashqari, ...
por isso ...	шунинг учун	shuning uchun
apesar de ...	... га қарамай	... ga qaramay
graças a ...	... туфайли	... tufayli
que (pron.)	нима	nima

que (conj.)	... ки	... ki
algo	қандайдир	qandaydir
alguma coisa	бирор нарса	biror narsa
nada	ҳеч нарса	hech narsa

quem	ким	kim
alguém (~ que ...)	кимдир	kimdir
alguém (com ~)	бирортаси	birortasi

ninguém	ҳеч ким	hech kim
para lugar nenhum	ҳеч қаерга	hech qaerga
de ninguém	егасиз	egasiz
de alguém	бирор кимсаники	biror kimsaniki

tão	шундай	shunday
também (gostaria ~ de ...)	ҳамда	hamda
também (~ eu)	ҳам	ham

18. Palavras funcionais. Advérbios. Parte 2

Por quê?	Нимага?	Nimaga?
por alguma razão	нимагадир	nimagadir
porque ...	чунки ...	chunki ...
por qualquer razão	негадир	negadir

e (tu ~ eu)	ва	va
ou (ser ~ não ser)	ёки	yoki
mas (porém)	лекин	lekin
para (~ a minha mãe)	учун	uchun

muito, demais	жуда ҳам	juda ham
só, somente	фақат	faqat
exatamente	аниқ	aniq
cerca de (~ 10 kg)	тақрибан	taqriban

aproximadamente	тахминан	taxminan
aproximado (adj)	тахминий	taxminiy
quase	деярли	deyarli
resto (m)	қолгани	qolgani

o outro (segundo)	нариги	narigi
outro (adj)	бошқа	boshqa
cada (adj)	ҳар бир	har bir
qualquer (adj)	ҳар қандай	har qanday
muito, muitos, muitas	кўп	ko'p
muitas pessoas	кўпчилик	ko'pchilik
todos	барча	barcha

em troca de ...	... ўрнига	... o'rniga
em troca	евазига	evaziga
à mão	қўл билан	qo'l bilan
pouco provável	эҳтимолдан узоқ	ehtimoldan uzoq
provavelmente	эҳтимол	ehtimol
de propósito	атайин	atayin

por acidente	тасодифан	tasodifan
muito	жуда	juda
por exemplo	масалан	masalan
entre	ўртасида	o'rtasida
entre (no meio de)	ичида	ichida
tanto	шунча	shuncha
especialmente	айниқса	ayniqsa

Conceitos básicos. Parte 2

19. Opostos

rico (adj)	бой	boy
pobre (adj)	камбағал	kambag'al
doente (adj)	касал	kasal
bem (adj)	соғлом	sog'lom
grande (adj)	катта	katta
pequeno (adj)	кичкина	kichkina
rapidamente	тез	tez
lentamente	секин	sekin
rápido (adj)	тез	tez
lento (adj)	секин	sekin
alegre (adj)	қувноқ	quvnoq
triste (adj)	маъюс	ma'yus
juntos (ir ~)	бирга	birga
separadamente	алоҳида	alohida
em voz alta (ler ~)	овоз чиқариб	ovoz chiqarib
para si (em silêncio)	ичида	ichida
alto (adj)	баланд	baland
baixo (adj)	паст	past
profundo (adj)	чуқур	chuqur
raso (adj)	саёз	sayoz
sim	ҳа	ha
não	йўқ	yo'q
distante (adj)	узоқ	uzoq
próximo (adj)	яқин	yaqin
longe	узоқ	uzoq
à mão, perto	яқинда	yaqinda
longo (adj)	узун	uzun
curto (adj)	қисқа	qisqa
bom (bondoso)	меҳрибон	mehribon
mal (adj)	ёвуз	yovuz
casado (adj)	уйланган	uylangan

solteiro (adj)	бўйдоқ	bo'ydoq
proibir (vt)	тақиқламоқ	taqiqlamoq
permitir (vt)	рухсат бермоқ	ruxsat bermoq
fim (m)	тамом	tamom
início (m)	бошланиши	boshlanishi
esquerdo (adj)	чап	chap
direito (adj)	ўнг	o'ng
primeiro (adj)	биринчи	birinchi
último (adj)	охирги	oxirgi
crime (m)	жиноят	jinoyat
castigo (m)	жазо	jazo
ordenar (vt)	буюрмоқ	buyurmoq
obedecer (vt)	бўйсинмоқ	bo'ysinmoq
reto (adj)	тўғри	to'g'ri
curvo (adj)	егри	egri
paraíso (m)	жаннат	jannat
inferno (m)	дўзах	do'zax
nascer (vi)	туғилмоқ	tug'ilmoq
morrer (vi)	ўлмоқ	o'lmoq
forte (adj)	кучли	kuchli
fraco, débil (adj)	заиф	zaif
velho, idoso (adj)	кекса	keksa
jovem (adj)	ёш	yosh
velho (adj)	ески	eski
novo (adj)	янги	yangi
duro (adj)	қаттиқ	qattiq
macio (adj)	юмшоқ	yumshoq
quente (adj)	илиқ	iliq
frio (adj)	совуқ	sovuq
gordo (adj)	семиз	semiz
magro (adj)	ориқ	oriq
estreito (adj)	тор	tor
largo (adj)	кенг	keng
bom (adj)	яхши	yaxshi
mau (adj)	ёмон	yomon
valente, corajoso (adj)	ботир	botir
covarde (adj)	қўрқоқ	qo'rqoq

20. Dias da semana

segunda-feira (f)	душанба	dushanba
terça-feira (f)	сешанба	seshanba
quarta-feira (f)	чоршанба	chorshanba
quinta-feira (f)	пайшанба	payshanba
sexta-feira (f)	жума	juma
sábado (m)	шанба	shanba
domingo (m)	якшанба	yakshanba
hoje	бугун	bugun
amanhã	ертага	ertaga
depois de amanhã	индинга	indinga
ontem	кеча	kecha
anteontem	ўтган куни	o'tgan kuni
dia (m)	кун	kun
dia (m) de trabalho	иш куни	ish kuni
feriado (m)	байрам куни	bayram kuni
dia (m) de folga	дам олиш куни	dam olish kuni
fim (m) de semana	дам олиш кунлари	dam olish kunlari
o dia todo	кун бўйи	kun bo'yi
no dia seguinte	ертаси куни	ertasi kuni
há dois dias	икки кун аввал	ikki kun avval
na véspera	арафасида	arafasida
diário (adj)	ҳар кунги	har kungi
todos os dias	ҳар куни	har kuni
semana (f)	ҳафта	hafta
na semana passada	ўтган ҳафта	o'tgan hafta
semana que vem	келгуси ҳафтада	kelgusi haftada
semanal (adj)	ҳафталик	haftalik
toda semana	ҳар ҳафта	har hafta
duas vezes por semana	ҳафтасига икки марта	haftasiga ikki marta
toda terça-feira	ҳар сешанба	har seshanba

21. Horas. Dia e noite

manhã (f)	тонг	tong
de manhã	ерталаб	ertalab
meio-dia (m)	чошгоҳ	choshgoh
à tarde	тушликдан сўнг	tushlikdan so'ng
tardinha (f)	оқшом	oqshom
à tardinha	кечқурун	kechqurun
noite (f)	тун	tun
à noite	тунда	tunda
meia-noite (f)	ярим тун	yarim tun
segundo (m)	сония	soniya
minuto (m)	дақиқа	daqiqa
hora (f)	соат	soat

meia hora (f)	ярим соат	yarim soat
quarto (m) de hora	чорак соат	chorak soat
quinze minutos	ўн беш дақиқа	o'n besh daqiqa
vinte e quatro horas	сутка	sutka

nascer (m) do sol	қуёш чиқиши	quyosh chiqishi
amanhecer (m)	тонг отиши	tong otishi
madrugada (f)	ерта тонг	erta tong
pôr-do-sol (m)	кун ботиши	kun botishi

de madrugada	ерталаб	ertalab
esta manhã	бугун ерталаб	bugun ertalab
amanhã de manhã	ертага тонгда	ertaga tongda

esta tarde	бугун кундузи	bugun kunduzi
à tarde	тушликдан сўнг	tushlikdan so'ng
amanhã à tarde	ертага тушликдан сўнг	ertaga tushlikdan so'ng

| esta noite, hoje à noite | бугун кечқурун | bugun kechqurun |
| amanhã à noite | ертага кечқурун | ertaga kechqurun |

às três horas em ponto	роппа-роса соат учда	roppa-rosa soat uchda
por volta das quatro	соат тўртлар атрофида	soat to'rtlar atrofida
às doze	соат ўн иккиларга	soat o'n ikkilarga

em vinte minutos	йигирма дақиқадан кейин	yigirma daqiqadan keyin
em uma hora	бир соатдан кейин	bir soatdan keyin
a tempo	вақтида	vaqtida

... um quarto para	чоракам	chorakam
dentro de uma hora	бир соат давомида	bir soat davomida
a cada quinze minutos	ҳар ў беш дақиқада	har o' besh daqiqada
as vinte e quatro horas	кечаю-кундуз	kechayu-kunduz

22. Meses. Estações

janeiro (m)	январ	yanvar
fevereiro (m)	феврал	fevral
março (m)	март	mart
abril (m)	апрел	aprel
maio (m)	май	may
junho (m)	июн	iyun

julho (m)	июл	iyul
agosto (m)	август	avgust
setembro (m)	сентябр	sentyabr
outubro (m)	октябр	oktyabr
novembro (m)	ноябр	noyabr
dezembro (m)	декабр	dekabr

primavera (f)	баҳор	bahor
na primavera	баҳорда	bahorda
primaveril (adj)	баҳорги	bahorgi
verão (m)	ёз	yoz

no verão	ёзда	yozda
de verão	ёзги	yozgi

outono (m)	куз	kuz
no outono	кузгда	kuzgda
outonal (adj)	кузги	kuzgi

inverno (m)	қиш	qish
no inverno	қишда	qishda
de inverno	қишки	qishki
mês (m)	ой	oy
este mês	бу ой	bu oy
mês que vem	янаги ойда	yanagi oyda
no mês passado	ўтган ойда	o'tgan oyda

um mês atrás	бир ой аввал	bir oy avval
em um mês	бир ойдан кейин	bir oydan keyin
em dois meses	икки ойдан кейин	ikki oydan keyin
todo o mês	ой бўйи	oy bo'yi
um mês inteiro	бутун ой давомида	butun oy davomida

mensal (adj)	ойлик	oylik
mensalmente	ҳар ойда	har oyda
todo mês	ҳар ойда	har oyda
duas vezes por mês	ойига икки марта	oyiga ikki marta

ano (m)	йил	yil
este ano	шу йили	shu yili
ano que vem	кейинги йили	keyingi yili
no ano passado	ўтган йили	o'tgan yili
há um ano	бир йил аввал	bir yil avval
em um ano	бир йилдан кейин	bir yildan keyin
dentro de dois anos	икки йилдан кейин	ikki yildan keyin
todo o ano	йил бўйи	yil bo'yi
um ano inteiro	бутун йил давомида	butun yil davomida

cada ano	ҳар йили	har yili
anual (adj)	ҳар йилги	har yilgi
anualmente	ҳар йилда	har yilda
quatro vezes por ano	йилига тўрт марта	yiliga to'rt marta

data (~ de hoje)	ойнинг куни	oyning kuni
data (ex. ~ de nascimento)	сана	sana
calendário (m)	календар	kalendar

meio ano	ярим йил	yarim yil
seis meses	ярим йиллик	yarim yillik
estação (f)	мавсум	mavsum
século (m)	аср	asr

23. Tempo. Diversos

tempo (m)	вақт	vaqt
momento (m)	лаҳза	lahza

instante (m)	он	on
instantâneo (adj)	бир лаҳзали	bir lahzali
lapso (m) de tempo	вақтнинг бир қисми	vaqtning bir qismi
vida (f)	ҳаёт	hayot
eternidade (f)	мангулик	mangulik
época (f)	давр	davr
era (f)	катта тарихий давр	katta tarixiy davr
ciclo (m)	сикл	sikl
período (m)	давр	davr
prazo (m)	муддат	muddat
futuro (m)	келажак	kelajak
futuro (adj)	келгуси	kelgusi
da próxima vez	кейинги сафар	keyingi safar
passado (m)	ўтмиш	o'tmish
passado (adj)	ўтган	o'tgan
na última vez	ўтган сафар	o'tgan safar
mais tarde	кейинроқ	keyinroq
depois de ...	сўнг	so'ng
atualmente	ҳозир	hozir
agora	ҳозиргина	hozirgina
imediatamente	дарҳол	darhol
em breve	тезда	tezda
de antemão	олдиндан	oldindan
há muito tempo	анча илгари	ancha ilgari
recentemente	яқиндагина	yaqindagina
destino (m)	тақдир	taqdir
recordações (f pl)	хотира	xotira
arquivo (m)	архив	arxiv
durante ...	... вақтида	... vaqtida
durante muito tempo	узоқ	uzoq
pouco tempo	узоқ емас	uzoq emas
cedo (levantar-se ~)	барвақт	barvaqt
tarde (deitar-se ~)	кеч	kech
para sempre	абадий	abadiy
começar (vt)	бошламоқ	boshlamoq
adiar (vt)	кўчирмоқ	ko'chirmoq
ao mesmo tempo	бир вақтда	bir vaqtda
permanentemente	доимо	doimo
constante (~ ruído, etc.)	доимий	doimiy
temporário (adj)	вақтинча	vaqtincha
às vezes	баъзида	ba'zida
raras vezes, raramente	гоҳида	gohida
frequentemente	тез-тез	tez-tez

24. Linhas e formas

quadrado (m)	квадрат	kvadrat
quadrado (adj)	квадрат	kvadrat

círculo (m)	доира	doira
redondo (adj)	думалоқ	dumaloq
triângulo (m)	учбурчак	uchburchak
triangular (adj)	учбурчакли	uchburchakli
oval (f)	овал	oval
oval (adj)	овал	oval
retângulo (m)	тўғри тўртбурчак	to'g'ri to'rtburchak
retangular (adj)	тўғри тўртбурчакли	to'g'ri to'rtburchakli
pirâmide (f)	пирамида	piramida
losango (m)	ромб	romb
trapézio (m)	трапеция	trapetsiya
cubo (m)	куб	kub
prisma (m)	призма	prizma
circunferência (f)	айлана	aylana
esfera (f)	сфера	sfera
globo (m)	шар	shar
diâmetro (m)	диаметр	diametr
raio (m)	радиус	radius
perímetro (m)	периметр	perimetr
centro (m)	марказ	markaz
horizontal (adj)	горизонтал	gorizontal
vertical (adj)	вертикал	vertikal
paralela (f)	параллел	parallel
paralelo (adj)	параллел	parallel
linha (f)	чизиқ	chiziq
traço (m)	чизиқ	chiziq
reta (f)	тўғри чизиқ	to'g'ri chiziq
curva (f)	егри чизиқ	egri chiziq
fino (linha ~a)	ингичка	ingichka
contorno (m)	шакл	shakl
interseção (f)	кесишиш	kesishish
ângulo (m) reto	тўғри бурчак	to'g'ri burchak
segmento (m)	сегмент	segment
setor (m)	сектор	sektor
lado (de um triângulo, etc.)	томон	tomon
ângulo (m)	бурчак	burchak

25. Unidades de medida

peso (m)	вазн	vazn
comprimento (m)	узунлик	uzunlik
largura (f)	кенглик	kenglik
altura (f)	баландлик	balandlik
profundidade (f)	чуқурлик	chuqurlik
volume (m)	ҳажм	hajm
área (f)	майдон	maydon
grama (m)	грамм	gramm
miligrama (m)	миллиграмм	milligramm

quilograma (m)	килограмм	kilogramm
tonelada (f)	тонна	tonna
libra (453,6 gramas)	фунт	funt
onça (f)	унция	untsiya

metro (m)	метр	metr
milímetro (m)	миллиметр	millimetr
centímetro (m)	сантиметр	santimetr
quilômetro (m)	километр	kilometr
milha (f)	миля	milya

polegada (f)	дюйм	dyuym
pé (304,74 mm)	фут	fut
jarda (914,383 mm)	ярд	yard

metro (m) quadrado	квадрат метр	kvadrat metr
hectare (m)	гектар	gektar

litro (m)	литр	litr
grau (m)	градус	gradus
volt (m)	волт	volt
ampère (m)	ампер	amper
cavalo (m) de potência	от кучи	ot kuchi

quantidade (f)	миқдор	miqdor
um pouco de ...	бироз ...	biroz ...
metade (f)	ярим	yarim
dúzia (f)	ўн иккита	o'n ikkita
peça (f)	дона	dona

tamanho (m), dimensão (f)	ўлчам	o'lcham
escala (f)	масштаб	masshtab

mínimo (adj)	минимал	minimal
menor, mais pequeno	енг кичик	eng kichik
médio (adj)	ўрта	o'rta
máximo (adj)	максимал	maksimal
maior, mais grande	енг катта	eng katta

26. Recipientes

pote (m) de vidro	банка	banka
lata (~ de cerveja)	банка	banka
balde (m)	челак	chelak
barril (m)	бочка	bochka

bacia (~ de plástico)	жом	jom
tanque (m)	бак	bak
cantil (m) de bolso	фляжка	flyajka
galão (m) de gasolina	канистра	kanistra
cisterna (f)	систерна	sisterna

caneca (f)	кружка	krujka
xícara (f)	косача	kosacha

pires (m)	ликопча	likopcha
copo (m)	стакан	stakan
taça (f) de vinho	қадаҳ	qadah
panela (f)	кастрюл	kastryul

| garrafa (f) | бутилка | butilka |
| gargalo (m) | бўғзи | bo'g'zi |

jarra (f)	графин	grafin
jarro (m)	кўза	ko'za
recipiente (m)	идиш	idish
pote (m)	хумча	xumcha
vaso (m)	ваза	vaza

frasco (~ de perfume)	флакон	flakon
frasquinho (m)	шишача	shishacha
tubo (m)	тюбик	tyubik

saco (ex. ~ de açúcar)	қоп	qop
sacola (~ plastica)	қоғоз халта	qog'oz xalta
maço (de cigarros, etc.)	қути	quti

caixa (~ de sapatos, etc.)	қути	quti
caixote (~ de madeira)	яшик	yashik
cesto (m)	сават	savat

27. Materiais

material (m)	материал	material
madeira (f)	ёғоч	yog'och
de madeira	тахта	taxta

| vidro (m) | шиша | shisha |
| de vidro | шиша | shisha |

| pedra (f) | тош | tosh |
| de pedra | тош | tosh |

| plástico (m) | пластмасса | plastmassa |
| plástico (adj) | пластмасса | plastmassa |

| borracha (f) | резина | rezina |
| de borracha | резина | rezina |

| tecido, pano (m) | мато | mato |
| de tecido | матодан | matodan |

| papel (m) | қоғоз | qog'oz |
| de papel | қоғоз | qog'oz |

papelão (m)	картон	karton
de papelão	картон	karton
polietileno (m)	полиетилен	polietilen
celofane (m)	селлофан	sellofan

linóleo (m)	линолеум	linoleum
madeira (f) compensada	фанера	fanera

porcelana (f)	чинни	chinni
de porcelana	чинни	chinni
argila (f), barro (m)	лой	loy
de barro	лой	loy
cerâmica (f)	сопол	sopol
de cerâmica	сопол	sopol

28. Metais

metal (m)	металл	metall
metálico (adj)	металл	metall
liga (f)	қотишма	qotishma

ouro (m)	олтин	oltin
de ouro	олтин	oltin
prata (f)	кумуш	kumush
de prata	кумуш	kumush

ferro (m)	темр	temr
de ferro	темир	temir
aço (m)	пўлат	po'lat
de aço (adj)	пўлат	po'lat
cobre (m)	мис	mis
de cobre	мис	mis

alumínio (m)	алюминий	alyuminiy
de alumínio	алюминий	alyuminiy
bronze (m)	бронза	bronza
de bronze	бронза	bronza

latão (m)	жез	jez
níquel (m)	никел	nikel
platina (f)	платина	platina
mercúrio (m)	симоб	simob
estanho (m)	қалайи	qalayi
chumbo (m)	кўрғошин	qo'rg'oshin
zinco (m)	рух	rux

O SER HUMANO

O ser humano. O corpo

29. Humanos. Conceitos básicos

ser (m) humano	одам	odam
homem (m)	еркак	erkak
mulher (f)	аёл	ayol
criança (f)	бола	bola
menina (f)	қиз бола	qiz bola
menino (m)	ўғил бола	o'g'il bola
adolescente (m)	ўспирин	o'spirin
velho (m)	чол	chol
velha (f)	кампир	kampir

30. Anatomia humana

organismo (m)	организм	organizm
coração (m)	юрак	yurak
sangue (m)	қон	qon
artéria (f)	артерия	arteriya
veia (f)	вена	vena
cérebro (m)	мия	miya
nervo (m)	нерв	nerv
nervos (m pl)	нервлар	nervlar
vértebra (f)	умуртқа суяги	umurtqa suyagi
coluna (f) vertebral	умуртқа	umurtqa
estômago (m)	ошқозон	oshqozon
intestinos (m pl)	ичак-чавоқ	ichak-chavoq
intestino (m)	ичак	ichak
fígado (m)	жигар	jigar
rim (m)	буйрак	buyrak
osso (m)	суяк	suyak
esqueleto (m)	скелет	skelet
costela (f)	қовурға	qovurg'a
crânio (m)	бош суяги	bosh suyagi
músculo (m)	мушак	mushak
bíceps (m)	бицепс	bitseps
tríceps (m)	трицепс	tritseps
tendão (m)	пай	pay
articulação (f)	бўғим	bo'g'im

pulmões (m pl)	ўпка	o'pka
órgãos (m pl) genitais	жинсий аъзолар	jinsiy a'zolar
pele (f)	тери	teri

31. Cabeça

cabeça (f)	бош	bosh
rosto, cara (f)	юз	yuz
nariz (m)	бурун	burun
boca (f)	оғиз	og'iz
olho (m)	кўз	ko'z
olhos (m pl)	кўзлар	ko'zlar
pupila (f)	қорачиқ	qorachiq
sobrancelha (f)	қош	qosh
cílio (f)	киприк	kiprik
pálpebra (f)	кўз қовоғи	ko'z qovog'i
língua (f)	тил	til
dente (m)	тиш	tish
lábios (m pl)	лаблар	lablar
maçãs (f pl) do rosto	ёноқлар	yonoqlar
gengiva (f)	милк	milk
palato (m)	танглай	tanglay
narinas (f pl)	бурун тешиги	burun teshigi
queixo (m)	енгак	engak
mandíbula (f)	жағ	jag'
bochecha (f)	юз	yuz
testa (f)	пешона	peshona
têmpora (f)	чакка	chakka
orelha (f)	қулоқ	quloq
costas (f pl) da cabeça	гардан	gardan
pescoço (m)	бўйин	bo'yin
garganta (f)	томоқ	tomoq
cabelo (m)	сочлар	sochlar
penteado (m)	турмак	turmak
corte (m) de cabelo	кесиш	kesish
peruca (f)	ясама соч	yasama soch
bigode (m)	мўйлов	mo'ylov
barba (f)	соқол	soqol
ter (~ barba, etc.)	қўйиш	qo'yish
trança (f)	соч ўрими	soch o'rimi
suíças (f pl)	чекка соқол	chekka soqol
ruivo (adj)	малла	malla
grisalho (adj)	оқарган	oqargan
careca (adj)	кал	kal
calva (f)	сочи йўқ жой	sochi yo'q joy
rabo-de-cavalo (m)	дум	dum
franja (f)	пешонагажак	peshonagajak

32. Corpo humano

mão (f)	панжа	panja
braço (m)	қўл	qo'l
dedo (m)	бармоқ	barmoq
polegar (m)	катта бармоқ	katta barmoq
dedo (m) mindinho	жимжилоқ	jimjiloq
unha (f)	тирноқ	tirnoq
punho (m)	мушт	musht
palma (f)	кафт	kaft
pulso (m)	билак	bilak
antebraço (m)	билак	bilak
cotovelo (m)	тирсак	tirsak
ombro (m)	елка	elka
perna (f)	оёқ	oyoq
pé (m)	товон таги	tovon tagi
joelho (m)	тизза	tizza
panturrilha (f)	болдир	boldir
quadril (m)	сон	son
calcanhar (m)	товон	tovon
corpo (m)	тана	tana
barriga (f), ventre (m)	қорин	qorin
peito (m)	кўкрак	ko'krak
seio (m)	сийна, емчак	siyna, emchak
lado (m)	ёнбош	yonbosh
costas (dorso)	орқа	orqa
região (f) lombar	бел	bel
cintura (f)	бел	bel
umbigo (m)	киндик	kindik
nádegas (f pl)	думбалар	dumbalar
traseiro (m)	орқа	orqa
sinal (m), pinta (f)	хол	xol
sinal (m) de nascença	қашқа хол	qashqa xol
tatuagem (f)	татуировка	tatuirovka
cicatriz (f)	чандиқ	chandiq

Vestuário & Acessórios

33. Roupa exterior. Casacos

roupa (f)	кийим	kiyim
roupa (f) exterior	устки кийим	ustki kiyim
roupa (f) de inverno	қишки кийим	qishki kiyim
sobretudo (m)	палто	palto
casaco (m) de pele	пўстин	po'stin
jaqueta (f) de pele	калта пўстин	kalta po'stin
casaco (m) acolchoado	пуховик	puxovik
casaco (m), jaqueta (f)	куртка	kurtka
impermeável (m)	плашч	plashch
a prova d'água	сув ўтказмайдиган	suv o'tkazmaydigan

34. Vestuário de homem & mulher

camisa (f)	кўйлак	ko'ylak
calça (f)	шим	shim
jeans (m)	жинси	jinsi
paletó, terno (m)	пиджак	pidjak
terno (m)	костюм	kostyum
vestido (ex. ~ de noiva)	аёллар кўйлаги	ayollar ko'ylagi
saia (f)	юбка	yubka
blusa (f)	блузка	bluzka
casaco (m) de malha	жун кофта	jun kofta
casaco, blazer (m)	жакет	jaket
camiseta (f)	футболка	futbolka
short (m)	шорти	shorti
training (m)	спорт костюми	sport kostyumi
roupão (m) de banho	халат	xalat
pijama (m)	пижама	pijama
suéter (m)	свитер	sviter
pulôver (m)	пуловер	pulover
colete (m)	жилет	jilet
fraque (m)	фрак	frak
smoking (m)	смокинг	smoking
uniforme (m)	форма	forma
roupa (f) de trabalho	жомакор	jomakor
macacão (m)	комбинезон	kombinezon
jaleco (m), bata (f)	халат	xalat

35. Vestuário. Roupa interior

roupa (f) íntima	ич кийим	ich kiyim
cueca boxer (f)	трусик	trusik
calcinha (f)	трусик	trusik
camiseta (f)	майка	mayka
meias (f pl)	пайпоқ	paypoq
camisola (f)	тунги кўйлак	tungi ko'ylak
sutiã (m)	бюстгалтер	byustgalter
meias longas (f pl)	голфи	golfi
meias-calças (f pl)	колготки	kolgotki
meias (~ de nylon)	пайпоқ	paypoq
maiô (m)	купалник	kupalnik

36. Adereços de cabeça

chapéu (m), touca (f)	қалпоқ	qalpoq
chapéu (m) de feltro	шляпа	shlyapa
boné (m) de beisebol	бейсболка	beysbolka
boina (~ italiana)	кепка	kepka
boina (ex. ~ basca)	берет	beret
capuz (m)	капюшон	kapyushon
chapéu panamá (m)	панамка	panamka
touca (f)	тўқилган шапка	to'qilgan shapka
lenço (m)	рўмол	ro'mol
chapéu (m) feminino	қалпоқча	qalpoqcha
capacete (m) de proteção	каска	kaska
bibico (m)	пилотка	pilotka
capacete (m)	шлем	shlem
chapéu-coco (m)	котелок	kotelok
cartola (f)	силиндр	silindr

37. Calçado

calçado (m)	пояфзал	poyafzal
botinas (f pl), sapatos (m pl)	ботинка	botinka
sapatos (de salto alto, etc.)	туфли	tufli
botas (f pl)	етик	etik
pantufas (f pl)	шиппак	shippak
tênis (~ Nike, etc.)	кроссовка	krossovka
tênis (~ Converse)	кеда	keda
sandálias (f pl)	сандал шиппак	sandal shippak
sapateiro (m)	етикдўз	etikdo'z
salto (m)	пошна	poshna

par (m)	жуфт	juft
cadarço (m)	чизимча	chizimcha
amarrar os cadarços	боғлаш	bog'lash
calçadeira (f)	қошиқ	qoshiq
graxa (f) para calçado	пояфзал мойи	poyafzal moyi

38. Têxtil. Tecidos

algodão (m)	пахта	paxta
de algodão	пахтадан	paxtadan
linho (m)	зиғир	zig'ir
de linho	зиғирдан	zig'irdan

seda (f)	ипак	ipak
de seda	ипак	ipak
lã (f)	жун	jun
de lã	жун	jun

veludo (m)	бахмал	baxmal
camurça (f)	замш	zamsh
veludo (m) cotelê	чийдухоба	chiyduxoba

nylon (m)	нейлон	neylon
de nylon	нейлондан	neylondan
poliéster (m)	полиестер	poliester
de poliéster	полиестердан	poliesterdan

couro (m)	чарм	charm
de couro	чармдан	charmdan
pele (f)	мўйна	mo'yna
de pele	мўйнадан	mo'ynadan

39. Acessórios pessoais

luva (f)	қўлқоплар	qo'lqoplar
mitenes (f pl)	бошмалдоқли қўлқоплар	boshmaldoqli qo'lqoplar
cachecol (m)	бўйинбоғ	bo'yinbog'

óculos (m pl)	кўзойнак	ko'zoynak
armação (f)	гардиш	gardish
guarda-chuva (m)	соябон	soyabon
bengala (f)	хасса	xassa
escova (f) para o cabelo	тароқ	taroq
leque (m)	елпиғич	elpig'ich

gravata (f)	галстук	galstuk
gravata-borboleta (f)	галстук-бабочка	galstuk-babochka
suspensórios (m pl)	подтяжки	podtyajki
lenço (m)	дастрўмол	dastro'mol

| pente (m) | тароқ | taroq |
| fivela (f) para cabelo | соч тўғнағичи | soch to'g'nag'ichi |

grampo (m)	шпилка	shpilka
fivela (f)	камар тўқаси	kamar to'qasi
cinto (m)	камар	kamar
alça (f) de ombro	тасма	tasma
bolsa (f)	сумка	sumka
bolsa (feminina)	сумкача	sumkacha
mochila (f)	рюкзак	ryukzak

40. Vestuário. Diversos

moda (f)	мода	moda
na moda (adj)	модали	modali
estilista (m)	моделер	modeler
colarinho (m)	ёқа	yoqa
bolso (m)	чўнтак	cho'ntak
de bolso	чўнтак	cho'ntak
manga (f)	енг	eng
ganchinho (m)	илгак	ilgak
bragueta (f)	йирмоч	yirmoch
zíper (m)	молния	molniya
colchete (m)	кийим илгаги	kiyim ilgagi
botão (m)	тугма	tugma
botoeira (casa de botão)	илгак	ilgak
soltar-se (vr)	узилмоқ	uzilmoq
costurar (vi)	тикиш	tikish
bordar (vt)	кашта тикиш	kashta tikish
bordado (m)	кашта	kashta
agulha (f)	игна	igna
fio, linha (f)	ип	ip
costura (f)	чок	chok
sujar-se (vr)	ифлосланмоқ	ifloslanmoq
mancha (f)	доғ	dog'
amarrotar-se (vr)	ғижимланиш	g'ijimlanish
rasgar (vt)	йиртмоқ	yirtmoq
traça (f)	куя	kuya

41. Cuidados pessoais. Cosméticos

pasta (f) de dente	тиш пастаси	tish pastasi
escova (f) de dente	тиш чўткаси	tish cho'tkasi
escovar os dentes	тиш тозаламоқ	tish tozalamoq
gilete (f)	устара	ustara
creme (m) de barbear	соқол олиш креми	soqol olish kremi
barbear-se (vr)	соқол олмоқ	soqol olmoq
sabonete (m)	совун	sovun

xampu (m)	шампун	shampun
tesoura (f)	қайчи	qaychi
lixa (f) de unhas	тирноқ егови	tirnoq egovi
corta-unhas (m)	тирноқ омбири	tirnoq ombiri
pinça (f)	пинцет	pintset
cosméticos (m pl)	косметика	kosmetika
máscara (f)	ниқоб	niqob
manicure (f)	маникюр	manikyur
fazer as unhas	маникюрлаш	manikyurlash
pedicure (f)	педикюр	pedikyur
bolsa (f) de maquiagem	косметичка	kosmetichka
pó (de arroz)	упа	upa
pó (m) compacto	упадон	upadon
blush (m)	қизил ёғупа	qizil yog'upa
perfume (m)	атир	atir
água-de-colônia (f)	атир	atir
loção (f)	лосон	loson
colônia (f)	атир	atir
sombra (f) de olhos	кўз бўёғи	ko'z bo'yog'i
delineador (m)	кўз қалами	ko'z qalami
máscara (f), rímel (m)	киприк бўёғи	kiprik bo'yog'i
batom (m)	лаб помадаси	lab pomadasi
esmalte (m)	тирноқ учун лок	tirnoq uchun lok
laquê (m), spray fixador (m)	соч учун лок	soch uchun lok
desodorante (m)	дезодорант	dezodorant
creme (m)	крем	krem
creme (m) de rosto	юз учун крем	yuz uchun krem
creme (m) de mãos	қўл учун крем	qo'l uchun krem
creme (m) antirrugas	ажинга қарши крем	ajinga qarshi krem
creme (m) de dia	кундузги крем	kunduzgi krem
creme (m) de noite	тунги крем	tungi krem
de dia	кундузги	kunduzgi
da noite	тунги	tungi
absorvente (m) interno	тампон	tampon
papel (m) higiênico	туалет қоғози	tualet qog'ozi
secador (m) de cabelo	фен	fen

42. Joalheria

joias (f pl)	зеб-зийнат	zeb-ziynat
precioso (adj)	қимматбаҳо	qimmatbaho
marca (f) de contraste	проба	proba
anel (m)	узук	uzuk
aliança (f)	никоҳ узуги	nikoh uzugi
pulseira (f)	билакузук	bilakuzuk
brincos (m pl)	зирак	zirak

colar (m)	маржон	marjon
coroa (f)	тож	toj
colar (m) de contas	мунчоқ	munchoq

diamante (m)	бриллиант	brilliant
esmeralda (f)	зумрад	zumrad
rubi (m)	ёқут	yoqut
safira (f)	зангори ёқут	zangori yoqut
pérola (f)	марварид	marvarid
âmbar (m)	қаҳрабо	qahrabo

43. Relógios de pulso. Relógios

relógio (m) de pulso	соат	soat
mostrador (m)	сиферблат	siferblat
ponteiro (m)	мил, стрелка	mil, strelka
bracelete (em aço)	браслет	braslet
bracelete (em couro)	тасмача	tasmacha

pilha (f)	батарейка	batareyka
acabar (vi)	ўтириб қолмоқ	o'tirib qolmoq
trocar a pilha	батарейка алмаштирмоқ	batareyka almashtirmoq
estar adiantado	шошмоқ	shoshmoq
estar atrasado	кечикмоқ	kechikmoq

relógio (m) de parede	девор соати	devor soati
ampulheta (f)	қум соати	qum soati
relógio (m) de sol	қуёш соати	quyosh soati
despertador (m)	будилник	budilnik
relojoeiro (m)	соацоз	soatsoz
reparar (vt)	таъмирламоқ	ta'mirlamoq

Alimentação. Nutrição

44. Comida

carne (f)	гўшт	go'sht
galinha (f)	товуқ	tovuq
frango (m)	жўжа	jo'ja
pato (m)	ўрдак	o'rdak
ganso (m)	ғоз	g'oz
caça (f)	илвасин	ilvasin
peru (m)	курка	kurka
carne (f) de porco	чўчқа гўшти	cho'chqa go'shti
carne (f) de vitela	бузоқ гўшти	buzoq go'shti
carne (f) de carneiro	қўй гўшти	qo'y go'shti
carne (f) de vaca	мол гўшти	mol go'shti
carne (f) de coelho	қуён	quyon
linguiça (f), salsichão (m)	колбаса	kolbasa
salsicha (f)	сосиска	sosiska
bacon (m)	бекон	bekon
presunto (m)	ветчина	vetchina
pernil (m) de porco	сон гўшти	son go'shti
patê (m)	паштет	pashtet
fígado (m)	жигар	jigar
guisado (m)	қийма	qiyma
língua (f)	тил	til
ovo (m)	тухум	tuxum
ovos (m pl)	тухумлар	tuxumlar
clara (f) de ovo	тухумни оқи	tuxumni oqi
gema (f) de ovo	тухумни сариғи	tuxumni sarig'i
peixe (m)	балиқ	baliq
mariscos (m pl)	денгиз маҳсулоти	dengiz mahsuloti
crustáceos (m pl)	қисқичбақасимонлар	qisqichbaqasimonlar
caviar (m)	увилдириқ	uvildiriq
caranguejo (m)	қисқичбақа	qisqichbaqa
camarão (m)	креветка	krevetka
ostra (f)	устрица	ustritsa
lagosta (f)	лангуст	langust
polvo (m)	саккизоёқ	sakkizoyoq
lula (f)	калмар	kalmar
esturjão (m)	осётр гўшти	osyotr go'shti
salmão (m)	лосос	losos
halibute (m)	палтус	paltus
bacalhau (m)	треска	treska

cavala, sarda (f)	скумбрия	skumbriya
atum (m)	тунец	tunets
enguia (f)	илонбалиқ	ilonbaliq

truta (f)	форел	forel
sardinha (f)	сардина	sardina
lúcio (m)	чўртанбалиқ	cho'rtanbaliq
arenque (m)	селд	seld

pão (m)	нон	non
queijo (m)	пишлоқ	pishloq
açúcar (m)	қанд	qand
sal (m)	туз	tuz

arroz (m)	гуруч	guruch
massas (f pl)	макарон	makaron
talharim, miojo (m)	угра	ugra

manteiga (f)	сариёғ	sariyog'
óleo (m) vegetal	ўсимлик ёғи	o'simlik yog'i
óleo (m) de girassol	кунгабоқар ёғи	kungaboqar yog'i
margarina (f)	маргарин	margarin

| azeitonas (f pl) | зайтун | zaytun |
| azeite (m) | зайтун ёғи | zaytun yog'i |

leite (m)	сут	sut
leite (m) condensado	қуйилтирилган сут	quyiltirilgan sut
iogurte (m)	ёғурт	yogurt
creme (m) azedo	сметана	smetana
creme (m) de leite	қаймоқ	qaymoq

| maionese (f) | маёнез | mayonez |
| creme (m) | крем | krem |

grãos (m pl) de cereais	ёрма	yorma
farinha (f)	ун	un
enlatados (m pl)	консерва	konserva

flocos (m pl) de milho	маккажўхори бодроқ	makkajo'xori bodroq
mel (m)	асал	asal
geleia (m)	жем	jem
chiclete (m)	чайналадиган резинка	chaynaladigan rezinka

45. Bebidas

água (f)	сув	suv
água (f) potável	ичимлик сув	ichimlik suv
água (f) mineral	минерал сув	mineral suv

sem gás (adj)	газсиз	gazsiz
gaseificada (adj)	газланган	gazlangan
com gás	газли	gazli
gelo (m)	муз	muz

com gelo	музли	muzli
não alcoólico (adj)	алкоголсиз	alkogolsiz
refrigerante (m)	алкоголсиз ичимлик	alkogolsiz ichimlik
refresco (m)	салқин ичимлик	salqin ichimlik
limonada (f)	лимонад	limonad
bebidas (f pl) alcoólicas	спиртли ичимликлар	spirtli ichimliklar
vinho (m)	вино	vino
vinho (m) branco	оқ вино	oq vino
vinho (m) tinto	қизил вино	qizil vino
licor (m)	ликёр	likyor
champanhe (m)	шампан виноси	shampan vinosi
vermute (m)	вермут	vermut
uísque (m)	виски	viski
vodca (f)	ароқ	aroq
gim (m)	джин	djin
conhaque (m)	коняк	konyak
rum (m)	ром	rom
café (m)	кофе	kofe
café (m) preto	қора кофе	qora kofe
café (m) com leite	сутли кофе	sutli kofe
cappuccino (m)	қаймоқли кофе	qaymoqli kofe
café (m) solúvel	ерийдиган кофе	eriydigan kofe
leite (m)	сут	sut
coquetel (m)	коктейл	kokteyl
batida (f), milkshake (m)	сутли коктейл	sutli kokteyl
suco (m)	шарбат	sharbat
suco (m) de tomate	томат шарбати	tomat sharbati
suco (m) de laranja	апелсин шарбати	apelsin sharbati
suco (m) fresco	янги сиқилган шарбат	yangi siqilgan sharbat
cerveja (f)	пиво	pivo
cerveja (f) clara	оч ранг пиво	och rang pivo
cerveja (f) preta	тўқ ранг пиво	to'q rang pivo
chá (m)	чой	choy
chá (m) preto	қора чой	qora choy
chá (m) verde	кўк чой	ko'k choy

46. Vegetais

vegetais (m pl)	сабзавотлар	sabzavotlar
verdura (f)	кўкат	ko'kat
tomate (m)	помидор	pomidor
pepino (m)	бодринг	bodring
cenoura (f)	сабзи	sabzi
batata (f)	картошка	kartoshka
cebola (f)	пиёз	piyoz

alho (m)	саримсоқ	sarimsoq
couve (f)	карам	karam
couve-flor (f)	гулкарам	gulkaram
couve-de-bruxelas (f)	брюссел карами	bryussel karami
brócolis (m pl)	брокколи карами	brokkoli karami
beterraba (f)	лавлаги	lavlagi
berinjela (f)	бақлажон	baqlajon
abobrinha (f)	қовоқча	qovoqcha
abóbora (f)	ошқовоқ	oshqovoq
nabo (m)	шолғом	sholg'om
salsa (f)	петрушка	petrushka
endro, aneto (m)	укроп	ukrop
alface (f)	салат	salat
aipo (m)	селдерей	selderey
aspargo (m)	сарсабил	sarsabil
espinafre (m)	исмалоқ	ismaloq
ervilha (f)	нўхат	no'xat
feijão (~ soja, etc.)	дуккакли ўсимликлар	dukkakli o'simliklar
milho (m)	маккажўхори	makkajo'xori
feijão (m) roxo	ловия	loviya
pimentão (m)	қалампир	qalampir
rabanete (m)	редиска	rediska
alcachofra (f)	артишок	artishok

47. Frutos. Nozes

fruta (f)	мева	meva
maçã (f)	олма	olma
pera (f)	нок	nok
limão (m)	лимон	limon
laranja (f)	апелсин	apelsin
morango (m)	қулупнай	qulupnay
tangerina (f)	мандарин	mandarin
ameixa (f)	олхўри	olxo'ri
pêssego (m)	шафтоли	shaftoli
damasco (m)	ўрик	o'rik
framboesa (f)	малина	malina
abacaxi (m)	ананас	ananas
banana (f)	банан	banan
melancia (f)	тарвуз	tarvuz
uva (f)	узум	uzum
ginja (f)	олча	olcha
cereja (f)	гилос	gilos
melão (m)	қовун	qovun
toranja (f)	грейпфрут	greypfrut
abacate (m)	авокадо	avokado
mamão (m)	папайя	papayya

| manga (f) | манго | mango |
| romã (f) | анор | anor |

groselha (f) vermelha	қизил смородина	qizil smorodina
groselha (f) negra	қора смородина	qora smorodina
groselha (f) espinhosa	крижовник	krijovnik
mirtilo (m)	черника	chernika
amora (f) silvestre	маймунжон	maymunjon

passa (f)	майиз	mayiz
figo (m)	анжир	anjir
tâmara (f)	хурмо	xurmo

amendoim (m)	ерёнғоқ	eryong'oq
amêndoa (f)	бодом	bodom
noz (f)	ёнғоқ	yong'oq
avelã (f)	ўрмон ёнғоғи	o'rmon yong'og'i
coco (m)	кокос ёнғоғи	kokos yong'og'i
pistaches (m pl)	писта	pista

48. Pão. Bolaria

pastelaria (f)	қандолат маҳсулотлари	qandolat mahsulotlari
pão (m)	нон	non
biscoito (m), bolacha (f)	печене	pechene

chocolate (m)	шоколад	shokolad
de chocolate	шоколадли	shokoladli
bala (f)	конфет	konfet
doce (bolo pequeno)	пирожное	pirojnoe
bolo (m) de aniversário	торт	tort

| torta (f) | пирог | pirog |
| recheio (m) | начинка | nachinka |

geleia (m)	мураббо	murabbo
marmelada (f)	мармелад	marmelad
wafers (m pl)	вафли	vafli
sorvete (m)	музқаймоқ	muzqaymoq
pudim (m)	пудинг	puding

49. Pratos cozinhados

prato (m)	таом	taom
cozinha (~ portuguesa)	ошхона	oshxona
receita (f)	рецепт	retsept
porção (f)	порция	portsiya

salada (f)	салат	salat
sopa (f)	шўрва	sho'rva
caldo (m)	қуруқ қайнатма шўрва	quruq qaynatma sho'rva
sanduíche (m)	бутерброд	buterbrod

ovos (m pl) fritos	тухум қуймоқ	tuxum quymoq
hambúrguer (m)	гамбургер	gamburger
bife (m)	бифштекс	bifshteks

acompanhamento (m)	гарнир	garnir
espaguete (m)	спагетти	spagetti
purê (m) de batata	картошка пюреси	kartoshka pyuresi
pizza (f)	пицца	pitstsa
mingau (m)	бўтқа	bo'tqa
omelete (f)	қуймоқ	quymoq

fervido (adj)	пиширилган	pishirilgan
defumado (adj)	дудланган	dudlangan
frito (adj)	қовурилган	qovurilgan
seco (adj)	қуритилган	quritilgan
congelado (adj)	музлатилган	muzlatilgan
em conserva (adj)	маринадланган	marinadlangan

doce (adj)	ширин	shirin
salgado (adj)	тузланган	tuzlangan
frio (adj)	совуқ	sovuq
quente (adj)	иссиқ	issiq
amargo (adj)	аччиқ	achchiq
gostoso (adj)	мазали	mazali

cozinhar em água fervente	пиширмоқ	pishirmoq
preparar (vt)	тайёрламоқ	tayyorlamoq
fritar (vt)	қовурмоқ	qovurmoq
aquecer (vt)	иситмоқ	isitmoq

salgar (vt)	тузламоқ	tuzlamoq
apimentar (vt)	мурч сепмоқ	murch sepmoq
ralar (vt)	қирғичда қирмоқ	qirg'ichda qirmoq
casca (f)	пўст	po'st
descascar (vt)	тозаламоқ	tozalamoq

50. Especiarias

sal (m)	туз	tuz
salgado (adj)	тузли	tuzli
salgar (vt)	тузламоқ	tuzlamoq

pimenta-do-reino (f)	қора мурч	qora murch
pimenta (f) vermelha	қизил қалампир	qizil qalampir
mostarda (f)	горчица	gorchitsa
raiz-forte (f)	хрен	xren

condimento (m)	зиравор	ziravor
especiaria (f)	доривор	dorivor
molho (~ inglês)	қайла	qayla
vinagre (m)	сирка	sirka

anis estrelado (m)	анис	anis
manjericão (m)	райҳон	rayhon

cravo (m)	қалампирмунчоқ	qalampirmunchoq
gengibre (m)	занжабил	zanjabil
coentro (m)	кашнич	kashnich
canela (f)	долчин	dolchin

gergelim (m)	кунжут	kunjut
folha (f) de louro	лавр япроғи	lavr yaprog'i
páprica (f)	гармдори	garmdori
cominho (m)	зира	zira
açafrão (m)	заъфарон	za'faron

51. Refeições

comida (f)	таом	taom
comer (vt)	йемоқ	yemoq

café (m) da manhã	нонушта	nonushta
tomar café da manhã	нонушта қилмоқ	nonushta qilmoq
almoço (m)	тушлик	tushlik
almoçar (vi)	тушлик қилмоқ	tushlik qilmoq
jantar (m)	кечки овқат	kechki ovqat
jantar (vi)	кечки овқатни емоқ	kechki ovqatni emoq

apetite (m)	иштаҳа	ishtaha
Bom apetite!	Ёқимли иштаҳа!	Yoqimli ishtaha!

abrir (~ uma lata, etc.)	очмоқ	ochmoq
derramar (~ líquido)	тўкмоқ	to'kmoq
derramar-se (vr)	тўкилмоқ	to'kilmoq

ferver (vi)	қайнамоқ	qaynamoq
ferver (vt)	қайнатмоқ	qaynatmoq
fervido (adj)	қайнатилган	qaynatilgan

esfriar (vt)	совутмоқ	sovutmoq
esfriar-se (vr)	совутилмоқ	sovutilmoq

sabor, gosto (m)	таъм	ta'm
fim (m) de boca	қўшимча таъм	qo'shimcha ta'm

emagrecer (vi)	озмоқ	ozmoq
dieta (f)	парҳез	parhez
vitamina (f)	витамин	vitamin
caloria (f)	калория	kaloriya

vegetariano (m)	вегетариан	vegetarian
vegetariano (adj)	вегетарианча	vegetariancha

gorduras (f pl)	ёғлар	yog'lar
proteínas (f pl)	оқсиллар	oqsillar
carboidratos (m pl)	углеводлар	uglevodlar
fatia (~ de limão, etc.)	тилимча	tilimcha
pedaço (~ de bolo)	бўлак	bo'lak
migalha (f), farelo (m)	урвоқ	urvoq

52. Por a mesa

colher (f)	қошиқ	qoshiq
faca (f)	пичоқ	pichoq
garfo (m)	санчқи	sanchqi
xícara (f)	косача	kosacha
prato (m)	тарелка	tarelka
pires (m)	ликопча	likopcha
guardanapo (m)	қўл сочиқ	qo'l sochiq
palito (m)	тиш кавлагич	tish kavlagich

53. Restaurante

restaurante (m)	ресторан	restoran
cafeteria (f)	кофехона	kofexona
bar (m), cervejaria (f)	бар	bar
salão (m) de chá	чой салони	choy saloni
garçom (m)	официант	ofitsiant
garçonete (f)	официантка	ofitsiantka
barman (m)	бармен	barmen
cardápio (m)	таомнома	taomnoma
lista (f) de vinhos	винолар рўйхати	vinolar ro'yxati
reservar uma mesa	столни банд қилмоқ	stolni band qilmoq
prato (m)	таом	taom
pedir (vt)	буюртма қилмоқ	buyurtma qilmoq
fazer o pedido	буюртма бермоқ	buyurtma bermoq
aperitivo (m)	аперитив	aperitiv
entrada (f)	газак	gazak
sobremesa (f)	десерт	desert
conta (f)	ҳисоб	hisob
pagar a conta	ҳисоб бўйича тўламоқ	hisob bo'yicha to'lamoq
dar o troco	қайтим бермоқ	qaytim bermoq
gorjeta (f)	чойчақа	choychaqa

Família, parentes e amigos

54. Informação pessoal. Formulários

nome (m)	исм	ism
sobrenome (m)	фамилия	familiya
data (f) de nascimento	туғилган сана	tug'ilgan sana
local (m) de nascimento	туғилган жойи	tug'ilgan joyi
nacionalidade (f)	миллати	millati
lugar (m) de residência	турар жойи	turar joyi
país (m)	мамлакат	mamlakat
profissão (f)	касб	kasb
sexo (m)	жинс	jins
estatura (f)	бўй	bo'y
peso (m)	вазн	vazn

55. Membros da família. Parentes

mãe (f)	она	ona
pai (m)	ота	ota
filho (m)	ўғли	o'g'li
filha (f)	қиз	qiz
caçula (f)	кичик қиз	kichik qiz
caçula (m)	кичик ўғил	kichik o'g'il
filha (f) mais velha	катта қизи	katta qizi
filho (m) mais velho	катта ўғли	katta o'g'li
irmão (m) mais velho	ака	aka
irmão (m) mais novo	ука	uka
irmã (f) mais velha	опа	opa
irmã (f) mais nova	сингил	singil
primo (m)	амакивачча, холавачча	amakivachcha, xolavachcha
prima (f)	амакивачча, холавачча	amakivachcha, xolavachcha
mamãe (f)	ойи	oyi
papai (m)	дада	dada
pais (pl)	ота-она	ota-ona
criança (f)	бола	bola
crianças (f pl)	болалар	bolalar
avó (f)	буви	buvi
avô (m)	бобо	bobo
neto (m)	невара	nevara
neta (f)	набира	nabira
netos (pl)	неваралар	nevaralar

tio (m)	амаки	amaki
tia (f)	хола	xola
sobrinho (m)	жиян	jiyan
sobrinha (f)	жиян	jiyan
sogra (f)	қайнона	qaynona
sogro (m)	қайнота	qaynota
genro (m)	куёв	kuyov
madrasta (f)	ўгай она	o'gay ona
padrasto (m)	ўгай ота	o'gay ota
criança (f) de colo	гўдак	go'dak
bebê (m)	чақалоқ	chaqaloq
menino (m)	кичкинтой	kichkintoy
mulher (f)	хотин	xotin
marido (m)	ер	er
esposo (m)	рафиқ	rafiq
esposa (f)	рафиқа	rafiqa
casado (adj)	уйланган	uylangan
casada (adj)	турмушга чиққан	turmushga chiqqan
solteiro (adj)	бўйдоқ	bo'ydoq
solteirão (m)	бўйдоқ	bo'ydoq
divorciado (adj)	ажрашган	ajrashgan
viúva (f)	бева аёл	beva ayol
viúvo (m)	бева еркак	beva erkak
parente (m)	қариндош	qarindosh
parente (m) próximo	яқин қариндош	yaqin qarindosh
parente (m) distante	узоқ қариндош	uzoq qarindosh
parentes (m pl)	қариндошлар	qarindoshlar
órfão (m), órfã (f)	йетим	yetim
tutor (m)	васий	vasiy
adotar (um filho)	ўғил қилиб олиш	o'g'il qilib olish
adotar (uma filha)	қиз қилиб олиш	qiz qilib olish

56. Amigos. Colegas de trabalho

amigo (m)	дўст	do'st
amiga (f)	дугона	dugona
amizade (f)	дўстлик	do'stlik
ser amigos	дўстлашмоқ	do'stlashmoq
amigo (m)	оғайни	og'ayni
amiga (f)	дугона	dugona
parceiro (m)	шерик	sherik
chefe (m)	раҳбар	rahbar
superior (m)	бошлиқ	boshliq
proprietário (m)	ега	ega
subordinado (m)	бўйсунувчи	bo'ysunuvchi
colega (m, f)	ҳамкасб	hamkasb

conhecido (m)	таниш	tanish
companheiro (m) de viagem	йўловчи	yo'lovchi
colega (m) de classe	синфдош	sinfdosh

vizinho (m)	қўшни еркак	qo'shni erkak
vizinha (f)	қўшни аёл	qo'shni ayol
vizinhos (pl)	қўшнилар	qo'shnilar

57. Homem. Mulher

mulher (f)	аёл	ayol
menina (f)	қиз	qiz
noiva (f)	келин	kelin

bonita, bela (adj)	чиройли	chiroyli
alta (adj)	баланд	baland
esbelta (adj)	хушбичим	xushbichim
baixa (adj)	пакана	pakana

| loira (f) | оқ-сариқ соч | oq-sariq soch |
| morena (f) | қора соч | qora soch |

de senhora	аёлларга хос	ayollarga xos
virgem (f)	маъсума	ma'suma
grávida (adj)	ҳомиладор	homilador

homem (m)	еркак	erkak
loiro (m)	оқ-сариқ соч	oq-sariq soch
moreno (m)	қора соч	qora soch
alto (adj)	баланд	baland
baixo (adj)	пакана	pakana

rude (adj)	қўпол	qo'pol
atarracado (adj)	чорпахил	chorpaxil
robusto (adj)	бақувват	baquvvat
forte (adj)	кучли	kuchli
força (f)	куч	kuch

gordo (adj)	семиз	semiz
moreno (adj)	қорача	qoracha
esbelto (adj)	хушбичим	xushbichim
elegante (adj)	башанг	bashang

58. Idade

idade (f)	ёши	yoshi
juventude (f)	ёшлик	yoshlik
jovem (adj)	ёш	yosh

mais novo (adj)	ёшроқ	yoshroq
mais velho (adj)	каттароқ	kattaroq
jovem (m)	ёш йигит	yosh yigit

adolescente (m)	ўспирин	o'spirin
rapaz (m)	йигит	yigit
velho (m)	чол	chol
velha (f)	кампир	kampir
adulto	катта ёшли	katta yoshli
de meia-idade	ўрта ёшли	o'rta yoshli
idoso, de idade (adj)	кексайган	keksaygan
velho (adj)	кекса	keksa
aposentadoria (f)	нафақа	nafaqa
aposentar-se (vr)	нафақага чиқиш	nafaqaga chiqish
aposentado (m)	нафақахўр	nafaqaxo'r

59. Crianças

criança (f)	бола	bola
crianças (f pl)	болалар	bolalar
gêmeos (m pl), gêmeas (f pl)	егизаклар	egizaklar
berço (m)	бешик	beshik
chocalho (m)	шиқилдоқ	shiqildoq
fralda (f)	таглик	taglik
chupeta (f), bico (m)	сўргич	so'rgich
carrinho (m) de bebê	аравача	aravacha
jardim (m) de infância	болалар боғчаси	bolalar bog'chasi
babysitter, babá (f)	енага	enaga
infância (f)	болалик	bolalik
boneca (f)	қўғирчоқ	qo'g'irchoq
brinquedo (m)	ўйинчоқ	o'yinchoq
jogo (m) de montar	конструктор	konstruktor
bem-educado (adj)	тарбияли	tarbiyali
malcriado (adj)	тарбиясиз	tarbiyasiz
mimado (adj)	ерка	erka
ser travesso	шўхлик қилмоқ	sho'xlik qilmoq
travesso, traquinas (adj)	шўх	sho'x
travessura (f)	шўхлик	sho'xlik
criança (f) travessa	шумтака	shumtaka
obediente (adj)	итоаткор	itoatkor
desobediente (adj)	итоациз	itoatsiz
dócil (adj)	если	esli
inteligente (adj)	ақлли	aqlli
prodígio (m)	вундеркинд	vunderkind

60. Casais. Vida de família

beijar (vt)	ўпмоқ	o'pmoq
beijar-se (vr)	ўпишмоқ	o'pishmoq
família (f)	оила	oila
familiar (vida ~)	оилавий	oilaviy
casal (m)	ер-хотин	er-xotin
matrimônio (m)	никоҳ	nikoh
lar (m)	ўз уйи	o'z uyi
dinastia (f)	сулола	sulola
encontro (m)	учрашув	uchrashuv
beijo (m)	ўпич	o'pich
amor (m)	севги	sevgi
amar (pessoa)	севмоқ	sevmoq
amado, querido (adj)	севикли	sevikli
ternura (f)	меҳрибонлик	mehribonlik
afetuoso (adj)	мулойим	muloyim
fidelidade (f)	садоқат	sadoqat
fiel (adj)	садоқатли	sadoqatli
cuidado (m)	ғамхўрлик	g'amxo'rlik
carinhoso (adj)	ғамхўр	g'amxo'r
recém-casados (pl)	ёш келин-куёв	yosh kelin-kuyov
lua (f) de mel	асал ойи	asal oyi
casar-se (com um homem)	турмушга чиқмоқ	turmushga chiqmoq
casar-se (com uma mulher)	уйланмоқ	uylanmoq
casamento (m)	никоҳ тўйи	nikoh to'yi
bodas (f pl) de ouro	олтин тўй	oltin to'y
aniversário (m)	йиллик	yillik
amante (m)	жазман	jazman
amante (f)	жазман	jazman
adultério (m), traição (f)	хиёнат	xiyonat
cometer adultério	хиёнат қилмоқ	xiyonat qilmoq
ciumento (adj)	рашкчи	rashkchi
ser ciumento, -a	рашк қилмоқ	rashk qilmoq
divórcio (m)	ажралиш	ajralish
divorciar-se (vr)	ажралишмоқ	ajralishmoq
brigar (discutir)	уришиб қолмоқ	urishib qolmoq
fazer as pazes	ярашмоқ	yarashmoq
juntos (ir ~)	бирга	birga
sexo (m)	секс	seks
felicidade (f)	бахт	baxt
feliz (adj)	бахтли	baxtli
infelicidade (f)	бахцизлик	baxtsizlik
infeliz (adj)	бахциз	baxtsiz

Caráter. Sentimentos. Emoções

61. Sentimentos. Emoções

sentimento (m)	туйғу	tuyg'u
sentimentos (m pl)	туйғулар	tuyg'ular
sentir (vt)	ҳис қилмоқ	his qilmoq
fome (f)	очлик	ochlik
ter fome	ейишни истамоқ	eyishni istamoq
sede (f)	чанқов	chanqov
ter sede	чанқамоқ	chanqamoq
sonolência (f)	уйқучилик	uyquchilik
estar sonolento	уйқуни истамоқ	uyquni istamoq
cansaço (m)	чарчоқ	charchoq
cansado (adj)	чарчаган	charchagan
ficar cansado	чарчамоқ	charchamoq
humor (m)	кайфият	kayfiyat
tédio (m)	зерикиш	zerikish
entediar-se (vr)	зерикмоқ	zerikmoq
reclusão (isolamento)	ёлғизлик	yolg'izlik
isolar-se (vr)	ёлғиз бўлмоқ	yolg'iz bo'lmoq
preocupar (vt)	хавотир қилмоқ	xavotir qilmoq
estar preocupado	хавотирланмоқ	xavotirlanmoq
preocupação (f)	безовталик	bezovtalik
ansiedade (f)	хавотирлик	xavotirlik
preocupado (adj)	ташвишланган	tashvishlangan
estar nervoso	асабийлашмоқ	asabiylashmoq
entrar em pânico	ваҳимага тушмоқ	vahimaga tushmoq
esperança (f)	умид	umid
esperar (vt)	умид қилмоқ	umid qilmoq
certeza (f)	дадиллик	dadillik
certo, seguro de ...	дадил	dadil
indecisão (f)	дадилсизлик	dadilsizlik
indeciso (adj)	дадил емас	dadil emas
bêbado (adj)	маст	mast
sóbrio (adj)	хушёр	xushyor
fraco (adj)	заиф	zaif
feliz (adj)	бахтли, омадли	baxtli, omadli
assustar (vt)	қўрқитмоқ	qo'rqitmoq
fúria (f)	қутуриш	quturish
ira, raiva (f)	қаттиқ ғазаб	qattiq g'azab
depressão (f)	руҳий сиқилиш	ruhiy siqilish
desconforto (m)	дискомфорт	diskomfort

conforto (m)	комфорт	komfort
arrepender-se (vr)	афсусланмоқ	afsuslanmoq
arrependimento (m)	афсус	afsus
azar (m), má sorte (f)	омадсизлик	omadsizlik
tristeza (f)	хафалик	xafalik

vergonha (f)	уят	uyat
alegria (f)	ўйин-кулги	o'yin-kulgi
entusiasmo (m)	ташаббус	tashabbus
entusiasta (m)	ташаббускор	tashabbuskor
mostrar entusiasmo	ташаббус кўрсатмоқ	tashabbus ko'rsatmoq

62. Caráter. Personalidade

caráter (m)	феъл-атвор	fe'l-atvor
falha (f) de caráter	нуқсон	nuqson
mente (f)	ақл	aql
razão (f)	идрок	idrok

consciência (f)	виждон	vijdon
hábito, costume (m)	одат	odat
habilidade (f)	қобилият	qobiliyat
saber (~ nadar, etc.)	уддаламоқ	uddalamoq

paciente (adj)	сабрли	sabrli
impaciente (adj)	сабрсиз	sabrsiz
curioso (adj)	қизиқувчан	qiziquvchan
curiosidade (f)	қизиқувчанлик	qiziquvchanlik

modéstia (f)	камтарлик	kamtarlik
modesto (adj)	камтар	kamtar
imodesto (adj)	мақтанчоқ	maqtanchoq

preguiça (f)	дангасалик	dangasalik
preguiçoso (adj)	дангаса	dangasa
preguiçoso (m)	дангаса	dangasa

astúcia (f)	айёрлик	ayyorlik
astuto (adj)	айёр	ayyor
desconfiança (f)	ишонмаслик	ishonmaslik
desconfiado (adj)	ишонмайдиган	ishonmaydigan

generosidade (f)	сахийлик	saxiylik
generoso (adj)	сахий	saxiy
talentoso (adj)	истеъдодли	iste'dodli
talento (m)	истеъдод	iste'dod

corajoso (adj)	жасур	jasur
coragem (f)	жасурлик	jasurlik
honesto (adj)	ростгўй	rostgo'y
honestidade (f)	ростгўйлик	rostgo'ylik

| prudente, cuidadoso (adj) | эхтиёткор | ehtiyotkor |
| valoroso (adj) | довюрак | dovyurak |

| sério (adj) | жиддий | jiddiy |
| severo (adj) | қаттиққўл | qattiqqo'l |

decidido (adj)	дадил	dadil
indeciso (adj)	қатъияциз	qat'iyatsiz
tímido (adj)	тортинчоқ	tortinchoq
timidez (f)	тортинчоқлик	tortinchoqlik

confiança (f)	ишонч	ishonch
confiar (vt)	ишонмоқ	ishonmoq
crédulo (adj)	ишонувчан	ishonuvchan

sinceramente	самимият билан	samimiyat bilan
sincero (adj)	самимий	samimiy
sinceridade (f)	самимият	samimiyat
aberto (adj)	самимий	samimiy

calmo (adj)	ювош	yuvosh
franco (adj)	очиқ	ochiq
ingênuo (adj)	содда	sodda
distraído (adj)	паришонхотир	parishonxotir
engraçado (adj)	кулгили	kulgili

ganância (f)	очкўзлик	ochko'zlik
ganancioso (adj)	очкўз	ochko'z
avarento, sovina (adj)	хасис	xasis
mal (adj)	ёвуз	yovuz
teimoso (adj)	қайсар	qaysar
desagradável (adj)	ёқимсиз	yoqimsiz

egoísta (m)	худбин	xudbin
egoísta (adj)	худбинлик	xudbinlik
covarde (m)	қўрқоқ	qo'rqoq
covarde (adj)	қўрқоқ	qo'rqoq

63. O sono. Sonhos

dormir (vi)	ухламоқ	uxlamoq
sono (m)	уйқу	uyqu
sonho (m)	туш	tush
sonhar (ver sonhos)	туш кўрмоқ	tush ko'rmoq
sonolento (adj)	уйқусираган	uyqusiragan

cama (f)	каравот	karavot
colchão (m)	тўшак	to'shak
cobertor (m)	адёл	adyol
travesseiro (m)	ёстиқ	yostiq
lençol (m)	чойшаб	choyshab

insônia (f)	уйқусизлик	uyqusizlik
sem sono (adj)	уйқусиз	uyqusiz
sonífero (m)	уйқу дори	uyqu dori
tomar um sonífero	уйқу дори ичмоқ	uyqu dori ichmoq
estar sonolento	уйқуни истамоқ	uyquni istamoq

bocejar (vi)	еснамоқ	esnamoq
ir para a cama	ухлашга кетмоқ	uxlashga ketmoq
fazer a cama	кўрпа-ёстиқни тўшамоқ	ko'rpa-yostiqni to'shamoq
adormecer (vi)	уйқуга кетмоқ	uyquga ketmoq

pesadelo (m)	босинқираш	bosinqirash
ronco (m)	хуррак	xurrak
roncar (vi)	хуррак отмоқ	xurrak otmoq

despertador (m)	будилник	budilnik
acordar, despertar (vt)	уйғотмоқ	uyg'otmoq
acordar (vi)	уйғонмоқ	uyg'onmoq
levantar-se (vr)	тўшакдан турмоқ	to'shakdan turmoq
lavar-se (vr)	ювинмоқ	yuvinmoq

64. Humor. Riso. Alegria

humor (m)	юмор	yumor
senso (m) de humor	юмор туйғуси	yumor tuyg'usi
divertir-se (vr)	қувнамоқ	quvnamoq
alegre (adj)	қувноқ	quvnoq
diversão (f)	қувноқлик	quvnoqlik

sorriso (m)	табассум	tabassum
sorrir (vi)	жилмаймоқ	jilmaymoq
começar a rir	кулиб юбормоқ	kulib yubormoq
rir (vi)	кулмоқ	kulmoq
riso (m)	кулги	kulgi

anedota (f)	латифа	latifa
engraçado (adj)	кулгили	kulgili
ridículo, cômico (adj)	кулгили	kulgili

brincar (vi)	ҳазиллашмоқ	hazillashmoq
piada (f)	ҳазил	hazil
alegria (f)	қувонч	quvonch
regozijar-se (vr)	қувонмоқ	quvonmoq
alegre (adj)	қувончли	quvonchli

65. Discussão, conversação. Parte 1

| comunicação (f) | мулоқот | muloqot |
| comunicar-se (vr) | мулоқотда бўлмоқ | muloqotda bo'lmoq |

conversa (f)	суҳбат	suhbat
diálogo (m)	диалог	dialog
discussão (f)	мунозара	munozara
debate (m)	баҳс	bahs
debater (vt)	баҳслашмоқ	bahslashmoq

| interlocutor (m) | ҳамсуҳбат | hamsuhbat |
| tema (m) | мавзу | mavzu |

ponto (m) de vista	нуқтаи назар	nuqtai nazar
opinião (f)	фикр	fikr
discurso (m)	нутқ	nutq
discussão (f)	муҳокама	muhokama
discutir (vt)	муҳокама қилмоқ	muhokama qilmoq
conversa (f)	суҳбат	suhbat
conversar (vi)	суҳбатлашмоқ	suhbatlashmoq
reunião (f)	учрашув	uchrashuv
encontrar-se (vr)	учрашмоқ	uchrashmoq
provérbio (m)	мақол	maqol
ditado, provérbio (m)	матал	matal
adivinha (f)	топишмоқ	topishmoq
dizer uma adivinha	топишмоқ айтмоқ	topishmoq aytmoq
senha (f)	парол	parol
segredo (m)	сир	sir
juramento (m)	қасам	qasam
jurar (vi)	қасам ичмоқ	qasam ichmoq
promessa (f)	ваъда	va'da
prometer (vt)	ваъда бермоқ	va'da bermoq
conselho (m)	маслаҳат	maslahat
aconselhar (vt)	маслаҳат бермоқ	maslahat bermoq
seguir o conselho	маслаҳатга амал қилмоқ	maslahatga amal qilmoq
escutar (~ os conselhos)	қулоқ солмоқ	quloq solmoq
novidade, notícia (f)	янгилик	yangilik
sensação (f)	шов-шув	shov-shuv
informação (f)	маълумот	ma'lumot
conclusão (f)	хулоса	xulosa
voz (f)	товуш	tovush
elogio (m)	хушомад	xushomad
amável, querido (adj)	илтифот	iltifot
palavra (f)	сўз	so'z
frase (f)	жумла	jumla
resposta (f)	жавоб	javob
verdade (f)	ҳақиқат	haqiqat
mentira (f)	ёлғон	yolg'on
pensamento (m)	тафаккур	tafakkur
ideia (f)	фикр	fikr
fantasia (f)	хомхаёл	xomxayol

66. Discussão, conversação. Parte 2

estimado, respeitado (adj)	ҳурматли	hurmatli
respeitar (vt)	ҳурмат қилмоқ	hurmat qilmoq
respeito (m)	ҳурмат	hurmat
Estimado ..., Caro ...	Муҳтарам ...	Muhtaram ...
apresentar (alguém a alguém)	таништирмоқ	tanishtirmoq

conhecer (vt)	танишмоқ	tanishmoq
intenção (f)	ният	niyat
tencionar (~ fazer algo)	ният қилмоқ	niyat qilmoq
desejo (de boa sorte)	тилак	tilak
desejar (ex. ~ boa sorte)	тиламоқ	tilamoq
surpresa (f)	ажабланиш	ajablanish
surpreender (vt)	ажаблантирмоқ	ajablantirmoq
surpreender-se (vr)	ажабланмоқ	ajablanmoq
dar (vt)	бермоқ	bermoq
pegar (tomar)	олмоқ	olmoq
devolver (vt)	қайтариб бермоқ	qaytarib bermoq
retornar (vt)	қайтариб бермоқ	qaytarib bermoq
desculpar-se (vr)	кечирим сўрамоқ	kechirim so'ramoq
desculpa (f)	узр	uzr
perdoar (vt)	кечирмоқ	kechirmoq
falar (vi)	гаплашмоқ	gaplashmoq
escutar (vt)	эшитмоқ	eshitmoq
ouvir até o fim	тингламоқ	tinglamoq
entender (compreender)	тушунмоқ	tushunmoq
mostrar (vt)	кўрсатмоқ	ko'rsatmoq
olhar para ...	... га қарамоқ	... ga qaramoq
chamar (alguém para ...)	чақирмоқ	chaqirmoq
perturbar, distrair (vt)	безовта қилмоқ	bezovta qilmoq
perturbar (vt)	халақит бермоқ	xalaqit bermoq
entregar (~ em mãos)	бериб қўймоқ	berib qo'ymoq
pedido (m)	илтимос	iltimos
pedir (ex. ~ ajuda)	сўрамоқ	so'ramoq
exigência (f)	талаб	talab
exigir (vt)	талаб қилмоқ	talab qilmoq
insultar (chamar nomes)	тегажаклик қилмоқ	tegajaklik qilmoq
zombar (vt)	масхара қилмоқ	masxara qilmoq
zombaria (f)	масхара қилиш	masxara qilish
alcunha (f), apelido (m)	лақаб	laqab
insinuação (f)	ишора	ishora
insinuar (vt)	ишора қилмоқ	ishora qilmoq
querer dizer	назарда тутмоқ	nazarda tutmoq
descrição (f)	таъриф	ta'rif
descrever (vt)	таърифламоқ	ta'riflamoq
elogio (m)	мақтов	maqtov
elogiar (vt)	мақтамоқ	maqtamoq
desapontamento (m)	кўнгил қолиш	ko'ngil qolish
desapontar (vt)	кўнгилни қолдирмоқ	ko'ngilni qoldirmoq
desapontar-se (vr)	кўнгил қолиши	ko'ngil qolishi
suposição (f)	фараз	faraz
supor (vt)	фараз қилмоқ	faraz qilmoq

advertência (f)	огохлантириш	ogohlantirish
advertir (vt)	огохлантирмоқ	ogohlantirmoq

67. Discussão, conversação. Parte 3

convencer (vt)	кўндирмоқ	ko'ndirmoq
acalmar (vt)	тинчлантирмоқ	tinchlantirmoq

silêncio (o ~ é de ouro)	сукут сақлаш	sukut saqlash
ficar em silêncio	индамай турмоқ	indamay turmoq
sussurrar (vt)	пичирламоқ	pichirlamoq
sussurro (m)	пичирлаш	pichirlash

francamente	очиқчасига	ochiqchasiga
na minha opinião ...	менинг фикримча ...	mening fikrimcha ...

detalhe (~ da história)	батафсиллик	batafsillik
detalhado (adj)	батафсил	batafsil
detalhadamente	батафсил	batafsil

dica (f)	ишора	ishora
dar uma dica	ишора қилмоқ	ishora qilmoq

olhar (m)	нигоҳ	nigoh
dar uma olhada	қараб қўймоқ	qarab qo'ymoq
fixo (olhada ~a)	қотиб қолган	qotib qolgan
piscar (vi)	кўз учирмоқ	ko'z uchirmoq
piscar (vt)	кўз қисмоқ	ko'z qismoq
acenar com a cabeça	бош силкимоқ	bosh silkimoq

suspiro (m)	хўрсиниш	xo'rsinish
suspirar (vi)	хўрсинмоқ	xo'rsinmoq
estremecer (vi)	сесканмоқ	seskanmoq
gesto (m)	имо-ишора	imo-ishora
tocar (com as mãos)	тегиб кетмоқ	tegib ketmoq
agarrar (~ pelo braço)	ушламоқ	ushlamoq
bater de leve	қоқмоқ	qoqmoq

Cuidado!	Эҳтиёт бўлинг!	Ehtiyot bo'ling!
Sério?	Наҳотки?	Nahotki?
Tem certeza?	Ишончинг комилми?	Ishonching komilmi?
Boa sorte!	Омад ёр бўлсин!	Omad yor bo'lsin!
Entendi!	Тушунарли!	Tushunarli!
Que pena!	Афсус!	Afsus!

68. Acordo. Recusa

consentimento (~ mútuo)	розилик	rozilik
consentir (vi)	рози бўлмоқ	rozi bo'lmoq
aprovação (f)	маъқуллаш	ma'qullash
aprovar (vt)	маъқулламоқ	ma'qullamoq
recusa (f)	рад қилиш	rad qilish

negar-se a ...	рад қилмоқ	rad qilmoq
Ótimo!	Аъло!	A'lo!
Tudo bem!	Яхши!	Yaxshi!
Está bem! De acordo!	Майли!	Mayli!

proibido (adj)	тақиқланган	taqiqlangan
é proibido	ман етилган	man etilgan
é impossível	имкони йўқ	imkoni yo'q
incorreto (adj)	янглиш	yanglish

rejeitar (~ um pedido)	рад етмоқ	rad etmoq
apoiar (vt)	қувватламоқ	quvvatlamoq
aceitar (desculpas, etc.)	қабул қилмоқ	qabul qilmoq

confirmar (vt)	тасдиқламоқ	tasdiqlamoq
confirmação (f)	тасдиқ	tasdiq
permissão (f)	ижозат	ijozat
permitir (vt)	рухсат бермоқ	ruxsat bermoq
decisão (f)	қарор	qaror
não dizer nada	индамай турмоқ	indamay turmoq

condição (com uma ~)	шарт	shart
pretexto (m)	баҳона	bahona
elogio (m)	мақтов	maqtov
elogiar (vt)	мақтамоқ	maqtamoq

69. Sucesso. Boa sorte. Insucesso

êxito, sucesso (m)	муваффақият	muvaffaqiyat
com êxito	муваффақиятли	muvaffaqiyatli
bem sucedido (adj)	муваффақиятли	muvaffaqiyatli

sorte (fortuna)	ютуқ	yutuq
Boa sorte!	Омад ёр бўлсин!	Omad yor bo'lsin!
de sorte	омадли	omadli
sortudo, felizardo (adj)	омадли	omadli

fracasso (m)	муваффақияцизлик	muvaffaqiyatsizlik
pouca sorte (f)	омадсизлик	omadsizlik
azar (m), má sorte (f)	омадсизлик	omadsizlik

| mal sucedido (adj) | омадсиз | omadsiz |
| catástrofe (f) | ҳалокат | halokat |

orgulho (m)	ғурур	g'urur
orgulhoso (adj)	ғурурли	g'ururli
estar orgulhoso, -a	ғурурланмоқ	g'ururlanmoq

vencedor (m)	ғолиб	g'olib
vencer (vi, vt)	ғолиб бўлмоқ	g'olib bo'lmoq
perder (vt)	ютқизмоқ	yutqizmoq
tentativa (f)	уриниш	urinish
tentar (vt)	уринмоқ	urinmoq
chance (m)	имконият	imkoniyat

70. Conflitos. Emoções negativas

grito (m)	бақириқ	baqiriq
gritar (vi)	бақирмоқ	baqirmoq
começar a gritar	бақириб юбормоқ	baqirib yubormoq
discussão (f)	жанжал	janjal
brigar (discutir)	уришиб қолмоқ	urishib qolmoq
escândalo (m)	жанжал	janjal
criar escândalo	жанжаллашмоқ	janjallashmoq
conflito (m)	низо	nizo
mal-entendido (m)	келишмовчилик	kelishmovchilik
insulto (m)	ҳақорат	haqorat
insultar (vt)	ҳақоратламоқ	haqoratlamoq
insultado (adj)	ҳақоратланган	haqoratlangan
ofensa (f)	ранж-алам	ranj-alam
ofender (vt)	ранжитмоқ	ranjitmoq
ofender-se (vr)	ранжимоқ	ranjimoq
indignação (f)	норозилик	norozilik
indignar-se (vr)	ғазабланмоқ	g'azablanmoq
queixa (f)	шикоят	shikoyat
queixar-se (vr)	шикоят қилмоқ	shikoyat qilmoq
desculpa (f)	узр	uzr
desculpar-se (vr)	узр сўрамоқ	uzr so'ramoq
pedir perdão	кечирим сўрамоқ	kechirim so'ramoq
crítica (f)	танқид	tanqid
criticar (vt)	танқид қилмоқ	tanqid qilmoq
acusação (f)	айблов	ayblov
acusar (vt)	айбламоқ	ayblamoq
vingança (f)	қасос	qasos
vingar (vt)	қасос олмоқ	qasos olmoq
vingar-se de	аламини олмоқ	alamini olmoq
desprezo (m)	жирканиш	jirkanish
desprezar (vt)	жирканмоқ	jirkanmoq
ódio (m)	нафрат	nafrat
odiar (vt)	нафратланмоқ	nafratlanmoq
nervoso (adj)	асабий	asabiy
estar nervoso	асабийлашмоқ	asabiylashmoq
zangado (adj)	баджаҳл	badjahl
zangar (vt)	жаҳлини чиқармоқ	jahlini chiqarmoq
humilhação (f)	таҳқирланиш	tahqirlanish
humilhar (vt)	таҳқирламоқ	tahqirlamoq
humilhar-se (vr)	ўзини хўрламоқ	o'zini xo'rlamoq
choque (m)	руҳий таъсирланмоқ	ruhiy ta'sirlanmoq
chocar (vt)	хижолатда қолдирмоқ	xijolatda qoldirmoq
aborrecimento (m)	кўнгилсизлик	ko'ngilsizlik

desagradável (adj)	кўнгилсиз	ko'ngilsiz
medo (m)	кўрқув	qo'rquv
terrível (tempestade, etc.)	қаттиқ	qattiq
assustador (ex. história ~a)	кўрқинчли	qo'rqinchli
horror (m)	даҳшат	dahshat
horrível (crime, etc.)	даҳшатли	dahshatli
começar a tremer	титрамоқ	titramoq
chorar (vi)	йиғламоқ	yig'lamoq
começar a chorar	йиғлаб юбормоқ	yig'lab yubormoq
lágrima (f)	кўз томчиси	ko'z tomchisi
falta (f)	гуноҳ	gunoh
culpa (f)	айб	ayb
desonra (f)	иснод	isnod
protesto (m)	қатъий норозилик	qat'iy norozilik
estresse (m)	қаттиқ ҳаяжон	qattiq hayajon
perturbar (vt)	безовта қилмоқ	bezovta qilmoq
zangar-se com ...	аччиқланмоқ	achchiqlanmoq
zangado (irritado)	жаҳлдор	jahldor
terminar (vt)	тўхтатмоқ	to'xtatmoq
praguejar	урушмоқ	urushmoq
assustar-se	чўчимоқ	cho'chimoq
golpear (vt)	урмоқ	urmoq
brigar (na rua, etc.)	муштлашмоқ	mushtlashmoq
resolver (o conflito)	келиштирмоқ	kelishtirmoq
descontente (adj)	норози	norozi
furioso (adj)	ғазабли	g'azabli
Não está bem!	Бу яхши емас!	Bu yaxshi emas!
É ruim!	Бу ёмон!	Bu yomon!

Medicina

71. Doenças

doença (f)	касаллик	kasallik
estar doente	касал бўлмоқ	kasal bo'lmoq
saúde (f)	саломатлик	salomatlik
nariz (m) escorrendo	тумов	tumov
amigdalite (f)	ангина	angina
resfriado (m)	шамоллаш	shamollash
ficar resfriado	шамолламоқ	shamollamoq
bronquite (f)	бронхит	bronxit
pneumonia (f)	ўпка яллигланиши	o'pka yalliglanishi
gripe (f)	грипп	gripp
míope (adj)	узоқни кўролмайдиган	uzoqni ko'rolmaydigan
presbita (adj)	узоқни кўрувчи	uzoqni ko'ruvchi
estrabismo (m)	ғилайлик	g'ilaylik
estrábico, vesgo (adj)	ғилай	g'ilay
catarata (f)	катаракта	katarakta
glaucoma (m)	глаукома	glaukoma
AVC (m), apoplexia (f)	инсулт	insult
ataque (m) cardíaco	инфаркт	infarkt
enfarte (m) do miocárdio	миоакард инфаркти	mioakard infarkti
paralisia (f)	фалажлик	falajlik
paralisar (vt)	фалажламоқ	falajlamoq
alergia (f)	аллергия	allergiya
asma (f)	астма	astma
diabetes (f)	диабет	diabet
dor (f) de dente	тиш оғриғи	tish og'rig'i
cárie (f)	кариес	karies
diarreia (f)	диарея	diareya
prisão (f) de ventre	қабзият	qabziyat
desarranjo (m) intestinal	меъда бузилиши	me'da buzilishi
intoxicação (f) alimentar	захарланиш	zaharlanish
intoxicar-se	захарланмоқ	zaharlanmoq
artrite (f)	артрит	artrit
raquitismo (m)	рахит	raxit
reumatismo (m)	бод	bod
arteriosclerose (f)	атеросклероз	ateroskleroz
gastrite (f)	гастрит	gastrit
apendicite (f)	аппендецин	appendetsin

| colecistite (f) | холецистит | xoletsistit |
| úlcera (f) | ошқозон яраси | oshqozon yarasi |

sarampo (m)	қизамиқ	qizamiq
rubéola (f)	қизилча	qizilcha
icterícia (f)	сариқ касали	sariq kasali
hepatite (f)	гепатит	gepatit

esquizofrenia (f)	шизофрения	shizofreniya
raiva (f)	қутуриш	quturish
neurose (f)	невроз	nevroz
contusão (f) cerebral	миянинг чайқалиши	miyaning chayqalishi

câncer (m)	саратон	saraton
esclerose (f)	склероз	skleroz
esclerose (f) múltipla	паришонхотир склероз	parishonxotir skleroz

alcoolismo (m)	алкоголизм	alkogolizm
alcoólico (m)	алкоголик	alkogolik
sífilis (f)	сифилис	sifilis
AIDS (f)	ОИТС	OITS

tumor (m)	ўсма	o'sma
maligno (adj)	хавфли	xavfli
benigno (adj)	безарар	bezarar
febre (f)	иситмали қалтироқ	isitmali qaltiroq
malária (f)	безгак	bezgak
gangrena (f)	қорасон	qorason
enjoo (m)	денгиз касали	dengiz kasali
epilepsia (f)	тутқаноқ	tutqanoq

epidemia (f)	епидемия	epidemiya
tifo (m)	терлама	terlama
tuberculose (f)	сил	sil
cólera (f)	вабо	vabo
peste (f) bubônica	ўлат	o'lat

72. Sintomas. Tratamentos. Parte 1

sintoma (m)	симптом	simptom
temperatura (f)	ҳарорат	harorat
febre (f)	юқори ҳарорат	yuqori harorat
pulso (m)	пулс	puls

vertigem (f)	бош айланиши	bosh aylanishi
quente (testa, etc.)	иссиқ	issiq
calafrio (m)	қалтироқ	qaltiroq
pálido (adj)	рангпар	rangpar

tosse (f)	йўтал	yo'tal
tossir (vi)	йўталмоқ	yo'talmoq
espirrar (vi)	аксирмоқ	aksirmoq
desmaio (m)	беҳушлик	behushlik
desmaiar (vi)	хушидан кетиб қолмоқ	hushidan ketib qolmoq

mancha (f) preta	мўматалоқ	mo'mataloq
galo (m)	ғурра	g'urra
machucar-se (vr)	урилмоқ	urilmoq
contusão (f)	урилган жой	urilgan joy
machucar-se (vr)	уриб олмоқ	urib olmoq
mancar (vi)	чўлоқланиш	cho'loqlanish
deslocamento (f)	чиқиқ	chiqiq
deslocar (vt)	чиқармоқ	chiqarmoq
fratura (f)	синдириш	sindirish
fraturar (vt)	синдириб олмоқ	sindirib olmoq
corte (m)	кесилган жой	kesilgan joy
cortar-se (vr)	кесиб олиш	kesib olish
hemorragia (f)	қон кетиш	qon ketish
queimadura (f)	куйиш	kuyish
queimar-se (vr)	куймоқ	kuymoq
picar (vt)	санчмоқ	sanchmoq
picar-se (vr)	санчиб олмоқ	sanchib olmoq
lesionar (vt)	яраламоқ	yaralamoq
lesão (m)	жароҳат	jarohat
ferida (f), ferimento (m)	яра	yara
trauma (m)	жароҳатланиш	jarohatlanish
delirar (vi)	алаҳламоқ	alahlamoq
gaguejar (vi)	дудуқланмоқ	duduqlanmoq
insolação (f)	қуёш уриши	quyosh urishi

73. Sintomas. Tratamentos. Parte 2

dor (f)	оғриқ	og'riq
farpa (no dedo, etc.)	зирапча	zirapcha
suor (m)	тер	ter
suar (vi)	терламоқ	terlamoq
vômito (m)	қайт қилиш	qayt qilish
convulsões (f pl)	томир тортишиш	tomir tortishish
grávida (adj)	ҳомиладор	homilador
nascer (vi)	туғилмоқ	tug'ilmoq
parto (m)	туғиш	tug'ish
dar à luz	туғмоқ	tug'moq
aborto (m)	аборт	abort
respiração (f)	нафас	nafas
inspiração (f)	нафас олиш	nafas olish
expiração (f)	нафас чиқариш	nafas chiqarish
expirar (vi)	нафас чиқармоқ	nafas chiqarmoq
inspirar (vi)	нафас олмоқ	nafas olmoq
inválido (m)	ногирон	nogiron
aleijado (m)	мажруҳ	majruh

drogado (m)	гиёхванд	giyohvand
surdo (adj)	кар	kar
mudo (adj)	соқов	soqov
surdo-mudo (adj)	кар-соқов	kar-soqov

louco, insano (adj)	жинни	jinni
louco (m)	жинни еркак	jinni erkak
louca (f)	жинни аёл	jinni ayol
ficar louco	ақлдан озиш	aqldan ozish

gene (m)	ген	gen
imunidade (f)	иммунитет	immunitet
hereditário (adj)	ирсий	irsiy
congênito (adj)	туғма	tug'ma

vírus (m)	вирус	virus
micróbio (m)	микроб	mikrob
bactéria (f)	бактерия	bakteriya
infecção (f)	инфекция	infektsiya

74. Sintomas. Tratamentos. Parte 3

hospital (m)	касалхона	kasalxona
paciente (m)	даволанувчи	davolanuvchi

diagnóstico (m)	ташхис	tashxis
cura (f)	даволаниш	davolanish
tratamento (m) médico	даволаш	davolash
curar-se (vr)	даволанмоқ	davolanmoq
tratar (vt)	даволамоқ	davolamoq
cuidar (pessoa)	қарамоқ	qaramoq
cuidado (m)	муолажа	muolaja

operação (f)	операция	operatsiya
enfaixar (vt)	ярани боғламоқ	yarani bog'lamoq
enfaixamento (m)	ярани боғлаш	yarani bog'lash

vacinação (f)	емлаш	emlash
vacinar (vt)	емламоқ	emlamoq
injeção (f)	укол	ukol
dar uma injeção	укол қилмоқ	ukol qilmoq

ataque (~ de asma, etc.)	хуруж, тутқаноқ	xuruj, tutqanoq
amputação (f)	кесиб ташлаш	kesib tashlash
amputar (vt)	кесиб ташламоқ	kesib tashlamoq
coma (f)	кома	koma
estar em coma	кома ҳолатида бўлмоқ	koma holatida bo'lmoq
reanimação (f)	реанимация	reanimatsiya

recuperar-se (vr)	соғайиш	sog'ayish
estado (~ de saúde)	аҳвол	ahvol
consciência (perder a ~)	хуш	hush
memória (f)	хотира	xotira
tirar (vt)	суғурмоқ	sug'urmoq

obturação (f)	пломба	plomba
obturar (vt)	пломбаламоқ	plombalamoq
hipnose (f)	гипноз	gipnoz
hipnotizar (vt)	гипноз қилмоқ	gipnoz qilmoq

75. Médicos

médico (m)	шифокор	shifokor
enfermeira (f)	тиббий ҳамшира	tibbiy hamshira
médico (m) pessoal	шахсий шифокор	shaxsiy shifokor
dentista (m)	тиш шифокори	tish shifokori
oculista (m)	кўз шифокори	ko'z shifokori
terapeuta (m)	терапевт	terapevt
cirurgião (m)	жарроҳ	jarroh
psiquiatra (m)	психиатр	psixiatr
pediatra (m)	педиатр	pediatr
psicólogo (m)	психолог	psixolog
ginecologista (m)	гинеколог	ginekolog
cardiologista (m)	кардиолог	kardiolog

76. Medicina. Drogas. Acessórios

medicamento (m)	дори-дармон	dori-darmon
remédio (m)	даволаш воситалари	davolash vositalari
receitar (vt)	ёзиб бермоқ	yozib bermoq
receita (f)	рецепт	retsept
comprimido (m)	таблетка дори	tabletka dori
unguento (m)	малҳам дори	malham dori
ampola (f)	ампула	ampula
solução, preparado (m)	суюқ дори	suyuq dori
xarope (m)	қиём	qiyom
cápsula (f)	ҳапдори	hapdori
pó (m)	кукун дори	kukun dori
atadura (f)	бинт	bint
algodão (m)	пахта	paxta
iodo (m)	ёд	yod
curativo (m) adesivo	пластир	plastir
conta-gotas (m)	доритомизгич	doritomizgich
termômetro (m)	тиббий термометр	tibbiy termometr
seringa (f)	шприц	shprits
cadeira (f) de rodas	аравача	aravacha
muletas (f pl)	қўлтиқтаёқ	qo'ltiqtayoq
analgésico (m)	оғриқсизлантирувчи	og'riqsizlantiruvchi
laxante (m)	сурги дори	surgi dori

álcool (m)	спирт	spirt
ervas (f pl) medicinais	доривор ўт	dorivor o't
de ervas (chá ~)	ўтли	o'tli

77. Fumar. Produtos tabágicos

tabaco (m)	тамаки	tamaki
cigarro (m)	сигарета	sigareta
charuto (m)	сигара	sigara
cachimbo (m)	трубка	trubka
maço (~ de cigarros)	қути	quti
fósforos (m pl)	гугурт	gugurt
caixa (f) de fósforos	гугурт қутиси	gugurt qutisi
isqueiro (m)	зажигалка	zajigalka
cinzeiro (m)	кулдон	kuldon
cigarreira (f)	порцигар	portsigar
piteira (f)	мундштук	mundshtuk
filtro (m)	филтр	filtr
fumar (vi, vt)	чекмоқ	chekmoq
acender um cigarro	чека бошламоқ	cheka boshlamoq
tabagismo (m)	чекиш	chekish
fumante (m)	кашанда одам	kashanda odam
bituca (f)	чекиб ташланган сигарета	chekib tashlangan sigareta
fumaça (f)	тутун	tutun
cinza (f)	кул	kul

HABITAT HUMANO

Cidade

78. Cidade. Vida na cidade

cidade (f)	шаҳар	shahar
capital (f)	пойтахт	poytaxt
aldeia (f)	қишлоқ	qishloq
mapa (m) da cidade	шаҳар чизмаси	shahar chizmasi
centro (m) da cidade	шаҳар маркази	shahar markazi
subúrbio (m)	шаҳарга туташ худуд	shaharga tutash hudud
suburbano (adj)	шаҳар атрофидаги	shahar atrofidagi
periferia (f)	чекка	chekka
arredores (m pl)	теварак атрофдаги худудлар	tevarak atrofdagi hududlar
quarteirão (m)	даҳа	daha
quarteirão (m) residencial	турар-жой даҳаси	turar-joy dahasi
tráfego (m)	ҳаракат	harakat
semáforo (m)	светофор	svetofor
transporte (m) público	шаҳар транспорти	shahar transporti
cruzamento (m)	чорраҳа	chorraha
faixa (f)	ўтиш йўли	o'tish yo'li
túnel (m) subterrâneo	ер ости ўтиш йўли	er osti o'tish yo'li
cruzar, atravessar (vt)	ўтиш	o'tish
pedestre (m)	йўловчи	yo'lovchi
calçada (f)	йўлка	yo'lka
ponte (f)	кўприк	ko'prik
margem (f) do rio	сув бўйидаги кўча	suv bo'yidagi ko'cha
fonte (f)	фонтан	fontan
alameda (f)	хиёбон	xiyobon
parque (m)	боғ	bog'
bulevar (m)	булвар	bulvar
praça (f)	майдон	maydon
avenida (f)	шоҳ кўча	shoh ko'cha
rua (f)	кўча	ko'cha
travessa (f)	тор кўча	tor ko'cha
beco (m) sem saída	боши берк кўча	boshi berk ko'cha
casa (f)	уй	uy
edifício, prédio (m)	бино	bino
arranha-céu (m)	осмонўпар бино	osmono'par bino
fachada (f)	фасад	fasad

telhado (m)	том	tom
janela (f)	дераза	deraza
arco (m)	равоқ	ravoq
coluna (f)	устун	ustun
esquina (f)	бурчак	burchak

vitrine (f)	витрина	vitrina
letreiro (m)	вивеска	viveska
cartaz (do filme, etc.)	афиша	afisha
cartaz (m) publicitário	реклама плакати	reklama plakati
painel (m) publicitário	реклама шчити	reklama shchiti

lixo (m)	ахлат	axlat
lata (f) de lixo	ахлатдон	axlatdon
jogar lixo na rua	ифлос қилмоқ	iflos qilmoq
aterro (m) sanitário	ахлатхона	axlatxona

orelhão (m)	телефон будкаси	telefon budkasi
poste (m) de luz	фонар осиладиган столба	fonar osiladigan stolba
banco (m)	скамейка	skameyka

polícia (m)	полициячи	politsiyachi
polícia (instituição)	полиция	politsiya
mendigo, pedinte (m)	гадой	gadoy
desabrigado (m)	бошпанасиз	boshpanasiz

79. Instituições urbanas

loja (f)	дўкон	do'kon
drogaria (f)	дорихона	dorixona
ótica (f)	оптика	optika
centro (m) comercial	савдо маркази	savdo markazi
supermercado (m)	супермаркет	supermarket

padaria (f)	нон дўкони	non do'koni
padeiro (m)	новвой	novvoy
pastelaria (f)	қандолат дўкони	qandolat do'koni
mercearia (f)	баққоллик	baqqollik
açougue (m)	гўшт дўкони	go'sht do'koni

| fruteira (f) | сабзавот дўкони | sabzavot do'koni |
| mercado (m) | бозор | bozor |

cafeteria (f)	кафе	kafe
restaurante (m)	ресторан	restoran
bar (m)	пивохона	pivoxona
pizzaria (f)	пиццерия	pitstseriya

salão (m) de cabeleireiro	сартарошхона	sartaroshxona
agência (f) dos correios	почта	pochta
lavanderia (f)	химчистка	ximchistka
estúdio (m) fotográfico	фотоателе	fotoatele
sapataria (f)	пояфзал дўкони	poyafzal do'koni
livraria (f)	китоб дўкони	kitob do'koni

loja (f) de artigos esportivos	спорт анжомлари дўкони	sport anjomlari do'koni
costureira (m)	кийим таъмири	kiyim ta'miri
aluguel (m) de roupa	кийимни ижарага бериш	kiyimni ijaraga berish
videolocadora (f)	филмларни ижарага бериш	filmlarni ijaraga berish

circo (m)	сирк	sirk
jardim (m) zoológico	ҳайвонот боғи	hayvonot bog'i
cinema (m)	кинотеатр	kinoteatr
museu (m)	музей	muzey
biblioteca (f)	кутубхона	kutubxona

teatro (m)	театр	teatr
ópera (f)	опера	opera
boate (casa noturna)	тунги клуб	tungi klub
cassino (m)	казино	kazino

mesquita (f)	мачит	machit
sinagoga (f)	синагога	sinagoga
catedral (f)	бош черков	bosh cherkov
templo (m)	ибодатхона	ibodatxona
igreja (f)	черков	cherkov

faculdade (f)	институт	institut
universidade (f)	университет	universitet
escola (f)	мактаб	maktab

prefeitura (f)	префектура	prefektura
câmara (f) municipal	мерия	meriya
hotel (m)	меҳмонхона	mehmonxona
banco (m)	банк	bank

embaixada (f)	елчихона	elchixona
agência (f) de viagens	сайёҳлик агентлиги	sayyohlik agentligi
agência (f) de informações	маълумотхона	ma'lumotxona
casa (f) de câmbio	алмаштириш шохобчаси	almashtirish shoxobchasi

metrô (m)	метро	metro
hospital (m)	касалхона	kasalxona

posto (m) de gasolina	бензин қуйиш шохобчаси	benzin quyish shoxobchasi
parque (m) de estacionamento	тўхташ жойи	to'xtash joyi

80. Sinais

letreiro (m)	вивеска	viveska
aviso (m)	ёзув	yozuv
cartaz, pôster (m)	плакат	plakat
placa (f) de direção	кўрсаткич	ko'rsatkich
seta (f)	мил	mil

aviso (advertência)	огоҳлантириш	ogohlantirish
sinal (m) de aviso	огоҳлантириш	ogohlantirish
avisar, advertir (vt)	огоҳлантирмоқ	ogohlantirmoq

dia (m) de folga	дам олиш куни	dam olish kuni
horário (~ dos trens, etc.)	жадвал	jadval
horário (m)	иш соатлари	ish soatlari
BEM-VINDOS!	ХУСХ КЕЛИБСИЗ!	XUSH KELIBSIZ!
ENTRADA	КИРИСХ	KIRISH
SAÍDA	СХИҚИСХ	CHIQISH
EMPURRE	ЎЗИДАН НАРИГА	O'ZIDAN NARIGA
PUXE	ЎЗИГА	O'ZIGA
ABERTO	ОСХИҚ	OCHIQ
FECHADO	ЙОПИҚ	YOPIQ
MULHER	АЙОЛЛАР УСХУН	AYOLLAR UCHUN
HOMEM	ЕРКАКЛАР УСХУН	ERKAKLAR UCHUN
DESCONTOS	КАМАЙТИРИЛГАН НАРХЛАР	KAMAYTIRILGAN NARXLAR
SALDOS, PROMOÇÃO	АРЗОН СОТИБ ТУГАТИСХ	ARZON SOTIB TUGATISH
NOVIDADE!	ЙАНГИЛИК!	YANGILIK!
GRÁTIS	БЕПУЛ	BEPUL
ATENÇÃO!	ДИҚҚАТ!	DIQQAT!
NÃO HÁ VAGAS	ЖОЙ ЙЎҚ	JOY YO'Q
RESERVADO	БАНД ҚИЛИНГАН	BAND QILINGAN
ADMINISTRAÇÃO	МАЪМУРИЙАТ	MA'MURIYAT
SOMENTE PESSOAL	ФАҚАТ ХОДИМЛАР	FAQAT XODIMLAR
AUTORIZADO	УСХУН	UCHUN
CUIDADO CÃO FEROZ	ҚОПАҒОН ИТ	QOPAG'ON IT
PROIBIDO FUMAR!	СХЕКИЛМАСИН!	CHEKILMASIN!
NÃO TOCAR	ҚЎЛ БИЛАН ТЕГИЛМАСИН!	QO'L BILAN TEGILMASIN!
PERIGOSO	ХАВФЛИ	XAVFLI
PERIGO	ХАВФ	XAVF
ALTA TENSÃO	ЙУҚОРИ КУСХЛАНИСХ	YUQORI KUCHLANISH
PROIBIDO NADAR	СХЎМИЛИСХ ТАҚИҚЛАНГАН	CHO'MILISH TAQIQLANGAN
COM DEFEITO	ИСХЛАМАЙДИ	ISHLAMAYDI
INFLAMÁVEL	ЙОНҒИНДАН ХАВФЛИ	YONG'INDAN XAVFLI
PROIBIDO	ТАҚИҚЛАНГАН	TAQIQLANGAN
ENTRADA PROIBIDA	ЎТИСХ ТАҚИҚЛАНГАН	O'TISH TAQIQLANGAN
CUIDADO TINTA FRESCA	БЎЙАЛГАН	BO'YALGAN

81. Transportes urbanos

ônibus (m)	автобус	avtobus
bonde (m) elétrico	трамвай	tramvay
trólebus (m)	троллейбус	trolleybus
rota (f), itinerário (m)	маршрут	marshrut
número (m)	рақам	raqam

ir de ... (carro, etc.)	... да бормоқ	... da bormoq
entrar no ...	ўтирмоқ	o'tirmoq
descer do ...	тушиб қолмоқ	tushib qolmoq
parada (f)	бекат	bekat
próxima parada (f)	кейинги бекат	keyingi bekat
terminal (m)	охирги бекат	oxirgi bekat
horário (m)	жадвал	jadval
esperar (vt)	кутмоқ	kutmoq
passagem (f)	чипта	chipta
tarifa (f)	чипта нархи	chipta narxi
bilheteiro (m)	кассачи	kassachi
controle (m) de passagens	назорат	nazorat
revisor (m)	назоратчи	nazoratchi
atrasar-se (vr)	кечга қолмоқ	kechga qolmoq
perder (o autocarro, etc.)	... га кечга қолмоқ	... ga kechga qolmoq
estar com pressa	шошмоқ	shoshmoq
táxi (m)	такси	taksi
taxista (m)	таксичи	taksichi
de táxi (ir ~)	таксида	taksida
ponto (m) de táxis	такси тўхташ жойи	taksi to'xtash joyi
chamar um táxi	такси чақирмоқ	taksi chaqirmoq
pegar um táxi	такси олмоқ	taksi olmoq
tráfego (m)	кўча ҳаракати	ko'cha harakati
engarrafamento (m)	тирбандлик	tirbandlik
horas (f pl) de pico	тиғиз пайт	tig'iz payt
estacionar (vi)	жойлаштирмоқ	joylashtirmoq
estacionar (vt)	жойлаштирмоқ	joylashtirmoq
parque (m) de estacionamento	тўхташ жойи	to'xtash joyi
metrô (m)	метро	metro
estação (f)	станция	stantsiya
ir de metrô	метрода юрмоқ	metroda yurmoq
trem (m)	поезд	poezd
estação (f) de trem	вокзал	vokzal

82. Turismo

monumento (m)	ҳайкал	haykal
fortaleza (f)	қалъа	qal'a
palácio (m)	сарой	saroy
castelo (m)	қаср	qasr
torre (f)	минора	minora
mausoléu (m)	мақбара	maqbara
arquitetura (f)	меъморчилик	me'morchilik
medieval (adj)	ўрта асрларга оид	o'rta asrlarga oid
antigo (adj)	қадимги	qadimgi
nacional (adj)	миллий	milliy

famoso, conhecido (adj)	таниқли	taniqli
turista (m)	сайёҳ	sayyoh
guia (pessoa)	гид	gid
excursão (f)	экскурсия	ekskursiya
mostrar (vt)	кўрсатмоқ	ko'rsatmoq
contar (vt)	сўзлаб бермоқ	so'zlab bermoq
encontrar (vt)	топмоқ	topmoq
perder-se (vr)	йўқолмоқ	yo'qolmoq
mapa (~ do metrô)	схема	sxema
mapa (~ da cidade)	чизма	chizma
lembrança (f), presente (m)	ёдгорлик	yodgorlik
loja (f) de presentes	ёдгорликлар дўкони	yodgorliklar do'koni
tirar fotos, fotografar	фотосурат олмоқ	fotosurat olmoq
fotografar-se (vr)	суратга тушмоқ	suratga tushmoq

83. Compras

comprar (vt)	харид қилмоқ	xarid qilmoq
compra (f)	харид	xarid
fazer compras	буюмларни харид қилмоқ	buyumlarni xarid qilmoq
compras (f pl)	шоппинг	shopping
estar aberta (loja)	ишламоқ	ishlamoq
estar fechada	ёпилмоқ	yopilmoq
calçado (m)	пояфзал	poyafzal
roupa (f)	кийим	kiyim
cosméticos (m pl)	косметика	kosmetika
alimentos (m pl)	маҳсулотлар	mahsulotlar
presente (m)	совға	sovg'a
vendedor (m)	сотувчи	sotuvchi
vendedora (f)	сотувчи	sotuvchi
caixa (f)	касса	kassa
espelho (m)	кўзгу	ko'zgu
balcão (m)	пештахта	peshtaxta
provador (m)	кийиб кўриш кабинаси	kiyib ko'rish kabinasi
provar (vt)	кийиб кўриш	kiyib ko'rish
servir (roupa, caber)	лойиқ келмоқ	loyiq kelmoq
gostar (apreciar)	ёқмоқ	yoqmoq
preço (m)	нарх	narx
etiqueta (f) de preço	нархкўрсаткич	narxko'rsatkich
custar (vt)	нархга ега бўлмоқ	narxga ega bo'lmoq
Quanto?	Қанча?	Qancha?
desconto (m)	нархни камайтириш	narxni kamaytirish
não caro (adj)	қиммат емас	qimmat emas
barato (adj)	арзон	arzon
caro (adj)	қиммат	qimmat

É caro	Бу қиммат.	Bu qimmat.
aluguel (m)	ижарага олиш	ijaraga olish
alugar (roupas, etc.)	ижарага олмоқ	ijaraga olmoq
crédito (m)	кредит	kredit
a crédito	кредитга олиш	kreditga olish

84. Dinheiro

dinheiro (m)	пул	pul
câmbio (m)	алмаштириш	almashtirish
taxa (f) de câmbio	курс	kurs
caixa (m) eletrônico	банкомат	bankomat
moeda (f)	танга	tanga

| dólar (m) | доллар | dollar |
| euro (m) | евро | evro |

lira (f)	лира	lira
marco (m)	марка	marka
franco (m)	франк	frank
libra (f) esterlina	фунт стерлинг	funt sterling
iene (m)	йена	yena

dívida (f)	қарз	qarz
devedor (m)	қарздор	qarzdor
emprestar (vt)	қарз бермоқ	qarz bermoq
pedir emprestado	қарз олмоқ	qarz olmoq

banco (m)	банк	bank
conta (f)	ҳисоб рақам	hisob raqam
depositar (vt)	қўймоқ	qo'ymoq
depositar na conta	ҳисоб-рақамга қўймоқ	hisob-raqamga qo'ymoq
sacar (vt)	ҳисоб-рақамдан олмоқ	hisob-raqamdan olmoq

cartão (m) de crédito	кредит картаси	kredit kartasi
dinheiro (m) vivo	нақд пул	naqd pul
cheque (m)	чек	chek
passar um cheque	чек ёзиб бермоқ	chek yozib bermoq
talão (m) de cheques	чек дафтарчаси	chek daftarchasi

carteira (f)	кармон	karmon
niqueleira (f)	ҳамён	hamyon
cofre (m)	сейф	seyf

herdeiro (m)	меросхўр	merosxo'r
herança (f)	мерос	meros
fortuna (riqueza)	бойлик	boylik

arrendamento (m)	ижара	ijara
aluguel (pagar o ~)	турар-жой ҳақи	turar-joy haqi
alugar (vt)	ижарага олмоқ	ijaraga olmoq

| preço (m) | нарх | narx |
| custo (m) | қиймат | qiymat |

soma (f)	сумма	summa
gastar (vt)	сарфламоқ	sarflamoq
gastos (m pl)	харажатлар	xarajatlar
economizar (vi)	тежамоқ	tejamoq
econômico (adj)	тежамкор	tejamkor
pagar (vt)	тўламоқ	to'lamoq
pagamento (m)	тўлов	to'lov
troco (m)	қайтим	qaytim
imposto (m)	солиқ	soliq
multa (f)	жарима	jarima
multar (vt)	жарима солмоқ	jarima solmoq

85. Correios. Serviço postal

agência (f) dos correios	почта	pochta
correio (m)	почта	pochta
carteiro (m)	хат ташувчи	xat tashuvchi
horário (m)	иш соатлари	ish soatlari
carta (f)	хат	xat
carta (f) registada	буюртма хат	buyurtma xat
cartão (m) postal	открытка	otkritka
telegrama (m)	телеграмма	telegramma
encomenda (f)	посилка	posilka
transferência (f) de dinheiro	пул ўтказиш	pul o'tkazish
receber (vt)	олмоқ	olmoq
enviar (vt)	жўнатмоқ	jo'natmoq
envio (m)	жўнатиш	jo'natish
endereço (m)	манзил	manzil
código (m) postal	индекс	indeks
remetente (m)	юборувчи	yuboruvchi
destinatário (m)	олувчи	oluvchi
nome (m)	исм	ism
sobrenome (m)	фамилия	familiya
tarifa (f)	тариф	tarif
ordinário (adj)	оддий	oddiy
econômico (adj)	тежамли	tejamli
peso (m)	вазн	vazn
pesar (estabelecer o peso)	вазн ўлчамоқ	vazn o'lchamoq
envelope (m)	конверт	konvert
selo (m) postal	марка	marka
colar o selo	марка ёпиштирмоқ	marka yopishtirmoq

Moradia. Casa. Lar

86. Casa. Habitação

casa (f)	уй	uy
em casa	уйида	uyida
pátio (m), quintal (f)	ховли	hovli
cerca, grade (f)	панжара	panjara
tijolo (m)	ғишт	g'isht
de tijolos	ғиштин	g'ishtin
pedra (f)	тош	tosh
de pedra	тош	tosh
concreto (m)	бетон	beton
concreto (adj)	бетондан қилинган	betondan qilingan
novo (adj)	янги	yangi
velho (adj)	ески	eski
decrépito (adj)	кўхна	ko'hna
moderno (adj)	замонавий	zamonaviy
de vários andares	кўп қаватли	ko'p qavatli
alto (adj)	баланд	baland
andar (m)	қават	qavat
de um andar	бир қаватли	bir qavatli
térreo (m)	қуйи қават	quyi qavat
andar (m) de cima	юқори қават	yuqori qavat
telhado (m)	том	tom
chaminé (f)	қувур	quvur
telha (f)	черепица	cherepitsa
de telha	черепицали	cherepitsali
sótão (m)	чердак	cherdak
janela (f)	дераза	deraza
vidro (m)	ойна	oyna
parapeito (m)	токча	tokcha
persianas (f pl)	дераза ешиги	deraza eshigi
parede (f)	девор	devor
varanda (f)	балкон	balkon
calha (f)	тарнов	tarnov
em cima	юқорида	yuqorida
subir (vi)	кўтарилмоқ	ko'tarilmoq
descer (vi)	тушмоқ	tushmoq
mudar-se (vr)	кўчиб ўтмоқ	ko'chib o'tmoq

87. Casa. Entrada. Elevador

entrada (f)	подъезд	pod'ezd
escada (f)	зинапоя	zinapoya
degraus (m pl)	пиллапоялар	pillapoyalar
corrimão (m)	тӯсиқ-панжара	to'siq-panjara
hall (m) de entrada	холл	xoll
caixa (f) de correio	почта қутиси	pochta qutisi
lata (f) do lixo	ахлат қутиси	axlat qutisi
calha (f) de lixo	ахлат тортадиган қувур	axlat tortadigan quvur
elevador (m)	лифт	lift
elevador (m) de carga	юк кӯтарувчи лифт	yuk ko'taruvchi lift
cabine (f)	кабина	kabina
pegar o elevador	лифтда юрмоқ	liftda yurmoq
apartamento (m)	хонадон	xonadon
residentes (pl)	истиқомат қилувчилар	istiqomat qiluvchilar
vizinho (m)	қӯшни	qo'shni
vizinha (f)	қӯшни	qo'shni
vizinhos (pl)	қӯшнилар	qo'shnilar

88. Casa. Eletricidade

eletricidade (f)	електр	elektr
lâmpada (f)	лампочка	lampochka
interruptor (m)	улатгич	ulatgich
fusível, disjuntor (m)	пробка	probka
fio, cabo (m)	сим	sim
instalação (f) elétrica	електр сими	elektr simi
medidor (m) de eletricidade	ҳисоблагич	hisoblagich
indicação (f), registro (m)	кӯрсатиш	ko'rsatish

89. Casa. Portas. Fechaduras

porta (f)	ешик	eshik
portão (m)	дарвоза	darvoza
maçaneta (f)	тутқич	tutqich
destrancar (vt)	очмоқ	ochmoq
abrir (vt)	очмоқ	ochmoq
fechar (vt)	ёпмоқ	yopmoq
chave (f)	калит	kalit
molho (m)	даста	dasta
ranger (vi)	ғижирламоқ	g'ijirlamoq
rangido (m)	ғижирлаш	g'ijirlash
dobradiça (f)	ошиқ-мошиқ	oshiq-moshiq
capacho (m)	гиламча	gilamcha
fechadura (f)	қулф	qulf

buraco (m) da fechadura	кулф тешиги	qulf teshigi
barra (f)	лўкидон	lo'kidon
fecho (ferrolho pequeno)	зулфин	zulfin
cadeado (m)	осма кулф	osma qulf

tocar (vt)	кўнғироқ қилмоқ	qo'ng'iroq qilmoq
toque (m)	кўнғироқ	qo'ng'iroq
campainha (f)	кўнғироқ	qo'ng'iroq
botão (m)	тугма	tugma
batida (f)	тақиллаш	taqillash
bater (vi)	тақиллатмоқ	taqillatmoq

código (m)	код	kod
fechadura (f) de código	кодли кулф	kodli qulf
interfone (m)	домофон	domofon
número (m)	тартиб рақами	tartib raqami
placa (f) de porta	тахтача	taxtacha
olho (m) mágico	туйнукча	tuynukcha

90. Casa de campo

aldeia (f)	қишлоқ	qishloq
horta (f)	полиз	poliz
cerca (f)	тўсиқ	to'siq
cerca (f) de piquete	шох девор	shox devor
portão (f) do jardim	боғ ешиги	bog' eshigi

celeiro (m)	омбор	ombor
adega (f)	ертўла	erto'la
galpão, barracão (m)	омборхона	omborxona
poço (m)	кудук	quduq

fogão (m)	печка	pechka
atiçar o fogo	ўт ёқмоқ	o't yoqmoq
lenha (carvão ou ~)	ўтин	o'tin
acha, lenha (f)	тараша	tarasha

varanda (f)	айвон	ayvon
alpendre (m)	айвон	ayvon
degraus (m pl) de entrada	ешик олди	eshik oldi
balanço (m)	арғимчоқ	arg'imchoq

91. Moradia. Mansão

casa (f) de campo	шаҳар ташқарисидаги уй	shahar tashqarisidagi uy
vila (f)	вилла	villa
ala (~ do edifício)	қанот	qanot

jardim (m)	боғ	bog'
parque (m)	боғ	bog'
estufa (f)	оранжерея	oranjereya
cuidar de ...	парвариш қилмоқ	parvarish qilmoq

piscina (f)	ховуз	hovuz
academia (f) de ginástica	спорт зали	sport zali
quadra (f) de tênis	теннис корти	tennis korti
cinema (m)	кинотеатр	kinoteatr
garagem (f)	гараж	garaj
propriedade (f) privada	хусусий мулк	xususiy mulk
terreno (m) privado	хусусий мулк	xususiy mulk
advertência (f)	огоҳлантириш	ogohlantirish
sinal (m) de aviso	огоҳлантирувчи ёзув	ogohlantiruvchi yozuv
guarda (f)	қўриқлаш	qo'riqlash
guarda (m)	соқчи	soqchi
alarme (m)	сигнализация	signalizatsiya

92. Castelo. Palácio

castelo (m)	қаср	qasr
palácio (m)	сарой	saroy
fortaleza (f)	қалъа	qal'a
muralha (f)	девор	devor
torre (f)	минора	minora
calabouço (m)	бош минора	bosh minora
grade (f) levadiça	кўтарма дарвоза	ko'tarma darvoza
passagem (f) subterrânea	ерости йўли	erosti yo'li
fosso (m)	хандақ	xandaq
corrente, cadeia (f)	занжир	zanjir
seteira (f)	туйнук	tuynuk
magnífico (adj)	дабдабали	dabdabali
majestoso (adj)	маҳобатли	mahobatli
inexpugnável (adj)	мустаҳкам	mustahkam
medieval (adj)	ўрта асрларга оид	o'rta asrlarga oid

93. Apartamento

apartamento (m)	хонадон	xonadon
quarto, cômodo (m)	хона	xona
quarto (m) de dormir	ётоқхона	yotoqxona
sala (f) de jantar	йемакхона	yemakxona
sala (f) de estar	меҳмонхона	mehmonxona
escritório (m)	кабинет	kabinet
sala (f) de entrada	даҳлиз	dahliz
banheiro (m)	ваннахона	vannaxona
lavabo (m)	ҳожатхона	hojatxona
teto (m)	шип	ship
chão, piso (m)	пол	pol
canto (m)	бурчак	burchak

94. Apartamento. Limpeza

arrumar, limpar (vt)	йиғиштирмоқ	yig'ishtirmoq
guardar (no armário, etc.)	олиб қўймоқ	olib qo'ymoq
pó (m)	чанг	chang
empoeirado (adj)	чанг босган	chang bosgan
tirar o pó	чангни артмоқ	changni artmoq
aspirador (m)	чангютгич	changyutgich
aspirar (vt)	чангютгич билан чанг ютмоқ	changyutgich bilan chang yutmoq
varrer (vt)	супурмоқ	supurmoq
sujeira (f)	ахлат	axlat
arrumação, ordem (f)	саранжомлик	saranjomlik
desordem (f)	бетартиблик	betartiblik
esfregão (m)	швабра	shvabra
pano (m), trapo (m)	латта	latta
vassoura (f)	супурги	supurgi
pá (f) de lixo	хокандоз	xokandoz

95. Mobiliário. Interior

mobiliário (m)	мебел	mebel
mesa (f)	стол	stol
cadeira (f)	стул	stul
cama (f)	каравот	karavot
sofá, divã (m)	диван	divan
poltrona (f)	кресло	kreslo
estante (f)	жавон	javon
prateleira (f)	полка	polka
guarda-roupas (m)	шкаф	shkaf
cabide (m) de parede	кийим илгич	kiyim ilgich
cabideiro (m) de pé	кийим илгич	kiyim ilgich
cômoda (f)	комод	komod
mesinha (f) de centro	журнал столи	jurnal stoli
espelho (m)	кўзгу	ko'zgu
tapete (m)	гилам	gilam
tapete (m) pequeno	гиламча	gilamcha
lareira (f)	камин	kamin
vela (f)	шам	sham
castiçal (m)	шамдон	shamdon
cortinas (f pl)	дарпарда	darparda
papel (m) de parede	гулқоғоз	gulqog'oz
persianas (f pl)	дарпарда	darparda
luminária (f) de mesa	стол чироғи	stol chirog'i
luminária (f) de parede	чироқ	chiroq

abajur (m) de pé	торшер	torsher
lustre (m)	қандил	qandil

pé (de mesa, etc.)	оёқ	oyoq
braço, descanso (m)	тирсаклагич	tirsaklagich
costas (f pl)	суянчиқ	suyanchiq
gaveta (f)	ғаладон	g'aladon

96. Quarto de dormir

roupa (f) de cama	чойшаб	choyshab
travesseiro (m)	ёстиқ	yostiq
fronha (f)	ёстиқ жилди	yostiq jildi
cobertor (m)	адёл	adyol
lençol (m)	чойшаб	choyshab
colcha (f)	ўрин ёпинғичи	o'rin yoping'ichi

97. Cozinha

cozinha (f)	ошхона	oshxona
gás (m)	газ	gaz
fogão (m) a gás	газ плитаси	gaz plitasi
fogão (m) elétrico	електр плитаси	elektr plitasi
forno (m)	духовка	duxovka
forno (m) de micro-ondas	микротўлқин печи	mikroto'lqin pechi

geladeira (f)	совутгич	sovutgich
congelador (m)	музлатгич	muzlatgich
máquina (f) de lavar louça	идиш-товоқ ювиш машинаси	idish-tovoq yuvish mashinasi

moedor (m) de carne	гўштқиймалагич	go'shtqiymalagich
espremedor (m)	шарбатсиққич	sharbatsiqqich
torradeira (f)	тостер	toster
batedeira (f)	миксер	mikser

máquina (f) de café	кофе қайнатадиган асбоб	kofe qaynatadigan asbob
cafeteira (f)	кофе қайнатадиган идиш	kofe qaynatadigan idish
moedor (m) de café	кофе туядиган асбоб	kofe tuyadigan asbob

chaleira (f)	чойнак	choynak
bule (m)	чойнак	choynak
tampa (f)	қопқоқ	qopqoq
coador (m) de chá	сузгич	suzgich

colher (f)	қошиқ	qoshiq
colher (f) de chá	чой қошиғи	choy qoshig'i
colher (f) de sopa	ош қошиғи	osh qoshig'i
garfo (m)	санчқи	sanchqi
faca (f)	пичоқ	pichoq
louça (f)	идиш-товоқ	idish-tovoq
prato (m)	тарелка	tarelka

pires (m)	ликопча	likopcha
cálice (m)	қадаҳ	qadah
copo (m)	стакан	stakan
xícara (f)	косача	kosacha
açucareiro (m)	қанддон	qanddon
saleiro (m)	туздон	tuzdon
pimenteiro (m)	мурчдон	murchdon
manteigueira (f)	мой идиши	moy idishi
panela (f)	кастрюл	kastryul
frigideira (f)	това	tova
concha (f)	чўмич	cho'mich
coador (m)	човли	chovli
bandeja (f)	патнис	patnis
garrafa (f)	бутилка	butilka
pote (m) de vidro	банка	banka
lata (~ de cerveja)	банка	banka
abridor (m) de garrafa	очқич	ochqich
abridor (m) de latas	очқич	ochqich
saca-rolhas (m)	штопор	shtopor
filtro (m)	филтр	filtr
filtrar (vt)	филтрлаш	filtrlash
lixo (m)	ахлат	axlat
lixeira (f)	ахлат челак	axlat chelak

98. Casa de banho

banheiro (m)	ваннахона	vannaxona
água (f)	сув	suv
torneira (f)	жўмрак	jo'mrak
água (f) quente	иссиқ сув	issiq suv
água (f) fria	совуқ сув	sovuq suv
pasta (f) de dente	тиш пастаси	tish pastasi
escovar os dentes	тиш тозаламоқ	tish tozalamoq
escova (f) de dente	тиш чўткаси	tish cho'tkasi
barbear-se (vr)	соқол олмоқ	soqol olmoq
espuma (f) de barbear	соқол олиш учун кўпик	soqol olish uchun ko'pik
gilete (f)	устара	ustara
lavar (vt)	ювмоқ	yuvmoq
tomar banho	ювинмоқ	yuvinmoq
chuveiro (m), ducha (f)	душ	dush
tomar uma ducha	душ қабул қилиш	dush qabul qilish
banheira (f)	ванна	vanna
vaso (m) sanitário	унитаз	unitaz
pia (f)	раковина	rakovina
sabonete (m)	совун	sovun

saboneteira (f)	совун қути	sovun quti
esponja (f)	губка	gubka
xampu (m)	шампун	shampun
toalha (f)	сочиқ	sochiq
roupão (m) de banho	халат	xalat
lavagem (f)	кир ювиш	kir yuvish
lavadora (f) de roupas	кир ювиш машинаси	kir yuvish mashinasi
lavar a roupa	кир ювмоқ	kir yuvmoq
detergente (m)	кир ювиш порошоги	kir yuvish poroshogi

99. Eletrodomésticos

televisor (m)	телевизор	televizor
gravador (m)	магнитофон	magnitofon
videogravador (m)	видеомагнитофон	videomagnitofon
rádio (m)	приёмник	priyomnik
leitor (m)	плеер	pleer
projetor (m)	видеопроектор	videoproektor
cinema (m) em casa	уй кинотеатри	uy kinoteatri
DVD Player (m)	ДВД проигриватели	DVD proigrivateli
amplificador (m)	кучайтиргич	kuchaytirgich
console (f) de jogos	ўйин приставкаси	o'yin pristavkasi
câmera (f) de vídeo	видеокамера	videokamera
máquina (f) fotográfica	фотоаппарат	fotoapparat
câmera (f) digital	рақамли фотоаппарат	raqamli fotoapparat
aspirador (m)	чангютгич	changyutgich
ferro (m) de passar	дазмол	dazmol
tábua (f) de passar	дазмол тахта	dazmol taxta
telefone (m)	телефон	telefon
celular (m)	мобил телефон	mobil telefon
máquina (f) de escrever	ёзув машинкаси	yozuv mashinkasi
máquina (f) de costura	тикув машинкаси	tikuv mashinkasi
microfone (m)	микрофон	mikrofon
fone (m) de ouvido	наушниклар	naushniklar
controle remoto (m)	пулт	pult
CD (m)	СД-диск	CD-disk
fita (f) cassete	кассета	kasseta
disco (m) de vinil	пластинка	plastinka

100. Reparações. Renovação

renovação (f)	таъмир	ta'mir
renovar (vt), fazer obras	таъмир қилмоқ	ta'mir qilmoq
reparar (vt)	таъмирламоқ	ta'mirlamoq
consertar (vt)	тартибга келтирмоқ	tartibga keltirmoq

refazer (vt)	қайтадан қилмоқ	qaytadan qilmoq
tinta (f)	бўёқ	bo'yoq
pintar (vt)	бўямоқ	bo'yamoq
pintor (m)	бўёқчи	bo'yoqchi
pincel (m)	чўтка	cho'tka
cal (f)	оҳак	ohak
caiar (vt)	оҳаклаш	ohaklash
papel (m) de parede	гулқоғоз	gulqog'oz
colocar papel de parede	гулқоғоз ёпиштирмоқ	gulqog'oz yopishtirmoq
verniz (m)	лок	lok
envernizar (vt)	локламоқ	loklamoq

101. Canalizações

água (f)	сув	suv
água (f) quente	иссиқ сув	issiq suv
água (f) fria	совуқ сув	sovuq suv
torneira (f)	жўмрак	jo'mrak
gota (f)	томчи	tomchi
gotejar (vi)	томчиламоқ	tomchilamoq
vazar (vt)	оқиб кетмоқ	oqib ketmoq
vazamento (m)	оқиб кетиш	oqib ketish
poça (f)	кўлмак	ko'lmak
tubo (m)	қувур	quvur
válvula (f)	вентил	ventil
entupir-se (vr)	тиқилиб қолмоқ	tiqilib qolmoq
ferramentas (f pl)	асбоблар	asboblar
chave (f) inglesa	кериладиган ключ	keriladigan klyuch
desenroscar (vt)	бураб чиқармоқ	burab chiqarmoq
enroscar (vt)	бураб қотирмоқ	burab qotirmoq
desentupir (vt)	тозаламоқ	tozalamoq
encanador (m)	сантехник	santexnik
porão (m)	ертўла	erto'la
rede (f) de esgotos	канализация	kanalizatsiya

102. Fogo. Deflagração

incêndio (m)	олов	olov
chama (f)	аланга	alanga
faísca (f)	учқун	uchqun
fumaça (f)	тутун	tutun
tocha (f)	машъал	mash'al
fogueira (f)	гулхан	gulxan
gasolina (f)	бензин	benzin
querosene (m)	керосин	kerosin

inflamável (adj)	ёнувчан	yonuvchan
explosivo (adj)	портлаш хавфи бўлган	portlash xavfi bo'lgan
PROIBIDO FUMAR!	СҲЕКИЛМАСИН!	CHEKILMASIN!
segurança (f)	хавфсизлик	xavfsizlik
perigo (m)	хавф	xavf
perigoso (adj)	хавфли	xavfli
incendiar-se (vr)	ёна бошламоқ	yona boshlamoq
explosão (f)	портлаш	portlash
incendiar (vt)	ёндирмоқ	yondirmoq
incendiário (m)	қасддан ўт қўйган одам	qasddan o't qo'ygan odam
incêndio (m) criminoso	қасддан ўт қўйиш	qasddan o't qo'yish
flamejar (vi)	ловуллаб ёнмоқ	lovullab yonmoq
queimar (vi)	ёнмоқ	yonmoq
queimar tudo (vi)	ёниб кетмоқ	yonib ketmoq
chamar os bombeiros	ўт ўчирувчиларни чақирмоқ	o't o'chiruvchilarni chaqirmoq
bombeiro (m)	ўт ўчирувчи	o't o'chiruvchi
caminhão (m) de bombeiros	ўт ўчириш машинаси	o't o'chirish mashinasi
corpo (m) de bombeiros	ўт ўчириш командаси	o't o'chirish komandasi
escada (f) extensível	ўт ўчирувчилар нарвони	o't o'chiruvchilar narvoni
mangueira (f)	шланг	shlang
extintor (m)	ўтўчиргич	o'to'chirgich
capacete (m)	каска	kaska
sirene (f)	сирена	sirena
gritar (vi)	бақирмоқ	baqirmoq
chamar por socorro	ёрдамга чақирмоқ	yordamga chaqirmoq
socorrista (m)	қутқарувчи	qutqaruvchi
salvar, resgatar (vt)	қутқармоқ	qutqarmoq
chegar (vi)	етиб келмоқ	etib kelmoq
apagar (vt)	ўчирмоқ	o'chirmoq
água (f)	сув	suv
areia (f)	қум	qum
ruínas (f pl)	харобалар	xarobalar
ruir (vi)	ағдарилмоқ	ag'darilmoq
desmoronar (vi)	қуламоқ	qulamoq
desabar (vi)	ўпирилиб тушмоқ	o'pirilib tushmoq
fragmento (m)	синган бўлак	singan bo'lak
cinza (f)	кул	kul
sufocar (vi)	бўғилмоқ	bo'g'ilmoq
perecer (vi)	ҳалок бўлмоқ	halok bo'lmoq

ATIVIDADES HUMANAS

Emprego. Negócios. Parte 1

103. Escritório. O trabalho no escritório

escritório (~ de advogados)	офис	ofis
escritório (do diretor, etc.)	кабинет	kabinet
recepção (f)	ресепшн	resepshn
secretário (m)	котиб	kotib
secretária (f)	котиба	kotiba
diretor (m)	директор	direktor
gerente (m)	менежер	menejer
contador (m)	бухгалтер	buxgalter
empregado (m)	ходим	xodim
mobiliário (m)	мебел	mebel
mesa (f)	стол	stol
cadeira (f)	кресло	kreslo
gaveteiro (m)	жовонча	jovoncha
cabideiro (m) de pé	кийим илгич	kiyim ilgich
computador (m)	компютер	kompyuter
impressora (f)	принтер	printer
fax (m)	факс	faks
fotocopiadora (f)	нусха кўпайтирувчи аппарат	nusxa ko'paytiruvchi apparat
papel (m)	қоғоз	qog'oz
artigos (m pl) de escritório	канцелярия буюмлари	kantselyariya buyumlari
tapete (m) para mouse	гиламча	gilamcha
folha (f)	варақ	varaq
pasta (f)	папка	papka
catálogo (m)	каталог	katalog
lista (f) telefônica	маълумотнома	ma'lumotnoma
documentação (f)	хужжатлар	hujjatlar
brochura (f)	рисола	risola
panfleto (m)	варақа	varaqa
amostra (f)	намуна	namuna
formação (f)	тренинг	trening
reunião (f)	кенгаш	kengash
hora (f) de almoço	тушлик танаффуси	tushlik tanaffusi
fazer uma cópia	нусха кўчирмоқ	nusxa ko'chirmoq
tirar cópias	кўпайтирмоқ	ko'paytirmoq
receber um fax	факс олмоқ	faks olmoq

enviar um fax	факс юбормоқ	faks yubormoq
fazer uma chamada	қўнғироқ қилмоқ	qo'ng'iroq qilmoq
responder (vt)	жавоб бермоқ	javob bermoq
passar (vt)	уламоқ	ulamoq

marcar (vt)	тайинламоқ	tayinlamoq
demonstrar (vt)	намойиш қилмоқ	namoyish qilmoq
estar ausente	йўқ бўлмоқ	yo'q bo'lmoq
ausência (f)	йўқлик, қолдириш	yo'qlik, qoldirish

104. Processos negociais. Parte 1

negócio (m)	тадбиркорлик	tadbirkorlik
ocupação (f)	иш	ish
firma, empresa (f)	фирма	firma
companhia (f)	компания	kompaniya
corporação (f)	корпорация	korporatsiya
empresa (f)	корхона	korxona
agência (f)	агентлик	agentlik

acordo (documento)	шартнома	shartnoma
contrato (m)	контракт	kontrakt
acordo (transação)	битим	bitim
pedido (m)	буюртма	buyurtma
termos (m pl)	шарт	shart

por atacado	улгуржи	ulgurji
por atacado (adj)	улгуржи	ulgurji
venda (f) por atacado	улгуржи савдо	ulgurji savdo
a varejo	чакана	chakana
venda (f) a varejo	чакана савдо	chakana savdo

concorrente (m)	рақобатчи	raqobatchi
concorrência (f)	рақобат	raqobat
competir (vi)	рақобат қилмоқ	raqobat qilmoq

sócio (m)	ҳамкор	hamkor
parceria (f)	ҳамкорлик	hamkorlik

crise (f)	инқироз	inqiroz
falência (f)	банкротлик	bankrotlik
entrar em falência	банкрот бўлмоқ	bankrot bo'lmoq
dificuldade (f)	қийинчилик	qiyinchilik
problema (m)	муаммо	muammo
catástrofe (f)	ҳалокат	halokat

economia (f)	иқтисод	iqtisod
econômico (adj)	иқтисодий	iqtisodiy
recessão (f) econômica	иқтисодий инқироз	iqtisodiy inqiroz

objetivo (m)	мақсад	maqsad
tarefa (f)	масала	masala
comerciar (vi, vt)	савдо қилмоқ	savdo qilmoq
rede (de distribuição)	тармоқ	tarmoq

estoque (m)	омбор	ombor
sortimento (m)	ассортимент	assortiment
líder (m)	етакчи	etakchi
grande (~ empresa)	йирик	yirik
monopólio (m)	монополия	monopoliya
teoria (f)	назария	nazariya
prática (f)	амалиёт	amaliyot
experiência (f)	тажриба	tajriba
tendência (f)	тенденция	tendentsiya
desenvolvimento (m)	ривожланиш	rivojlanish

105. Processos negociais. Parte 2

rentabilidade (f)	фойда	foyda
rentável (adj)	фойдали	foydali
delegação (f)	делегация	delegatsiya
salário, ordenado (m)	иш хақи	ish haqi
corrigir (~ um erro)	тузатмоқ	tuzatmoq
viagem (f) de negócios	хизмат сафари	xizmat safari
comissão (f)	комиссия	komissiya
controlar (vt)	назорат қилмоқ	nazorat qilmoq
conferência (f)	конференция	konferentsiya
licença (f)	лицензия	litsenziya
confiável (adj)	ишончли	ishonchli
empreendimento (m)	ташаббус	tashabbus
norma (f)	меъёр	me'yor
circunstância (f)	вазият	vaziyat
dever (do empregado)	мажбурият	majburiyat
empresa (f)	ташкилот	tashkilot
organização (f)	ташкиллаштириш	tashkillashtirish
organizado (adj)	ташкил қилинган	tashkil qilingan
anulação (f)	бекор қилиш	bekor qilish
anular, cancelar (vt)	бекор қилмоқ	bekor qilmoq
relatório (m)	хисобот	hisobot
patente (f)	патент	patent
patentear (vt)	патентлаш	patentlash
planejar (vt)	режаламоқ	rejalamoq
bônus (m)	мукофот	mukofot
profissional (adj)	профессионал	professional
procedimento (m)	бажариладиган	bajariladigan
	иш тартиби	ish tartibi
examinar (~ a questão)	кўриб чиқмоқ	ko'rib chiqmoq
cálculo (m)	хисоб-китоб	hisob-kitob
reputação (f)	обрў	obro'
risco (m)	таваккал	tavakkal

dirigir (~ uma empresa)	бошқармоқ	boshqarmoq
informação (f)	маълумотлар	ma'lumotlar
propriedade (f)	мулк	mulk
união (f)	иттифоқ	ittifoq
seguro (m) de vida	ҳаётни суғурта қилиш	hayotni sug'urta qilish
fazer um seguro	суғурта қилиш	sug'urta qilish
seguro (m)	суғурта	sug'urta
leilão (m)	ким ошди савдоси	kim oshdi savdosi
notificar (vt)	билдирмоқ	bildirmoq
gestão (f)	бошқарув	boshqaruv
serviço (indústria de ~s)	хизмат	xizmat
fórum (m)	форум	forum
funcionar (vi)	ишламоқ	ishlamoq
estágio (m)	босқич	bosqich
jurídico, legal (adj)	ҳуқуқий	huquqiy
advogado (m)	ҳуқуқшунос	huquqshunos

106. Produção. Trabalhos

usina (f)	завод	zavod
fábrica (f)	фабрика	fabrika
oficina (f)	сех	sex
local (m) de produção	ишлаб чиқариш	ishlab chiqarish
indústria (f)	саноат	sanoat
industrial (adj)	саноат	sanoat
indústria (f) pesada	оғир саноат	og'ir sanoat
indústria (f) ligeira	енгил саноат	engil sanoat
produção (f)	маҳсулот	mahsulot
produzir (vt)	ишлаб чиқармоқ	ishlab chiqarmoq
matérias-primas (f pl)	хомашё	xomashyo
chefe (m) de obras	бригада бошлиғи	brigada boshlig'i
equipe (f)	бригада	brigada
operário (m)	ишчи	ishchi
dia (m) de trabalho	иш куни	ish kuni
intervalo (m)	танаффус	tanaffus
reunião (f)	мажлис	majlis
discutir (vt)	муҳокама қилмоқ	muhokama qilmoq
plano (m)	режа	reja
cumprir o plano	режани бажармоқ	rejani bajarmoq
taxa (f) de produção	меъёр	me'yor
qualidade (f)	сифат	sifat
controle (m)	назорат	nazorat
controle (m) da qualidade	сифат назорати	sifat nazorati
segurança (f) no trabalho	меҳнат хавфсизлиги	mehnat xavfsizligi
disciplina (f)	интизом	intizom

infração (f)	бузиш	buzish
violar (as regras)	бузмоқ	buzmoq
greve (f)	иш ташлаш	ish tashlash
grevista (m)	иш ташловчи	ish tashlovchi
estar em greve	иш ташламоқ	ish tashlamoq
sindicato (m)	касаба уюшмаси	kasaba uyushmasi
inventar (vt)	ихтиро қилмоқ	ixtiro qilmoq
invenção (f)	ихтиро	ixtiro
pesquisa (f)	тадқиқот	tadqiqot
melhorar (vt)	яхшиламоқ	yaxshilamoq
tecnologia (f)	технология	texnologiya
desenho (m) técnico	чизма	chizma
carga (f)	юк	yuk
carregador (m)	юкчи	yukchi
carregar (o caminhão, etc.)	юкламоқ	yuklamoq
carregamento (m)	юклаш	yuklash
descarregar (vt)	юк туширмоқ	yuk tushirmoq
descarga (f)	юк тушириш	yuk tushirish
transporte (m)	транспорт	transport
companhia (f) de transporte	транспорт компанияси	transport kompaniyasi
transportar (vt)	транпортда ташимоқ	tranportda tashimoq
vagão (m) de carga	вагон	vagon
tanque (m)	систерна	sisterna
caminhão (m)	юк машинаси	yuk mashinasi
máquina (f) operatriz	дастгоҳ	dastgoh
mecanismo (m)	механизм	mexanizm
resíduos (m pl) industriais	чиқиндилар	chiqindilar
embalagem (f)	жойлаш	joylash
embalar (vt)	жойламоқ	joylamoq

107. Contrato. Acordo

contrato (m)	контракт	kontrakt
acordo (m)	келишув	kelishuv
adendo, anexo (m)	илова	ilova
assinar o contrato	контракт тузмоқ	kontrakt tuzmoq
assinatura (f)	имзо	imzo
assinar (vt)	имзоламоқ	imzolamoq
carimbo (m)	муҳр	muhr
objeto (m) do contrato	шартнома мавзуи	shartnoma mavzui
cláusula (f)	модда, банд	modda, band
partes (f pl)	томонлар	tomonlar
domicílio (m) legal	юридик манзил	yuridik manzil
violar o contrato	контрактни бузмоқ	kontraktni buzmoq
obrigação (f)	мажбурият	majburiyat

responsabilidade (f)	масъулият	mas'uliyat
força (f) maior	форс-мажор	fors-major
litígio (m), disputa (f)	бахс	bahs
multas (f pl)	жарима санкциялари	jarima sanktsiyalari

108. Importação & Exportação

importação (f)	импорт	import
importador (m)	импортчи	importchi
importar (vt)	импорт қилмоқ	import qilmoq
de importação	импорт қилинган	import qilingan
exportação (f)	експорт	eksport
exportador (m)	експортчи	eksportchi
exportar (vt)	експорт қилмоқ	eksport qilmoq
de exportação	експорт қилинадиган	eksport qilinadigan
mercadoria (f)	товар	tovar
lote (de mercadorias)	партия	partiya
peso (m)	вазн	vazn
volume (m)	ҳажм	hajm
metro (m) cúbico	куб метр	kub metr
produtor (m)	ишлаб чиқарувчи	ishlab chiqaruvchi
companhia (f) de transporte	транспорт компанияси	transport kompaniyasi
contêiner (m)	контейнер	konteyner
fronteira (f)	чегара	chegara
alfândega (f)	божхона	bojxona
taxa (f) alfandegária	божхона божи	bojxona boji
funcionário (m) da alfândega	божхона ходими	bojxona xodimi
contrabando (atividade)	контрабанда	kontrabanda
contrabando (produtos)	контрабанда	kontrabanda

109. Finanças

ação (f)	акция	aktsiya
obrigação (f)	облигация	obligatsiya
nota (f) promissória	вексел	veksel
bolsa (f) de valores	биржа	birja
cotação (m) das ações	акциялар курси	aktsiyalar kursi
tornar-se mais barato	арзонлашмоқ	arzonlashmoq
tornar-se mais caro	қимматлашмоқ	qimmatlashmoq
parte (f)	ҳисса, бадал	hissa, badal
participação (f) majoritária	назорат пакети	nazorat paketi
investimento (m)	инвестициялар	investitsiyalar
investir (vt)	инвестиция қилмоқ	investitsiya qilmoq
porcentagem (f)	фоиз	foiz

juros (m pl)	процент, фойда	protsent, foyda
lucro (m)	фойда	foyda
lucrativo (adj)	фойдали	foydali
imposto (m)	солиқ	soliq

divisa (f)	валюта	valyuta
nacional (adj)	миллий	milliy
câmbio (m)	алмаштириш	almashtirish

| contador (m) | бухгалтер | buxgalter |
| contabilidade (f) | бухгалтерия | buxgalteriya |

falência (f)	банкротлик	bankrotlik
falência, quebra (f)	барбод бўлиш	barbod bo'lish
ruína (f)	хонавайрон бўлиш	xonavayron bo'lish
estar quebrado	хонавайрон бўлмоқ	xonavayron bo'lmoq
inflação (f)	инфляция	inflyatsiya
desvalorização (f)	девалвация	devalvatsiya

capital (m)	сармоя	sarmoya
rendimento (m)	даромад	daromad
volume (m) de negócios	айланма	aylanma
recursos (m pl)	ресурслар	resurslar
recursos (m pl) financeiros	пул маблағлари	pul mablag'lari

| despesas (f pl) gerais | қўшимча харажатлар | qo'shimcha xarajatlar |
| reduzir (vt) | қисқартирмоқ | qisqartirmoq |

110. Marketing

marketing (m)	маркетинг	marketing
mercado (m)	бозор	bozor
segmento (m) do mercado	бозор сегменти	bozor segmenti
produto (m)	маҳсулот	mahsulot
mercadoria (f)	товар	tovar

marca (f)	бренд	brend
marca (f) registrada	савдо белгиси	savdo belgisi
logotipo (m)	фирма белгиси	firma belgisi
logo (m)	логотип	logotip

demanda (f)	талаб	talab
oferta (f)	таклиф	taklif
necessidade (f)	эҳтиёж	ehtiyoj
consumidor (m)	истеъмолчи	iste'molchi

análise (f)	таҳлил	tahlil
analisar (vt)	таҳлил қилмоқ	tahlil qilmoq
posicionamento (m)	позициялаш	pozitsiyalash
posicionar (vt)	позицияламоқ	pozitsiyalamoq

preço (m)	нарх	narx
política (f) de preços	нарх-наво сиёсати	narx-navo siyosati
formação (f) de preços	нархнинг белгиланиши	narxning belgilanishi

111. Publicidade

publicidade (f)	реклама	reklama
fazer publicidade	реклама қилмоқ	reklama qilmoq
orçamento (m)	бюджет	byudjet
anúncio (m)	реклама	reklama
publicidade (f) na TV	телереклама	telereklama
publicidade (f) na rádio	радиода реклама бериш	radioda reklama berish
publicidade (f) exterior	ташқи реклама	tashqi reklama
comunicação (f) de massa	оммавий ахборот воситалари	ommaviy axborot vositalari
periódico (m)	даврий нашрлар	davriy nashrlar
imagem (f)	имиж	imij
slogan (m)	шиор	shior
mote (m), lema (f)	шиор, девиз	shior, deviz
campanha (f)	кампания	kampaniya
campanha (f) publicitária	реклама кампанияси	reklama kampaniyasi
grupo (m) alvo	мақсадли аудитория	maqsadli auditoriya
cartão (m) de visita	визит карточкаси	vizit kartochkasi
panfleto (m)	варақа	varaqa
brochura (f)	рисола	risola
folheto (m)	буклет	buklet
boletim (~ informativo)	бюллетен	byulleten
letreiro (m)	вивеска	viveska
cartaz, pôster (m)	плакат	plakat
painel (m) publicitário	шчит	shchit

112. Banca

banco (m)	банк	bank
balcão (f)	бўлим	bo'lim
consultor (m) bancário	маслаҳатчи	maslahatchi
gerente (m)	бошқарувчи	boshqaruvchi
conta (f)	ҳисоб рақам	hisob raqam
número (m) da conta	ҳисоб-рақам сони	hisob-raqam soni
conta (f) corrente	жорий ҳисоб-рақами	joriy hisob-raqami
conta (f) poupança	жамғарма ҳисоб-рақами	jamg'arma hisob-raqami
abrir uma conta	ҳисоб-рақамни очмоқ	hisob-raqamni ochmoq
fechar uma conta	ҳисоб-рақамни ёпмоқ	hisob-raqamni yopmoq
depositar na conta	ҳисоб-рақамга қўймоқ	hisob-raqamga qo'ymoq
sacar (vt)	ҳисоб-рақамдан олмоқ	hisob-raqamdan olmoq
depósito (m)	омонат	omonat
fazer um depósito	омонат қўймоқ	omonat qo'ymoq

transferência (f) bancária	ўтказиш	o'tkazish
transferir (vt)	ўтказмоқ	o'tkazmoq

soma (f)	сумма	summa
Quanto?	Қанча?	Qancha?

assinatura (f)	имзо	imzo
assinar (vt)	имзоламоқ	imzolamoq

cartão (m) de crédito	кредит картаси	kredit kartasi
senha (f)	код	kod
número (m) do cartão de crédito	кредит картасининг тартиб рақами	kredit kartasining tartib raqami
caixa (m) eletrônico	банкомат	bankomat

cheque (m)	чек	chek
passar um cheque	чек ёзиб бермоқ	chek yozib bermoq
talão (m) de cheques	чек дафтарчаси	chek daftarchasi

empréstimo (m)	кредит	kredit
pedir um empréstimo	кредит олиш учун мурожаат қилмоқ	kredit olish uchun murojaat qilmoq
obter empréstimo	кредит олмоқ	kredit olmoq
dar um empréstimo	кредит бермоқ	kredit bermoq
garantia (f)	кафолат	kafolat

113. Telefone. Conversação telefônica

telefone (m)	телефон	telefon
celular (m)	мобил телефон	mobil telefon
secretária (f) eletrônica	автоматик жавоб берувчи	avtomatik javob beruvchi

fazer uma chamada	қўнғироқ қилмоқ	qo'ng'iroq qilmoq
chamada (f)	қўнғироқ	qo'ng'iroq

discar um número	рақам термоқ	raqam termoq
Alô!	Алло!	Allo!
perguntar (vt)	сўрамоқ	so'ramoq
responder (vt)	жавоб бермоқ	javob bermoq

ouvir (vt)	эшитмоқ	eshitmoq
bem	яхши	yaxshi
mal	ёмон	yomon
ruído (m)	халал берувчи шовқин	xalal beruvchi shovqin

fone (m)	трубка	trubka
pegar o telefone	трубкани олмоқ	trubkani olmoq
desligar (vi)	трубкани қўймоқ	trubkani qo'ymoq

ocupado (adj)	банд	band
tocar (vi)	жирингламоқ	jiringlamoq
lista (f) telefônica	телефон китоби	telefon kitobi
local (adj)	маҳаллий	mahalliy
chamada (f) local	маҳаллий қўнғироқ	mahalliy qo'ng'iroq

de longa distância	шаҳарлараро	shaharlararo
chamada (f) de longa distância	шаҳарлараро қўнғироқ	shaharlararo qo'ng'iroq
internacional (adj)	халқаро	xalqaro
chamada (f) internacional	халқаро қўнғироқ	xalqaro qo'ng'iroq

114. Telefone móvel

celular (m)	мобил телефон	mobil telefon
tela (f)	дисплей	displey
botão (m)	тугма	tugma
cartão SIM (m)	СИМ-карта	SIM-karta
bateria (f)	батарея	batareya
descarregar-se (vr)	разрядка бўлмоқ	razryadka bo'lmoq
carregador (m)	заряд қилиш мосламаси	zaryad qilish moslamasi
menu (m)	меню	menyu
configurações (f pl)	созлашлар	sozlashlar
melodia (f)	мелодия	melodiya
escolher (vt)	танламоқ	tanlamoq
calculadora (f)	калкулятор	kalkulyator
correio (m) de voz	автоматик жавоб берувчи	avtomatik javob beruvchi
despertador (m)	будилник	budilnik
contatos (m pl)	телефон китоби	telefon kitobi
mensagem (f) de texto	СМС-хабар	SMS-xabar
assinante (m)	абонент	abonent

115. Estacionário

caneta (f)	ручка	ruchka
caneta (f) tinteiro	пероли ручка	peroli ruchka
lápis (m)	қалам	qalam
marcador (m) de texto	маркер	marker
caneta (f) hidrográfica	фломастер	flomaster
bloco (m) de notas	ён дафтарча	yon daftarcha
agenda (f)	кундалик	kundalik
régua (f)	чизғич	chizg'ich
calculadora (f)	калкулятор	kalkulyator
borracha (f)	ўчирғич	o'chirg'ich
alfinete (m)	кнопка	knopka
clipe (m)	қисқич	qisqich
cola (f)	елим	elim
grampeador (m)	степлер	stepler
furador (m) de papel	тешгич	teshgich
apontador (m)	точилка	tochilka

116. Vários tipos de documentos

relatório (m)	хисобот	hisobot
acordo (m)	келишув	kelishuv
ficha (f) de inscrição	талабнома	talabnoma
autêntico (adj)	хақиқий	haqiqiy
crachá (m)	бедж	bedj
cartão (m) de visita	визит карточкаси	vizit kartochkasi
certificado (m)	сертификат	sertifikat
cheque (m)	чек	chek
conta (f)	хисоб	hisob
constituição (f)	конституция	konstitutsiya
contrato (m)	шартнома	shartnoma
cópia (f)	нусха	nusxa
exemplar (~ assinado)	нусха	nusxa
declaração (f) alfandegária	декларация	deklaratsiya
documento (m)	хужжат	hujjat
carteira (f) de motorista	хайдовчилик гувохномаси	haydovchilik guvohnomasi
adendo, anexo (m)	илова	ilova
questionário (m)	анкета	anketa
carteira (f) de identidade	тасдиқлаш	tasdiqlash
inquérito (m)	расмий талаб	rasmiy talab
convite (m)	таклифнома	taklifnoma
fatura (f)	хисоб	hisob
lei (f)	қонун	qonun
carta (correio)	хат	xat
papel (m) timbrado	бланк	blank
lista (f)	рўйхат	ro'yxat
manuscrito (m)	қўлёзма	qo'lyozma
boletim (~ informativo)	бюллетен	byulleten
bilhete (mensagem breve)	расмий маълумот	rasmiy ma'lumot
passe (m)	рухсатнома	ruxsatnoma
passaporte (m)	паспорт	pasport
permissão (f)	рухсат қоғози	ruxsat qog'ozi
currículo (m)	резюме	rezyume
nota (f) promissória	тилхат	tilxat
recibo (m)	квитанция	kvitantsiya
talão (f)	чек	chek
relatório (m)	рапорт	raport
mostrar (vt)	кўрсатмоқ	ko'rsatmoq
assinar (vt)	имзоламоқ	imzolamoq
assinatura (f)	имзо	imzo
carimbo (m)	мухр	muhr
texto (m)	матн	matn
ingresso (m)	чипта	chipta
riscar (vt)	ўчирмоқ	o'chirmoq
preencher (vt)	тўлдирмоқ	to'ldirmoq

| carta (f) de porte | юк хати | yuk xati |
| testamento (m) | васиятнома | vasiyatnoma |

117. Tipos de negócios

serviços (m pl) de contabilidade	бухгалтерлик хизматлари	buxgalterlik xizmatlari
publicidade (f)	реклама	reklama
agência (f) de publicidade	реклама агентлиги	reklama agentligi
ar (m) condicionado	кондиционерлар	konditsionerlar
companhia (f) aérea	авиакомпания	aviakompaniya
bebidas (f pl) alcoólicas	спиртли ичимликлар	spirtli ichimliklar
comércio (m) de antiguidades	антиквариат	antikvariat
galeria (f) de arte	галерея	galereya
serviços (m pl) de auditoria	аудиторлик хизматлари	auditorlik xizmatlari
negócios (m pl) bancários	банк бизнеси	bank biznesi
bar (m)	бар	bar
salão (m) de beleza	гӯзаллик салони	go'zallik saloni
livraria (f)	китоб дӯкони	kitob do'koni
cervejaria (f)	пиво заводи	pivo zavodi
centro (m) de escritórios	бизнес-марказ	biznes-markaz
escola (f) de negócios	бизнес-мактаб	biznes-maktab
cassino (m)	казино	kazino
construção (f)	қурилиш	qurilish
consultoria (f)	консалтинг	konsalting
clínica (f) dentária	стоматология	stomatologiya
design (m)	дизайн	dizayn
drogaria (f)	дорихона	dorixona
lavanderia (f)	химчистка	ximchistka
agência (f) de emprego	кадрлар агентлиги	kadrlar agentligi
serviços (m pl) financeiros	молиявий хизматлар	moliyaviy xizmatlar
alimentos (m pl)	озиқ-овқат маҳсулотлари	oziq-ovqat mahsulotlari
funerária (f)	дафн бюроси	dafn byurosi
mobiliário (m)	мебел	mebel
roupa (f)	кийим	kiyim
hotel (m)	меҳмонхона	mehmonxona
sorvete (m)	музқаймоқ	muzqaymoq
indústria (f)	саноат	sanoat
seguro (~ de vida, etc.)	суғурта	sug'urta
internet (f)	интернет	internet
investimento (m)	инвестициялар	investitsiyalar
joalheiro (m)	заргар	zargar
joias (f pl)	заргарлик буюмлари	zargarlik buyumlari
lavanderia (f)	кир ювиш ишхонаси	kir yuvish ishxonasi
assessorias (f pl) jurídicas	юридик хизматлар	yuridik xizmatlar
indústria (f) ligeira	енгил саноат	engil sanoat
revista (f)	журнал	jurnal

vendas (f pl) por catálogo	каталог бойича савдо	katalog boyicha savdo
medicina (f)	медицина	meditsina
cinema (m)	кинотеатр	kinoteatr
museu (m)	музей	muzey
agência (f) de notícias	ахборот агентлиги	axborot agentligi
jornal (m)	газета	gazeta
boate (casa noturna)	тунги клуб	tungi klub
petróleo (m)	нефт	neft
serviços (m pl) de remessa	курерлик хизмати	kurerlik xizmati
indústria (f) farmacêutica	фармацевтика	farmatsevtika
tipografia (f)	полиграфия	poligrafiya
editora (f)	нашриёт	nashriyot
rádio (m)	радио	radio
imobiliário (m)	кўчмас мулк	ko'chmas mulk
restaurante (m)	ресторан	restoran
empresa (f) de segurança	соқчилик агентлиги	soqchilik agentligi
esporte (m)	спорт	sport
bolsa (f) de valores	биржа	birja
loja (f)	дўкон	do'kon
supermercado (m)	супермаркет	supermarket
piscina (f)	ҳовуз	hovuz
alfaiataria (f)	ателе	atele
televisão (f)	телевидение	televidenie
teatro (m)	театр	teatr
comércio (m)	савдо	savdo
serviços (m pl) de transporte	ташишлар	tashishlar
viagens (f pl)	туризм	turizm
veterinário (m)	ветеринар	veterinar
armazém (m)	омбор	ombor
recolha (f) do lixo	ахлатни чиқариш	axlatni chiqarish

Emprego. Negócios. Parte 2

118. Espetáculo. Feira

feira, exposição (f)	кўргазма	ko'rgazma
feira (f) comercial	савдо кўргазмаси	savdo ko'rgazmasi
participação (f)	иштирок етиш	ishtirok etish
participar (vi)	иштирок етмоқ	ishtirok etmoq
participante (m)	иштирокчи	ishtirokchi
diretor (m)	директор	direktor
direção (f)	ташкилий қумита дирекцияси	tashkiliy qumita direktsiyasi
organizador (m)	ташкилотчи	tashkilotchi
organizar (vt)	ташкил қилмоқ	tashkil qilmoq
ficha (f) de inscrição	иштирок талабномаси	ishtirok talabnomasi
preencher (vt)	тўлдирмоқ	to'ldirmoq
detalhes (m pl)	тафсилотлар	tafsilotlar
informação (f)	маълумот	ma'lumot
preço (m)	нарх	narx
incluindo	қўшиб	qo'shib
incluir (vt)	қўшмоқ	qo'shmoq
pagar (vt)	тўламоқ	to'lamoq
taxa (f) de inscrição	рўйхатга олиш бадали	ro'yxatga olish badali
entrada (f)	кириш	kirish
pavilhão (m), salão (f)	павилон	pavilon
inscrever (vt)	рўйхатга олмоқ	ro'yxatga olmoq
crachá (m)	бедж	bedj
stand (m)	стенд	stend
reservar (vt)	захира қилиб қўймоқ	zaxira qilib qo'ymoq
vitrine (f)	витрина	vitrina
lâmpada (f)	чироқ	chiroq
design (m)	дизайн	dizayn
pôr (posicionar)	жойлаштирмоқ	joylashtirmoq
ser colocado, -a	жолашмоқ	jolashmoq
distribuidor (m)	дистрибютор	distribyutor
fornecedor (m)	етказиб берувчи	etkazib beruvchi
fornecer (vt)	етказиб бермоқ	etkazib bermoq
país (m)	мамлакат	mamlakat
estrangeiro (adj)	чет ел	chet el
produto (m)	маҳсулот	mahsulot
associação (f)	ассоциация	assotsiatsiya

sala (f) de conferência	конференц-зал	konferents-zal
congresso (m)	конгресс	kongress
concurso (m)	конкурс	konkurs

visitante (m)	келувчи	keluvchi
visitar (vt)	келиб кўрмоқ	kelib ko'rmoq
cliente (m)	буюртмачи	buyurtmachi

119. Media

jornal (m)	газета	gazeta
revista (f)	журнал	jurnal
imprensa (f)	матбуот	matbuot
rádio (m)	радио	radio
estação (f) de rádio	радиостанция	radiostantsiya
televisão (f)	телевидение	televidenie

apresentador (m)	бошловчи	boshlovchi
locutor (m)	диктор	diktor
comentarista (m)	шарҳловчи	sharhlovchi

jornalista (m)	журналист	jurnalist
correspondente (m)	мухбир	muxbir
repórter (m) fotográfico	фотомухбир	fotomuxbir
repórter (m)	репортёр	reportyor

redator (m)	муҳаррир	muharrir
redator-chefe (m)	бош муҳаррир	bosh muharrir

assinar a ...	обуна бўлмоқ	obuna bo'lmoq
assinatura (f)	обуна	obuna
assinante (m)	обуначи	obunachi
ler (vt)	ўқимоқ	o'qimoq
leitor (m)	газетхон	gazetxon

tiragem (f)	тираж	tiraj
mensal (adj)	ойлик	oylik
semanal (adj)	ҳафталик	haftalik
número (jornal, revista)	сон	son
recente, novo (adj)	янги	yangi

manchete (f)	сарлавҳа	sarlavha
pequeno artigo (m)	хабар	xabar
coluna (~ semanal)	рубрика	rubrika
artigo (m)	мақола	maqola
página (f)	саҳифа	sahifa

reportagem (f)	репортаж	reportaj
evento (festa, etc.)	ходиса	xodisa
sensação (f)	шов-шув	shov-shuv
escândalo (m)	жанжал	janjal
escandaloso (adj)	жанжалли	janjalli
grande (adj)	овозали	ovozali
programa (m)	кўрсатув	ko'rsatuv

entrevista (f)	интервю	intervyu
transmissão (f) ao vivo	тўғридан-тўғри трансляция	to'g'ridan-to'g'ri translyatsiya
canal (m)	канал	kanal

120. Agricultura

agricultura (f)	қишлоқ хўжалиги	qishloq xo'jaligi
camponês (m)	деҳқон	dehqon
camponesa (f)	деҳқон аёл	dehqon ayol
agricultor, fazendeiro (m)	фермер	fermer
trator (m)	трактор	traktor
colheitadeira (f)	комбайн	kombayn
arado (m)	плуг	plug
arar (vt)	ер хайдамоқ	er haydamoq
campo (m) lavrado	шудгор	shudgor
sulco (m)	егат	egat
semear (vt)	екмоқ	ekmoq
plantadeira (f)	сеялка	seyalka
semeadura (f)	екиш	ekish
foice (m)	белўроқ	belo'roq
cortar com foice	ўрамоқ	o'ramoq
pá (f)	белкурак	belkurak
cavar (vt)	қазимоқ	qazimoq
enxada (f)	чопқи	chopqi
capinar (vt)	ўтамоқ	o'tamoq
erva (f) daninha	бегона ўт	begona o't
regador (m)	гулчелак	gulchelak
regar (plantas)	суғормоқ	sug'ormoq
rega (f)	суғориш	sug'orish
forquilha (f)	паншаха	panshaxa
ancinho (m)	хаскаш	xaskash
fertilizante (m)	ўғит	o'g'it
fertilizar (vt)	ўғитламоқ	o'g'itlamoq
estrume, esterco (m)	гўнг	go'ng
campo (m)	дала	dala
prado (m)	ўтлоқ	o'tloq
horta (f)	полиз	poliz
pomar (m)	боғ	bog'
pastar (vt)	ўтлатмоқ	o'tlatmoq
pastor (m)	чўпон	cho'pon
pastagem (f)	яйлов	yaylov
pecuária (f)	чорвачилик	chorvachilik

criação (f) de ovelhas	қўйчилик	qo'ychilik
plantação (f)	плантация	plantatsiya
canteiro (m)	жўяк	jo'yak
estufa (f)	иссиқхона	issiqxona

seca (f)	қурғоқчилик	qurg'oqchilik
seco (verão ~)	қуруқ	quruq

grão (m)	дон	don
cereais (m pl)	ғалла	g'alla
colher (vt)	ўриб олмоқ	o'rib olmoq

moleiro (m)	тегирмончи	tegirmonchi
moinho (m)	тегирмон	tegirmon
moer (vt)	дон туймоқ	don tuymoq
farinha (f)	ун	un
palha (f)	сомон	somon

121. Construção. Processo de construção

canteiro (m) de obras	қурилиш	qurilish
construir (vt)	қурмоқ	qurmoq
construtor (m)	қурувчи	quruvchi

projeto (m)	лойиҳа	loyiha
arquiteto (m)	меъмор	me'mor
operário (m)	ишчи	ishchi

fundação (f)	пойдевор	poydevor
telhado (m)	том	tom
estaca (f)	қозиқоёқ	qoziqoyoq
parede (f)	девор	devor

colunas (f pl) de sustentação	арматура	armatura
andaime (m)	қурилиш ҳавозалари	qurilish havozalari

concreto (m)	бетон	beton
granito (m)	гранит	granit
pedra (f)	тош	tosh
tijolo (m)	ғишт	g'isht

areia (f)	қум	qum
cimento (m)	семент	sement
emboço, reboco (m)	сувоқ	suvoq
emboçar, rebocar (vt)	сувамоқ	suvamoq

tinta (f)	бўёқ	bo'yoq
pintar (vt)	бўямоқ	bo'yamoq
barril (m)	бочка	bochka

grua (f), guindaste (m)	кран	kran
erguer (vt)	кўтармоқ	ko'tarmoq
baixar (vt)	туширмоқ	tushirmoq
buldózer (m)	булдозер	buldozer

escavadora (f)	екскаватор	ekskavator
caçamba (f)	ковш	kovsh
escavar (vt)	қазимоқ	qazimoq
capacete (m) de proteção	каска	kaska

122. Ciência. Investigação. Cientistas

ciência (f)	илм-фан	ilm-fan
científico (adj)	илмий	ilmiy
cientista (m)	олим	olim
teoria (f)	назария	nazariya

axioma (m)	аксиома	aksioma
análise (f)	таҳлил	tahlil
analisar (vt)	таҳлил қилмоқ	tahlil qilmoq
argumento (m)	далил	dalil
substância (f)	модда	modda

hipótese (f)	фараз	faraz
dilema (m)	дилемма	dilemma
tese (f)	диссертация	dissertatsiya
dogma (m)	ақида	aqida

doutrina (f)	таълимот	ta'limot
pesquisa (f)	тадқиқот	tadqiqot
pesquisar (vt)	тадқиқ қилмоқ	tadqiq qilmoq
testes (m pl)	синовлар	sinovlar
laboratório (m)	лаборатория	laboratoriya

método (m)	метод	metod
molécula (f)	молекула	molekula
monitoramento (m)	мониторинг	monitoring
descoberta (f)	кашфиёт	kashfiyot

postulado (m)	постулат	postulat
princípio (m)	тамойил	tamoyil
prognóstico (previsão)	олдиндан айтиш	oldindan aytish
prognosticar (vt)	олдиндан айтмоқ	oldindan aytmoq

síntese (f)	синтез	sintez
tendência (f)	тенденция	tendentsiya
teorema (m)	теорема	teorema

ensinamentos (m pl)	таълимот	ta'limot
fato (m)	далил	dalil
expedição (f)	експедиция	ekspeditsiya
experiência (f)	експеримент	eksperiment

acadêmico (m)	академик	akademik
bacharel (m)	бакалавр	bakalavr
doutor (m)	доктор	doktor
professor (m) associado	доцент	dotsent
mestrado (m)	магистр	magistr
professor (m)	профессор	professor

Profissões e ocupações

123. Procura de emprego. Demissão

trabalho (m)	иш	ish
equipe (f)	штат	shtat
carreira (f)	еришиладиган мавқе	erishiladigan mavqe
perspectivas (f pl)	истиқбол	istiqbol
habilidades (f pl)	маҳорат	mahorat
seleção (f)	танлаш	tanlash
agência (f) de emprego	кадрлар агентлиги	kadrlar agentligi
currículo (m)	резюме	rezyume
entrevista (f) de emprego	суҳбатлашиш	suhbatlashish
vaga (f)	бўш ўрин	bo'sh o'rin
salário (m)	иш ҳақи	ish haqi
salário (m) fixo	маош	maosh
pagamento (m)	ҳақ	haq
cargo (m)	лавозим	lavozim
dever (do empregado)	вазифа	vazifa
gama (f) de deveres	доира	doira
ocupado (adj)	банд	band
despedir, demitir (vt)	ишдан бўшатмоқ	ishdan bo'shatmoq
demissão (f)	ишдан бўшаш	ishdan bo'shash
desemprego (m)	ишсизлик	ishsizlik
desempregado (m)	ишсиз	ishsiz
aposentadoria (f)	нафақа	nafaqa
aposentar-se (vr)	нафақага чиқиш	nafaqaga chiqish

124. Gente de negócios

diretor (m)	директор	direktor
gerente (m)	бошқарувчи	boshqaruvchi
patrão, chefe (m)	раҳбар	rahbar
superior (m)	бошлиқ	boshliq
superiores (m pl)	бошлиқлар	boshliqlar
presidente (m)	президент	prezident
chairman (m)	раис	rais
substituto (m)	ўринбосар	o'rinbosar
assistente (m)	ёрдамчи	yordamchi
secretário (m)	котиб	kotib

secretário (m) pessoal	шахсий котиб	shaxsiy kotib
homem (m) de negócios	бизнесмен	biznesmen
empreendedor (m)	тадбиркор	tadbirkor
fundador (m)	асосчи	asoschi
fundar (vt)	асос солмоқ	asos solmoq
principiador (m)	таъсисчи	ta'sischi
parceiro, sócio (m)	ҳамкор	hamkor
acionista (m)	акциядор	aktsiyador
milionário (m)	миллионер	millioner
bilionário (m)	миллиардер	milliarder
proprietário (m)	ега	ega
proprietário (m) de terras	ер егаси	er egasi
cliente (m)	мижоз	mijoz
cliente (m) habitual	доимий мижоз	doimiy mijoz
comprador (m)	харидор	xaridor
visitante (m)	келувчи	keluvchi
profissional (m)	профессионал	professional
perito (m)	експерт	ekspert
especialista (m)	мутахассис	mutaxassis
banqueiro (m)	банкир	bankir
corretor (m)	брокер	broker
caixa (m, f)	кассачи	kassachi
contador (m)	бухгалтер	buxgalter
guarda (m)	соқчи	soqchi
investidor (m)	инвестор	investor
devedor (m)	қарздор	qarzdor
credor (m)	кредитор	kreditor
mutuário (m)	қарз олувчи	qarz oluvchi
importador (m)	импортчи	importchi
exportador (m)	експортчи	eksportchi
produtor (m)	ишлаб чиқарувчи	ishlab chiqaruvchi
distribuidor (m)	дистрибютор	distribyutor
intermediário (m)	воситачи	vositachi
consultor (m)	маслаҳатчи	maslahatchi
representante comercial	вакил	vakil
agente (m)	агент	agent
agente (m) de seguros	суғурта агенти	sug'urta agenti

125. Profissões de serviços

cozinheiro (m)	ошпаз	oshpaz
chefe (m) de cozinha	бош ошпаз	bosh oshpaz
padeiro (m)	новвой	novvoy
barman (m)	бармен	barmen

garçom (m)	официант	ofitsiant
garçonete (f)	официантка	ofitsiantka
advogado (m)	адвокат	advokat
jurista (m)	ҳуқуқшунос	huquqshunos
notário (m)	нотариус	notarius
eletricista (m)	монтёр	montyor
encanador (m)	сантехник	santexnik
carpinteiro (m)	дурадгор	duradgor
massagista (m)	массажчи	massajchi
massagista (f)	массажчи аёл	massajchi ayol
médico (m)	шифокор	shifokor
taxista (m)	таксичи	taksichi
condutor (automobilista)	шофёр	shofyor
entregador (m)	курер	kurer
camareira (f)	ходима	xodima
guarda (m)	соқчи	soqchi
aeromoça (f)	стюардесса	styuardessa
professor (m)	ўқитувчи	o'qituvchi
bibliotecário (m)	кутубхоначи	kutubxonachi
tradutor (m)	таржимон	tarjimon
intérprete (m)	таржимон	tarjimon
guia (m)	гид	gid
cabeleireiro (m)	сартарош	sartarosh
carteiro (m)	почтачи	pochtachi
vendedor (m)	сотувчи	sotuvchi
jardineiro (m)	боғбон	bog'bon
criado (m)	хизматкор	xizmatkor
criada (f)	хизматкор аёл	xizmatkor ayol
empregada (f) de limpeza	фаррош	farrosh

126. Profissões militares e postos

soldado (m) raso	оддий аскар	oddiy askar
sargento (m)	сержант	serjant
tenente (m)	лейтенант	leytenant
capitão (m)	капитан	kapitan
major (m)	маёр	mayor
coronel (m)	полковник	polkovnik
general (m)	генерал	general
marechal (m)	маршал	marshal
almirante (m)	адмирал	admiral
militar (m)	ҳарбий	harbiy
soldado (m)	аскар	askar
oficial (m)	зобит	zobit

comandante (m)	командир	komandir
guarda (m) de fronteira	чегарачи	chegarachi
operador (m) de rádio	радист	radist
explorador (m)	разведкачи	razvedkachi
sapador-mineiro (m)	сапёр	sapyor
atirador (m)	ўқчи	o'qchi
navegador (m)	штурман	shturman

127. Oficiais. Padres

rei (m)	қирол	qirol
rainha (f)	қиролича	qirolicha
príncipe (m)	шаҳзода	shahzoda
princesa (f)	малика	malika
czar (m)	подшо	podsho
czarina (f)	малика	malika
presidente (m)	президент	prezident
ministro (m)	министр	ministr
primeiro-ministro (m)	бош вазир	bosh vazir
senador (m)	сенатор	senator
diplomata (m)	дипломат	diplomat
cônsul (m)	консул	konsul
embaixador (m)	елчи	elchi
conselheiro (m)	маслаҳатчи	maslahatchi
funcionário (m)	амалдор	amaldor
prefeito (m)	префект	prefekt
Presidente (m) da Câmara	мер	mer
juiz (m)	судя	sudya
procurador (m)	прокурор	prokuror
missionário (m)	миссионер	missioner
monge (m)	монах	monax
abade (m)	аббат	abbat
rabino (m)	раввин	ravvin
vizir (m)	вазир	vazir
xá (m)	шоҳ	shoh
xeique (m)	шайх	shayx

128. Profissões agrícolas

abelheiro (m)	асаларичи	asalarichi
pastor (m)	чўпон	cho'pon
agrônomo (m)	агроном	agronom
criador (m) de gado	чорвадор	chorvador
veterinário (m)	ветеринар	veterinar

agricultor, fazendeiro (m)	фермер	fermer
vinicultor (m)	винопаз	vinopaz
zoólogo (m)	зоолог	zoolog
vaqueiro (m)	ковбой	kovboy

129. Profissões artísticas

| ator (m) | актёр | aktyor |
| atriz (f) | актриса | aktrisa |

| cantor (m) | хонанда | xonanda |
| cantora (f) | хонанда | xonanda |

| bailarino (m) | раққос | raqqos |
| bailarina (f) | раққоса | raqqosa |

| artista (m) | артист | artist |
| artista (f) | артистка | artistka |

músico (m)	мусиқачи	musiqachi
pianista (m)	пианиночи	pianinochi
guitarrista (m)	гитарачи	gitarachi

maestro (m)	дирижёр	dirijyor
compositor (m)	композитор	kompozitor
empresário (m)	импресарио	impresario

diretor (m) de cinema	режиссёр	rejissyor
produtor (m)	продюсер	prodyuser
roteirista (m)	сценарийчи	stsenariychi
crítico (m)	танқидчи	tanqidchi

escritor (m)	ёзувчи	yozuvchi
poeta (m)	шоир	shoir
escultor (m)	ҳайкалтарош	haykaltarosh
pintor (m)	рассом	rassom

malabarista (m)	жонглёр	jonglyor
palhaço (m)	масхарабоз	masxaraboz
acrobata (m)	акробат	akrobat
ilusionista (m)	фокусчи	fokuschi

130. Várias profissões

médico (m)	шифокор	shifokor
enfermeira (f)	тиббий ҳамшира	tibbiy hamshira
psiquiatra (m)	психиатр	psixiatr
dentista (m)	стоматолог	stomatolog
cirurgião (m)	жарроҳ	jarroh

| astronauta (m) | астронавт | astronavt |
| astrônomo (m) | астроном | astronom |

piloto (m)	учувчи	uchuvchi
motorista (m)	ҳайдовчи	haydovchi
maquinista (m)	машинист	mashinist
mecânico (m)	механик	mexanik

mineiro (m)	кончи	konchi
operário (m)	ишчи	ishchi
serralheiro (m)	чилангар	chilangar
marceneiro (m)	дурадгор	duradgor
torneiro (m)	токар	tokar
construtor (m)	қурувчи	quruvchi
soldador (m)	пайвандчи	payvandchi

professor (m)	профессор	professor
arquiteto (m)	меъмор	me'mor
historiador (m)	тарихшунос	tarixshunos
cientista (m)	олим	olim
físico (m)	физик	fizik
químico (m)	кимёгар	kimyogar

arqueólogo (m)	археолог	arxeolog
geólogo (m)	геолог	geolog
pesquisador (cientista)	тадқиқотчи	tadqiqotchi

| babysitter, babá (f) | енага | enaga |
| professor (m) | педагог | pedagog |

redator (m)	муҳаррир	muharrir
redator-chefe (m)	бош муҳаррир	bosh muharrir
correspondente (m)	мухбир	muxbir
datilógrafa (f)	машинистка	mashinistka

designer (m)	дизайнер	dizayner
especialista (m) em informática	компютерчи	kompyuterchi
programador (m)	дастурчи	dasturchi
engenheiro (m)	муҳандис	muhandis

marujo (m)	денгизчи	dengizchi
marinheiro (m)	матрос	matros
socorrista (m)	қутқарувчи	qutqaruvchi

bombeiro (m)	ўт ўчирувчи	o't o'chiruvchi
polícia (m)	полициячи	politsiyachi
guarda-noturno (m)	қоровул	qorovul
detetive (m)	изқувар	izquvar

funcionário (m) da alfândega	божхона ходими	bojxona xodimi
guarda-costas (m)	шахсий соқчи	shaxsiy soqchi
guarda (m) prisional	назоратчи	nazoratchi
inspetor (m)	инспектор	inspektor

esportista (m)	спортчи	sportchi
treinador (m)	тренер	trener
açougueiro (m)	қассоб	qassob
sapateiro (m)	етикдўз	etikdo'z

| comerciante (m) | тижоратчи | tijoratchi |
| carregador (m) | юкчи | yukchi |

| estilista (m) | моделер | modeler |
| modelo (f) | модел | model |

131. Ocupações. Estatuto social

| estudante (~ de escola) | ўқувчи | o'quvchi |
| estudante (~ universitária) | талаба | talaba |

filósofo (m)	файласуф	faylasuf
economista (m)	иқтисодчи	iqtisodchi
inventor (m)	ихтирочи	ixtirochi

desempregado (m)	ишсиз	ishsiz
aposentado (m)	нафақахўр	nafaqaxo'r
espião (m)	жосус	josus

preso, prisioneiro (m)	маҳбус	mahbus
grevista (m)	иш ташловчи	ish tashlovchi
burocrata (m)	бюрократ	byurokrat
viajante (m)	саёхатчи	sayohatchi

homossexual (m)	гомосексуалчи	gomoseksualchi
hacker (m)	хакер	xaker
hippie (m, f)	хиппи	xippi

bandido (m)	босқинчи	bosqinchi
assassino (m)	ёлланма қотил	yollanma qotil
drogado (m)	гиёхванд	giyohvand
traficante (m)	наркотик моддаларни сотувчи	narkotik moddalarni sotuvchi

| prostituta (f) | фохиша | fohisha |
| cafetão (m) | даюс | dayus |

bruxo (m)	жодугар	jodugar
bruxa (f)	жодугар аёл	jodugar ayol
pirata (m)	денгиз қароқчиси	dengiz qaroqchisi
escravo (m)	қул	qul
samurai (m)	самурай	samuray
selvagem (m)	ёввойи одам	yovvoyi odam

Desportos

132. Tipos de desportos. Desportistas

esportista (m)	спортчи	sportchi
tipo (m) de esporte	спорт тури	sport turi
basquete (m)	баскетбол	basketbol
jogador (m) de basquete	баскетболчи	basketbolchi
beisebol (m)	бейсбол	beysbol
jogador (m) de beisebol	бейсболчи	beysbolchi
futebol (m)	футбол	futbol
jogador (m) de futebol	футболчи	futbolchi
goleiro (m)	дарвозабон	darvozabon
hóquei (m)	хоккей	xokkey
jogador (m) de hóquei	хоккейчи	xokkeychi
vôlei (m)	волейбол	voleybol
jogador (m) de vôlei	волейболчи	voleybolchi
boxe (m)	бокс	boks
boxeador (m)	боксчи	bokschi
luta (f)	кураш	kurash
lutador (m)	курашчи	kurashchi
caratê (m)	карате	karate
carateca (m)	каратечи	karatechi
judô (m)	дзюдо	dzyudo
judoca (m)	дзюдочи	dzyudochi
tênis (m)	теннис	tennis
tenista (m)	теннисчи	tennischi
natação (f)	сузиш	suzish
nadador (m)	сузувчи	suzuvchi
esgrima (f)	қиличбозлик	qilichbozlik
esgrimista (m)	қиличбоз	qilichboz
xadrez (m)	шахмат	shaxmat
jogador (m) de xadrez	шахматчи	shaxmatchi
alpinismo (m)	алпинизм	alpinizm
alpinista (m)	алпинист	alpinist
corrida (f)	югуриш	yugurish

corredor (m)	югурувчи	yuguruvchi
atletismo (m)	енгил атлетика	engil atletika
atleta (m)	атлет	atlet
hipismo (m)	от спорти	ot sporti
cavaleiro (m)	чавандоз	chavandoz
patinação (f) artística	фигурали учиш	figurali uchish
patinador (m)	фигурист	figurist
patinadora (f)	фигуристка	figuristka
halterofilismo (m)	оғир атлетика	og'ir atletika
halterofilista (m)	оғир атлетикачи	og'ir atletikachi
corrida (f) de carros	автомобил пойгаси	avtomobil poygasi
piloto (m)	пойгачи	poygachi
ciclismo (m)	велосипед спорти	velosiped sporti
ciclista (m)	велосипедчи	velosipedchi
salto (m) em distância	узунликка сакраш	uzunlikka sakrash
salto (m) com vara	лангарчўп билан сакраш	langarcho'p bilan sakrash
atleta (m) de saltos	сакровчи	sakrovchi

133. Tipos de desportos. Diversos

futebol (m) americano	америка футболи	amerika futboli
badminton (m)	бадминтон	badminton
biatlo (m)	биатлон	biatlon
bilhar (m)	билярд	bilyard
bobsled (m)	бобслей	bobsley
musculação (f)	бодибилдинг	bodibilding
polo (m) aquático	сув полоси	suv polosi
handebol (m)	гандбол	gandbol
golfe (m)	голф	golf
remo (m)	ешкак ешиш	eshkak eshish
mergulho (m)	дайвинг	dayving
corrida (f) de esqui	чанғи пойгаси	chang'i poygasi
tênis (m) de mesa	стол тенниси	stol tennisi
vela (f)	елканли қайиқ спорти	elkanli qayiq sporti
rali (m)	ралли	ralli
rúgbi (m)	регби	regbi
snowboard (m)	сноуборд	snoubord
arco-e-flecha (m)	камон отиш	kamon otish

134. Ginásio

barra (f)	штанга	shtanga
halteres (m pl)	гантеллар	gantellar
aparelho (m) de musculação	тренажёр	trenajyor

bicicleta (f) ergométrica	велотренажёр	velotrenajyor
esteira (f) de corrida	югуриш йўлкаси	yugurish yo'lkasi
barra (f) fixa	тўсин	to'sin
barras (f pl) paralelas	параллел бруслар	parallel bruslar
cavalo (m)	от	ot
tapete (m) de ginástica	мат	mat
corda (f) de saltar	скакалка	skakalka
aeróbica (f)	аеробика	aerobika
ioga, yoga (f)	ёга	yoga

135. Hóquei

hóquei (m)	хоккей	xokkey
jogador (m) de hóquei	хоккейчи	xokkeychi
jogar hóquei	хоккей ўнамоқ	xokkey o'namoq
gelo (m)	муз	muz
disco (m)	шайба	shayba
taco (m) de hóquei	клюшка	klyushka
patins (m pl) de gelo	конки	konki
muro (m)	борт	bort
tiro (m)	зарба	zarba
goleiro (m)	дарвозабон	darvozabon
gol (m)	гол	gol
marcar um gol	гол урмоқ	gol urmoq
tempo (m)	давр	davr
segundo tempo (m)	иккинчи давра	ikkinchi davra
banco (m) de reservas	заҳира скамекаси	zahira skamekasi

136. Futebol

futebol (m)	футбол	futbol
jogador (m) de futebol	футболчи	futbolchi
jogar futebol	футбол ўйнамоқ	futbol o'ynamoq
Time (m) Principal	олий лига	oliy liga
time (m) de futebol	футбол клуби	futbol klubi
treinador (m)	тренер	trener
proprietário (m)	ега	ega
equipe (f)	жамоа	jamoa
capitão (m)	жамоа сардори	jamoa sardori
jogador (m)	ўйинчи	o'yinchi
jogador (m) reserva	заҳира ўйинчи	zahira o'yinchi
atacante (m)	хужумчи	hujumchi
centroavante (m)	марказий хужумчи	markaziy hujumchi

marcador (m)	тўпурар	to'purar
defesa (m)	химоячи	himoyachi
meio-campo (m)	ярим химоячи	yarim himoyachi
jogo (m), partida (f)	матч	match
encontrar-se (vr)	учрашмоқ	uchrashmoq
final (m)	финал	final
semifinal (f)	ярим финал	yarim final
campeonato (m)	чемпионат	chempionat
tempo (m)	тайм	taym
primeiro tempo (m)	биринчи тайм	birinchi taym
intervalo (m)	танаффус	tanaffus
goleira (f)	дарвоза	darvoza
goleiro (m)	дарвозабон	darvozabon
trave (f)	устун	ustun
travessão (m)	тўсин	to'sin
rede (f)	тўр	to'r
tomar um gol	ўтказиб юбормоқ	o'tkazib yubormoq
bola (f)	тўп	to'p
passe (m)	тўп узатиш	to'p uzatish
chute (m)	зарба	zarba
chutar (vt)	зарба бермоқ	zarba bermoq
pontapé (m)	жарима тўпи	jarima to'pi
escanteio (m)	бурчак тўпи	burchak to'pi
ataque (m)	ҳужум	hujum
contra-ataque (m)	қарши ҳужум	qarshi hujum
combinação (f)	комбинация	kombinatsiya
árbitro (m)	ҳакам	hakam
apitar (vi)	ҳуштак чалмоқ	hushtak chalmoq
apito (m)	ҳуштак	hushtak
falta (f)	қоидани бузиш	qoidani buzish
cometer a falta	қоидани бузмоқ	qoidani buzmoq
expulsar (vt)	майдондан четлатиш	maydondan chetlatish
cartão (m) amarelo	сариқ карточка	sariq kartochka
cartão (m) vermelho	қизил карточка	qizil kartochka
desqualificação (f)	дисквалификация	diskvalifikatsiya
desqualificar (vt)	дисквалификация қилмоқ	diskvalifikatsiya qilmoq
pênalti (m)	пеналти	penalti
barreira (f)	девор	devor
marcar (vt)	урмоқ	urmoq
gol (m)	гол	gol
marcar um gol	гол урмоқ	gol urmoq
substituição (f)	алмаштириш	almashtirish
substituir (vt)	алмаштирмоқ	almashtirmoq
regras (f pl)	қоидалар	qoidalar
tática (f)	тактика	taktika
estádio (m)	стадион	stadion
arquibancadas (f pl)	трибуна	tribuna

fã, torcedor (m)	ишқибоз	ishqiboz
gritar (vi)	бақирмоқ	baqirmoq
placar (m)	табло	tablo
resultado (m)	ҳисоб	hisob
derrota (f)	мағлубият	mag'lubiyat
perder (vt)	ютқизмоқ	yutqizmoq
empate (m)	дуранг	durang
empatar (vi)	дуранг ўйнамоқ	durang o'ynamoq
vitória (f)	ғалаба	g'alaba
vencer (vi, vt)	ғалаба қозонмоқ	g'alaba qozonmoq
campeão (m)	чемпион	chempion
melhor (adj)	енг яхши	eng yaxshi
felicitar (vt)	табрикламоқ	tabriklamoq
comentarista (m)	шарҳловчи	sharhlovchi
comentar (vt)	шарҳламоқ	sharhlamoq
transmissão (f)	трансляция	translyatsiya

137. Esqui alpino

esqui (m)	чанғи	chang'i
esquiar (vi)	чанғида учмоқ	chang'ida uchmoq
estação (f) de esqui	тоғ-чанғи курорти	tog'-chang'i kurorti
teleférico (m)	юккўтаргич	yukko'targich
bastões (m pl) de esqui	таёқчалар	tayoqchalar
declive (m)	қиялик	qiyalik
slalom (m)	слалом	slalom

138. Tênis. Golfe

golfe (m)	голф	golf
clube (m) de golfe	голф-клуб	golf-klub
jogador (m) de golfe	голф ўйинчиси	golf o'yinchisi
buraco (m)	тешикча	teshikcha
taco (m)	клюшка	klyushka
trolley (m)	клюшкалар учун аравача	klyushkalar uchun aravacha
tênis (m)	теннис	tennis
quadra (f) de tênis	корт	kort
saque (m)	узатиш	uzatish
sacar (vi)	узатмоқ	uzatmoq
raquete (f)	ракетка	raketka
rede (f)	тўр	to'r
bola (f)	тўп	to'p

139. Xadrez

xadrez (m)	шахмат	shaxmat
peças (f pl) de xadrez	шахмат доналари	shaxmat donalari
jogador (m) de xadrez	шахматчи	shaxmatchi
tabuleiro (m) de xadrez	шахмат тахтаси	shaxmat taxtasi
peça (f)	сипоҳ	sipoh
brancas (f pl)	оқлар	oqlar
pretas (f pl)	қоралар	qoralar
peão (m)	пиёда	piyoda
bispo (m)	фил	fil
cavalo (m)	асп	asp
torre (f)	рух	rux
dama (f)	фарзин	farzin
rei (m)	шоҳ	shoh
vez (f)	юриш	yurish
mover (vt)	юрмоқ	yurmoq
sacrificar (vt)	курбон қилмоқ	qurbon qilmoq
roque (m)	рокировка	rokirovka
xeque (m)	шоҳ	shoh
xeque-mate (m)	мот	mot
torneio (m) de xadrez	шахмат турнири	shaxmat turniri
grão-mestre (m)	гроссмейстер	grossmeyster
combinação (f)	комбинация	kombinatsiya
partida (f)	партия	partiya
jogo (m) de damas	шашка	shashka

140. Boxe

boxe (m)	бокс	boks
combate (m)	жанг	jang
luta (f) de boxe	яккама-якка олишув	yakkama-yakka olishuv
round (m)	раунд	raund
ringue (m)	ринг	ring
gongo (m)	гонг	gong
murro, soco (m)	зарба	zarba
derrubada (f)	нокдаун	nokdaun
nocaute (m)	нокаут	nokaut
nocautear (vt)	нокаут қилмоқ	nokaut qilmoq
luva (f) de boxe	бокс қўлқопи	boks qo'lqopi
juiz (m)	рефери	referi
peso-pena (m)	енгил вазн	engil vazn
peso-médio (m)	ўрта вазн	o'rta vazn
peso-pesado (m)	оғир вазн	og'ir vazn

141. Desportos. Diversos

Jogos (m pl) Olímpicos	Олимпия ўйинлари	Olimpiya o'yinlari
vencedor (m)	ғолиб	g'olib
vencer (vi)	ғалаба қозонмоқ	g'alaba qozonmoq
vencer (vi, vt)	ютмоқ	yutmoq
líder (m)	пешқадам	peshqadam
liderar (vt)	пешқадамлик қилмоқ	peshqadamlik qilmoq
primeiro lugar (m)	биринчи ўрин	birinchi o'rin
segundo lugar (m)	иккинчи ўрин	ikkinchi o'rin
terceiro lugar (m)	учинчи ўрин	uchinchi o'rin
medalha (f)	медал	medal
troféu (m)	соврин	sovrin
taça (f)	кубок	kubok
prêmio (m)	соврин	sovrin
prêmio (m) principal	бош соврин	bosh sovrin
recorde (m)	рекорд	rekord
estabelecer um recorde	рекорд қўймоқ	rekord qo'ymoq
final (m)	финал	final
final (adj)	финал, якунловчи	final, yakunlovchi
campeão (m)	чемпион	chempion
campeonato (m)	чемпионат	chempionat
estádio (m)	стадион	stadion
arquibancadas (f pl)	трибуна	tribuna
fã, torcedor (m)	ишқибоз	ishqiboz
adversário (m)	рақиб	raqib
partida (f)	старт	start
linha (f) de chegada	финиш	finish
derrota (f)	мағлубият	mag'lubiyat
perder (vt)	ютқизмоқ	yutqizmoq
árbitro, juiz (m)	ҳакам	hakam
júri (m)	жюри	jyuri
resultado (m)	ҳисоб	hisob
empate (m)	дуранг	durang
empatar (vi)	дуранг ўйнамоқ	durang o'ynamoq
ponto (m)	очко	ochko
resultado (m) final	натижа	natija
tempo (m)	тайм, период	taym, period
intervalo (m)	танаффус	tanaffus
doping (m)	допинг	doping
penalizar (vt)	жарима белгиламоқ	jarima belgilamoq
desqualificar (vt)	дисквалификация қилмоқ	diskvalifikatsiya qilmoq
aparelho, aparato (m)	снаряд, анжом	snaryad, anjom
dardo (m)	найза	nayza

123

peso (m)	ядро	yadro
bola (f)	шар	shar
alvo, objetivo (m)	мўлжал	mo'ljal
alvo (~ de papel)	нишон	nishon
disparar, atirar (vi)	отмоқ	otmoq
preciso (tiro ~)	аниқ	aniq
treinador (m)	тренер	trener
treinar (vt)	машқ қилдирмоқ	mashq qildirmoq
treinar-se (vr)	машқ қилмоқ	mashq qilmoq
treino (m)	машқ қилиш	mashq qilish
academia (f) de ginástica	спорт зали	sport zali
exercício (m)	машқ	mashq
aquecimento (m)	чигил ёзиш	chigil yozish

Educação

142. Escola

escola (f)	мактаб	maktab
diretor (m) de escola	мактаб директори	maktab direktori
aluno (m)	ўқувчи	o'quvchi
aluna (f)	ўқувчи қиз	o'quvchi qiz
estudante (m)	ўқувчи	o'quvchi
estudante (f)	ўқувчи қиз	o'quvchi qiz
ensinar (vt)	ўқитмоқ	o'qitmoq
aprender (vt)	ўқимоқ	o'qimoq
decorar (vt)	ёдламоқ	yodlamoq
estudar (vi)	ўрганмоқ	o'rganmoq
estar na escola	ўқимоқ	o'qimoq
ir à escola	мактабга бормоқ	maktabga bormoq
alfabeto (m)	алифбе	alifbe
disciplina (f)	дарс, фан	dars, fan
sala (f) de aula	синф	sinf
lição, aula (f)	дарс	dars
recreio (m)	танаффус	tanaffus
toque (m)	қўнғироқ	qo'ng'iroq
classe (f)	парта	parta
quadro (m) negro	доска	doska
nota (f)	баҳо	baho
boa nota (f)	яхши баҳо	yaxshi baho
nota (f) baixa	ёмон баҳо	yomon baho
dar uma nota	баҳо қўймоқ	baho qo'ymoq
erro (m)	хато	xato
errar (vi)	хатолар қилмоқ	xatolar qilmoq
corrigir (~ um erro)	тўғриламоқ	to'g'rilamoq
cola (f)	шпаргалка	shpargalka
dever (m) de casa	уй вазифаси	uy vazifasi
exercício (m)	машқ	mashq
estar presente	қатнашмоқ	qatnashmoq
estar ausente	қатнашмаслик	qatnashmaslik
faltar às aulas	дарсларни қолдирмоқ	darslarni qoldirmoq
punir (vt)	жазоламоқ	jazolamoq
punição (f)	жазо	jazo
comportamento (m)	хулқ	xulq

boletim (m) escolar	кундалик	kundalik
lápis (m)	қалам	qalam
borracha (f)	ўчирғич	o'chirg'ich
giz (m)	бўр	bo'r
porta-lápis (m)	пенал	penal
mala, pasta, mochila (f)	портфел	portfel
caneta (f)	ручка	ruchka
caderno (m)	дафтар	daftar
livro (m) didático	дарслик	darslik
compasso (m)	сиркул	sirkul
traçar (vt)	чизмоқ	chizmoq
desenho (m) técnico	чизма	chizma
poesia (f)	шеър	she'r
de cor	ёддан	yoddan
decorar (vt)	ёдламоқ	yodlamoq
férias (f pl)	таътил	ta'til
estar de férias	таътилда бўлмоқ	ta'tilda bo'lmoq
passar as férias	таътилни ўтказмоқ	ta'tilni o'tkazmoq
teste (m), prova (f)	назорат иши	nazorat ishi
redação (f)	иншо	insho
ditado (m)	диктант	diktant
exame (m), prova (f)	имтиҳон	imtihon
fazer prova	имтиҳон топширмоқ	imtihon topshirmoq
experiência (~ química)	тажриба	tajriba

143. Colégio. Universidade

academia (f)	академия	akademiya
universidade (f)	университет	universitet
faculdade (f)	факултет	fakultet
estudante (m)	студент	student
estudante (f)	студент	student
professor (m)	ўқитувчи	o'qituvchi
auditório (m)	аудитория, дарсхона	auditoriya, darsxona
graduado (m)	битирувчи	bitiruvchi
diploma (m)	диплом	diplom
tese (f)	диссертация	dissertatsiya
estudo (obra)	тадқиқот	tadqiqot
laboratório (m)	лаборатория	laboratoriya
palestra (f)	лекция	lektsiya
colega (m) de curso	курсдош	kursdosh
bolsa (f) de estudos	стипендия	stipendiya
grau (m) acadêmico	илмий даража	ilmiy daraja

144. Ciências. Disciplinas

matemática (f)	математика	matematika
álgebra (f)	алгебра	algebra
geometria (f)	геометрия	geometriya
astronomia (f)	астрономия	astronomiya
biologia (f)	биология	biologiya
geografia (f)	география	geografiya
geologia (f)	геология	geologiya
história (f)	тарих	tarix
medicina (f)	медицина	meditsina
pedagogia (f)	педагогика	pedagogika
direito (m)	хуқуқ	huquq
física (f)	физика	fizika
química (f)	кимё	kimyo
filosofia (f)	фалсафа	falsafa
psicologia (f)	психология	psixologiya

145. Sistema de escrita. Ortografia

gramática (f)	грамматика	grammatika
vocabulário (m)	лексика	leksika
fonética (f)	фонетика	fonetika
substantivo (m)	от	ot
adjetivo (m)	сифат	sifat
verbo (m)	феъл	fe'l
advérbio (m)	равиш	ravish
pronome (m)	олмош	olmosh
interjeição (f)	ундов сўз	undov so'z
preposição (f)	олд кўмакчи	old ko'makchi
raiz (f)	сўз ўзаги	so'z o'zagi
terminação (f)	тугалланма	tugallanma
prefixo (m)	олд қўшимча	old qo'shimcha
sílaba (f)	бўғин	bo'g'in
sufixo (m)	сўз ясовчи қўшимча	so'z yasovchi qo'shimcha
acento (m)	урғу	urg'u
apóstrofo (f)	ажратиш белгиси	ajratish belgisi
ponto (m)	нуқта	nuqta
vírgula (f)	вергул	vergul
ponto e vírgula (m)	нуқтали вергул	nuqtali vergul
dois pontos (m pl)	қўш нуқта	qo'sh nuqta
reticências (f pl)	кўп нуқта	ko'p nuqta
ponto (m) de interrogação	сўроқ белгиси	so'roq belgisi
ponto (m) de exclamação	ундов белгиси	undov belgisi

aspas (f pl)	кӯштирноқ	qo'shtirnoq
entre aspas	кӯштирноқ ичида	qo'shtirnoq ichida
parênteses (m pl)	қавс	qavs
entre parênteses	қавс ичида	qavs ichida
hífen (m)	дефис	defis
travessão (m)	тире	tire
espaço (m)	оралиқ	oraliq
letra (f)	ҳарф	harf
letra (f) maiúscula	бош ҳарф	bosh harf
vogal (f)	унли товуш	unli tovush
consoante (f)	ундош товуш	undosh tovush
frase (f)	гап	gap
sujeito (m)	era	ega
predicado (m)	кесим	kesim
linha (f)	сатр	satr
em uma nova linha	янги сатрдан	yangi satrdan
parágrafo (m)	абзац	abzats
palavra (f)	сӯз	so'z
grupo (m) de palavras	сӯз бирикмаси	so'z birikmasi
expressão (f)	ифода	ifoda
sinônimo (m)	синоним	sinonim
antônimo (m)	антоним	antonim
regra (f)	қоида	qoida
exceção (f)	истисно	istisno
correto (adj)	тӯғри	to'g'ri
conjugação (f)	тусланиш	tuslanish
declinação (f)	турланиш	turlanish
caso (m)	келишик	kelishik
pergunta (f)	савол	savol
sublinhar (vt)	тагига чизмоқ	tagiga chizmoq
linha (f) pontilhada	пунктир	punktir

146. Línguas estrangeiras

língua (f)	тил	til
estrangeiro (adj)	чет	chet
língua (f) estrangeira	чет тили	chet tili
estudar (vt)	ӯрганмоқ	o'rganmoq
aprender (vt)	ӯрганмоқ	o'rganmoq
ler (vt)	ӯқимоқ	o'qimoq
falar (vi)	гапирмоқ	gapirmoq
entender (vt)	тушунмоқ	tushunmoq
escrever (vt)	ёзмоқ	yozmoq
rapidamente	тез	tez
devagar, lentamente	секин	sekin

fluentemente	еркин	erkin
regras (f pl)	қоидалар	qoidalar
gramática (f)	грамматика	grammatika
vocabulário (m)	лексика	leksika
fonética (f)	фонетика	fonetika

livro (m) didático	дарслик	darslik
dicionário (m)	луғат	lug'at
manual (m) autodidático	мустақил ўрганиш учун қўлланма	mustaqil o'rganish uchun qo'llanma
guia (m) de conversação	сўзлашув китоби	so'zlashuv kitobi

fita (f) cassete	кассета	kasseta
videoteipe (m)	видеокассета	videokasseta
CD (m)	СД-диск	CD-disk
DVD (m)	ДВД-диск	DVD-disk

alfabeto (m)	алифбе	alifbe
soletrar (vt)	ҳарфлаб гапирмоқ	harflab gapirmoq
pronúncia (f)	талаффуз	talaffuz

sotaque (m)	акцент	aktsent
com sotaque	акценциз	aktsentsiz
sem sotaque	акцент билан	aktsent bilan

| palavra (f) | сўз | so'z |
| sentido (m) | маъно | ma'no |

curso (m)	курслар	kurslar
inscrever-se (vr)	ёзилмоқ	yozilmoq
professor (m)	ўқитувчи	o'qituvchi

tradução (processo)	таржима	tarjima
tradução (texto)	таржима	tarjima
tradutor (m)	таржимон	tarjimon
intérprete (m)	таржимон	tarjimon

| poliglota (m) | полиглот | poliglot |
| memória (f) | хотира | xotira |

147. Personagens de contos de fadas

Papai Noel (m)	Санта Клаус	Santa Klaus
Cinderela (f)	Золушка	Zolushka
sereia (f)	сув париси	suv parisi
Netuno (m)	Нептун	Neptun

bruxo, feiticeiro (m)	сеҳргар	sehrgar
fada (f)	сеҳргар	sehrgar
mágico (adj)	сеҳрли	sehrli
varinha (f) mágica	сеҳрли таёқча	sehrli tayoqcha

| conto (m) de fadas | ертак | ertak |
| milagre (m) | мўъжиза | mo'jiza |

anão (m)	гном	gnom
transformar-se em ...	... га айланмоқ	... ga aylanmoq

fantasma (m)	кўланка	ko'lanka
fantasma (m)	арвоҳ	arvoh
monstro (m)	махлуқ	maxluq
dragão (m)	аждаҳо	ajdaho
gigante (m)	девқомат одам	devqomat odam

148. Signos do Zodíaco

Áries (f)	Қўй	Qo'y
Touro (m)	Бузоқ	Buzoq
Gêmeos (m pl)	Егизаклар	Egizaklar
Câncer (m)	Қисқичбақа	Qisqichbaqa
Leão (m)	Шер	Sher
Virgem (f)	Паризод	Parizod

Libra (f)	Тарози	Tarozi
Escorpião (m)	Чаён	Chayon
Sagitário (m)	ўқчи	o'qchi
Capricórnio (m)	Така	Taka
Aquário (m)	Далв	Dalv
Peixes (pl)	Балиқ	Baliq

caráter (m)	феъл-атвор	fe'l-atvor
traços (m pl) do caráter	феъл-атвор хусусиятлари	fe'l-atvor xususiyatlari
comportamento (m)	хулқ	xulq
prever a sorte	фол очмоқ	fol ochmoq
adivinha (f)	фолбин хотин	folbin xotin
horóscopo (m)	гороскоп	goroskop

Artes

149. Teatro

teatro (m)	театр	teatr
ópera (f)	опера	opera
opereta (f)	оперетта	operetta
balé (m)	балет	balet
cartaz (m)	афиша	afisha
companhia (f) de teatro	труппа	truppa
turnê (f)	гастроллар	gastrollar
estar em turnê	гастролга чиқмоқ	gastrolga chiqmoq
ensaiar (vt)	репетиция қилмоқ	repetitsiya qilmoq
ensaio (m)	репетиция	repetitsiya
repertório (m)	репертуар	repertuar
apresentação (f)	томоша	tomosha
espetáculo (m)	спектакл	spektakl
peça (f)	песа	pesa
entrada (m)	чипта	chipta
bilheteira (f)	чипта кассаси	chipta kassasi
hall (m)	холл	xoll
vestiário (m)	гардероб	garderob
senha (f) numerada	рақамча	raqamcha
binóculo (m)	дурбин	durbin
lanterninha (m)	назоратчи	nazoratchi
plateia (f)	партер	parter
balcão (m)	балкон	balkon
primeiro balcão (m)	белетаж	beletaj
camarote (m)	ложа	loja
fila (f)	қатор	qator
assento (m)	ўрин	o'rin
público (m)	томошабинлар	tomoshabinlar
espectador (m)	томошабин	tomoshabin
aplaudir (vt)	қарсак чалмоқ	qarsak chalmoq
aplauso (m)	қарсаклар	qarsaklar
ovação (f)	гулдурос қарсаклар	gulduros qarsaklar
palco (m)	саҳна	sahna
cortina (f)	парда	parda
cenário (m)	декорация	dekoratsiya
bastidores (m pl)	саҳнадаги ён декорация	sahnadagi yon dekoratsiya
cena (f)	кўриниш	ko'rinish
ato (m)	парда	parda
intervalo (m)	антракт	antrakt

150. Cinema

ator (m)	актёр	aktyor
atriz (f)	актриса	aktrisa
cinema (m)	кино	kino
filme (m)	кинофилм	kinofilm
episódio (m)	серия	seriya
filme (m) policial	детектив	detektiv
filme (m) de ação	довруғи кетган кинофилм	dovrug'i ketgan kinofilm
filme (m) de aventuras	саргузашт филм	sarguzasht film
filme (m) de ficção científica	фантастик филм	fantastik film
filme (m) de horror	даҳшатли филм	dahshatli film
comédia (f)	кинокомедия	kinokomediya
melodrama (m)	мелодрама	melodrama
drama (m)	драма	drama
filme (m) de ficção	бадиий филм	badiiy film
documentário (m)	ҳужжатли филм	hujjatli film
desenho (m) animado	мултфилм	multfilm
cinema (m) mudo	овозсиз кино	ovozsiz kino
papel (m)	рол	rol
papel (m) principal	бош рол	bosh rol
representar (vt)	ўйнамоқ	o'ynamoq
estrela (f) de cinema	кино юлдузи	kino yulduzi
conhecido (adj)	таниқли	taniqli
famoso (adj)	машҳур	mashhur
popular (adj)	оммабоп	ommabop
roteiro (m)	сценарий	stsenariy
roteirista (m)	сценарийчи	stsenariychi
diretor (m) de cinema	режиссёр	rejissyor
produtor (m)	продюсер	prodyuser
assistente (m)	ассистент	assistent
diretor (m) de fotografia	оператор	operator
dublê (m)	каскадёр	kaskadyor
dublê (m) de corpo	дублёр	dublyor
filmar (vt)	филмни суратга олмоқ	filmni suratga olmoq
audição (f)	синовлар	sinovlar
filmagem (f)	суратга олиш	suratga olish
equipe (f) de filmagem	суратга олиш гуруҳи	suratga olish guruhi
set (m) de filmagem	суратга олиш майдончаси	suratga olish maydonchasi
câmera (f)	кинокамера	kinokamera
cinema (m)	кинотеатр	kinoteatr
tela (f)	екран	ekran
exibir um filme	филмни намойиш қилмоқ	filmni namoyish qilmoq
trilha (f) sonora	товуш йўлкачаси	tovush yo'lkachasi
efeitos (m pl) especiais	махсус еффектлар	maxsus effektlar

legendas (f pl)	субтитрлар	subtitrlar
crédito (m)	титрлар	titrlar
tradução (f)	таржима	tarjima

151. Pintura

arte (f)	санъат	san'at
belas-artes (f pl)	нафис санъат	nafis san'at
galeria (f) de arte	галерея	galereya
exibição (f) de arte	расмлар кўргазмаси	rasmlar ko'rgazmasi

pintura (f)	рассомлик	rassomlik
arte (f) gráfica	графика	grafika
arte (f) abstrata	абстракционизм	abstraktsionizm
impressionismo (m)	импрессионизм	impressionizm

pintura (f), quadro (m)	расм, сурат	rasm, surat
desenho (m)	расм	rasm
cartaz, pôster (m)	плакат	plakat

ilustração (f)	иллюстрация	illyustratsiya
miniatura (f)	миниатюра	miniatyura
cópia (f)	нусха	nusxa
reprodução (f)	репродукция	reproduktsiya

mosaico (m)	мозаика	mozaika
vitral (m)	витраж	vitraj
afresco (m)	фреска	freska
gravura (f)	гравюра	gravyura

busto (m)	бюст	byust
escultura (f)	ҳайкал	haykal
estátua (f)	ҳайкал	haykal
gesso (m)	гипс	gips
em gesso (adj)	гипсдан	gipsdan

retrato (m)	портрет	portret
autorretrato (m)	автопортрет	avtoportret
paisagem (f)	манзара	manzara
natureza (f) morta	натюрморт	natyurmort
caricatura (f)	карикатура	karikatura
esboço (m)	хомаки лойиҳа	xomaki loyiha

tinta (f)	бўёқ	bo'yoq
aquarela (f)	акварел бўёқ	akvarel bo'yoq
tinta (f) a óleo	мойбўёқ	moybo'yoq
lápis (m)	қалам	qalam
tinta (f) nanquim	туш	tush
carvão (m)	кўмир	ko'mir

desenhar (vt)	расм чизмоқ	rasm chizmoq
pintar (vt)	расм чизмоқ	rasm chizmoq
posar (vi)	бирор қиёфада турмоқ	biror qiyofada turmoq
modelo (m)	натурачи	naturachi

modelo (f)	натурачи	naturachi
pintor (m)	рассом	rassom
obra (f)	асар	asar
obra-prima (f)	шоҳ асар	shoh asar
estúdio (m)	устахона	ustaxona

tela (f)	холст	xolst
cavalete (m)	молберт	molbert
paleta (f)	палитра	palitra

moldura (f)	рамка	ramka
restauração (f)	реставрация	restavratsiya
restaurar (vt)	реставрация қилмоқ	restavratsiya qilmoq

152. Literatura & Poesia

literatura (f)	адабиёт	adabiyot
autor (m)	муаллиф	muallif
pseudônimo (m)	тахаллус	taxallus

livro (m)	китоб	kitob
volume (m)	жилд	jild
índice (m)	мундарижа	mundarija
página (f)	саҳифа	sahifa
protagonista (m)	бош қаҳрамон	bosh qahramon
autógrafo (m)	дастхат	dastxat

conto (m)	ҳикоя	hikoya
novela (f)	қисса	qissa
romance (m)	роман	roman
obra (f)	асар	asar
fábula (m)	масал	masal
romance (m) policial	детектив	detektiv

verso (m)	шеър	she'r
poesia (f)	шеърият	she'riyat
poema (m)	достон	doston
poeta (m)	шоир	shoir

ficção (f)	беллетристика	belletristika
ficção (f) científica	илмий фантастика	ilmiy fantastika
aventuras (f pl)	саргузашт	sarguzasht
literatura (f) didática	ўқув адабиёти	o'quv adabiyoti
literatura (f) infantil	болалар адабиёти	bolalar adabiyoti

153. Circo

circo (m)	сирк	sirk
circo (m) ambulante	сирк-шапито	sirk-shapito
programa (m)	дастур	dastur
apresentação (f)	томоша	tomosha
número (m)	номер	nomer

picadeiro (f)	арена	arena
pantomima (f)	пантомима	pantomima
palhaço (m)	машарабоз	masharaboz

acrobata (m)	акробат	akrobat
acrobacia (f)	акробатика	akrobatika
ginasta (m)	гимнаст	gimnast
ginástica (f)	гимнастика	gimnastika
salto (m) mortal	салто	salto

homem (m) forte	атлет	atlet
domador (m)	бўйсиндирувчи	bo'ysindiruvchi
cavaleiro (m) equilibrista	чавандоз	chavandoz
assistente (m)	ассистент	assistent

truque (m)	хунар	xunar
truque (m) de mágica	фокус	fokus
ilusionista (m)	фокусчи	fokuschi

malabarista (m)	жонглёр	jonglyor
fazer malabarismos	жонглёрлик қилмоқ	jonglyorlik qilmoq
adestrador (m)	ҳайвонларни ўргатувчи	hayvonlarni o'rgatuvchi
adestramento (m)	ҳайвонларни ўргатиш	hayvonlarni o'rgatish
adestrar (vt)	ҳайвонларни ўргатмоқ	hayvonlarni o'rgatmoq

154. Música. Música popular

música (f)	мусиқа	musiqa
músico (m)	мусиқачи	musiqachi
instrumento (m) musical	мусиқа асбоби	musiqa asbobi
tocar ...	... да ўйнамоқ	... da o'ynamoq

guitarra (f)	гитара	gitara
violino (m)	скрипка	skripka
violoncelo (m)	виолончел	violonchel
contrabaixo (m)	контрабас	kontrabas
harpa (f)	арфа	arfa

piano (m)	пианино	pianino
piano (m) de cauda	роял	royal
órgão (m)	орган	organ

instrumentos (m pl) de sopro	пуфлаб чалинадиган асбоблар	puflab chalinadigan asboblar
oboé (m)	гобой	goboy
saxofone (m)	саксофон	saksofon
clarinete (m)	кларнет	klarnet
flauta (f)	най	nay
trompete (m)	труба	truba

acordeão (m)	аккордеон	akkordeon
tambor (m)	дўмбира	do'mbira
dueto (m)	дует	duet
trio (m)	трио	trio

quarteto (m)	квартет	kvartet
coro (m)	хор	xor
orquestra (f)	оркестр	orkestr

música (f) pop	поп-мусиқа	pop-musiqa
música (f) rock	рок-мусиқа	rok-musiqa
grupo (m) de rock	рок-гурух	rok-guruh
jazz (m)	джаз	djaz

| ídolo (m) | санам | sanam |
| fã, admirador (m) | мухлис | muxlis |

concerto (m)	концерт	kontsert
sinfonia (f)	симфония	simfoniya
composição (f)	асар	asar
compor (vt)	ёзмоқ	yozmoq

canto (m)	қўшиқ айтиш	qo'shiq aytish
canção (f)	қўшиқ	qo'shiq
melodia (f)	мелодия	melodiya
ritmo (m)	ритм	ritm
blues (m)	блюз	blyuz

notas (f pl)	ноталар	notalar
batuta (f)	таёқча	tayoqcha
arco (m)	камонча	kamoncha
corda (f)	тор	tor
estojo (m)	ғилоф	g'ilof

Descanso. Entretenimento. Viagens

155. Viagens

turismo (m)	туризм	turizm
turista (m)	сайёх	sayyoh
viagem (f)	саёхат	sayohat
aventura (f)	саргузашт	sarguzasht
percurso (curta viagem)	сафарга бориб келиш	safarga borib kelish
férias (f pl)	таътил	ta'til
estar de férias	таътилга чиқмоқ	ta'tilga chiqmoq
descanso (m)	дам олиш	dam olish
trem (m)	поезд	poezd
de trem (chegar ~)	поездда	poezdda
avião (m)	самолёт	samolyot
de avião	самолётда	samolyotda
de carro	автомобилда	avtomobilda
de navio	кемада	kemada
bagagem (f)	юк	yuk
mala (f)	чамадон	chamadon
carrinho (m)	чамадон учун аравача	chamadon uchun aravacha
passaporte (m)	паспорт	pasport
visto (m)	виза	viza
passagem (f)	чипта	chipta
passagem (f) aérea	авиачипта	aviachipta
guia (m) de viagem	йўлкўрсаткич	yo'lko'rsatkich
mapa (m)	харита	xarita
área (f)	жой	joy
lugar (m)	жой	joy
exotismo (m)	екзотика	ekzotika
exótico (adj)	екзотик	ekzotik
surpreendente (adj)	ажойиб	ajoyib
grupo (m)	гурух	guruh
excursão (f)	екскурсия	ekskursiya
guia (m)	екскурсия рахбари	ekskursiya rahbari

156. Hotel

hotel (m)	мехмонхона	mehmonxona
motel (m)	мотел	motel
três estrelas	уч юлдуз	uch yulduz

cinco estrelas	беш юлдуз	besh yulduz
ficar (vi, vt)	тўхтамоқ	to'xtamoq
quarto (m)	номер, хона	nomer, xona
quarto (m) individual	бир ўринли номер	bir o'rinli nomer
quarto (m) duplo	икки ўринли номер	ikki o'rinli nomer
reservar um quarto	номерни банд қилмоқ	nomerni band qilmoq
meia pensão (f)	ярим пансион	yarim pansion
pensão (f) completa	тўлиқ пансион	to'liq pansion
com banheira	ваннаси билан	vannasi bilan
com chuveiro	души билан	dushi bilan
televisão (m) por satélite	спутник телевиденияси	sputnik televideniyasi
ar (m) condicionado	кондиционер	konditsioner
toalha (f)	сочиқ	sochiq
chave (f)	калит	kalit
administrador (m)	маъмур	ma'mur
camareira (f)	ходима	xodima
bagageiro (m)	ҳаммол	hammol
porteiro (m)	порте	porte
restaurante (m)	ресторан	restoran
bar (m)	бар	bar
café (m) da manhã	нонушта	nonushta
jantar (m)	кечки овқат	kechki ovqat
bufê (m)	швед столи	shved stoli
saguão (m)	вестибюл	vestibyul
elevador (m)	лифт	lift
NÃO PERTURBE	БЕЗОВТА ҚИЛИНМАСИН!	BEZOVTA QILINMASIN!
PROIBIDO FUMAR!	СҲЕКИЛМАСИН!	CHEKILMASIN!

157. Livros. Leitura

livro (m)	китоб	kitob
autor (m)	муаллиф	muallif
escritor (m)	ёзувчи	yozuvchi
escrever (~ um livro)	ёзмоқ	yozmoq
leitor (m)	китобхон	kitobxon
ler (vt)	ўқимоқ	o'qimoq
leitura (f)	ўқиш	o'qish
para si	ичида	ichida
em voz alta	овоз чиқариб	ovoz chiqarib
publicar (vt)	нашр қилмоқ	nashr qilmoq
publicação (f)	нашр	nashr
editor (m)	ношир	noshir
editora (f)	нашриёт	nashriyot
sair (vi)	чиқмоқ	chiqmoq

lançamento (m)	чиқиш	chiqish
tiragem (f)	тираж	tiraj
livraria (f)	китоб дўкони	kitob do'koni
biblioteca (f)	кутубхона	kutubxona
novela (f)	қисса	qissa
conto (m)	ҳикоя	hikoya
romance (m)	роман	roman
romance (m) policial	детектив	detektiv
memórias (f pl)	мемуарлар	memuarlar
lenda (f)	ривоят	rivoyat
mito (m)	афсона	afsona
poesia (f)	шеър	she'r
autobiografia (f)	таржимаи ҳол	tarjimai hol
obras (f pl) escolhidas	сайланма	saylanma
ficção (f) científica	илмий фантастика	ilmiy fantastika
título (m)	номи	nomi
introdução (f)	кириш	kirish
folha (f) de rosto	титул вараги	titul varag'i
capítulo (m)	боб	bob
excerto (m)	парча	parcha
episódio (m)	епизод	epizod
enredo (m)	сюжет	syujet
conteúdo (m)	мундарижа	mundarija
índice (m)	мундарижа	mundarija
protagonista (m)	бош қаҳрамон	bosh qahramon
volume (m)	жилд	jild
capa (f)	муқова	muqova
encadernação (f)	муқовалаш	muqovalash
marcador (m) de página	хатчўп	xatcho'p
página (f)	саҳифа	sahifa
folhear (vt)	варақлаш	varaqlash
margem (f)	ҳошия	hoshiya
anotação (f)	белги	belgi
nota (f) de rodapé	изоҳ	izoh
texto (m)	матн	matn
fonte (f)	шрифт	shrift
falha (f) de impressão	теришда йўл	terishda yo'l
	қўйилган хато	qo'yilgan xato
tradução (f)	таржима	tarjima
traduzir (vt)	таржима қилмоқ	tarjima qilmoq
original (m)	асл	asl
famoso (adj)	машҳур	mashhur
desconhecido (adj)	номаълум	noma'lum
interessante (adj)	қизиқарли	qiziqarli

best-seller (m)	бесцеллер	bestseller
dicionário (m)	луғат	lug'at
livro (m) didático	дарслик	darslik
enciclopédia (f)	енциклопедия	entsiklopediya

158. Caça. Pesca

caça (f)	ов	ov
caçar (vi)	ов қилмоқ	ov qilmoq
caçador (m)	овчи	ovchi

disparar, atirar (vi)	отмоқ	otmoq
rifle (m)	милтиқ	miltiq
cartucho (m)	патрон	patron
chumbo (m) de caça	питра	pitra

armadilha (f)	қопқон	qopqon
armadilha (com corda)	тузоқ	tuzoq
cair na armadilha	қопқонга тушмоқ	qopqonga tushmoq
pôr a armadilha	қопқон қўймоқ	qopqon qo'ymoq

caçador (m) furtivo	браконер	brakoner
caça (animais)	илвасин	ilvasin
cão (m) de caça	овчи ит	ovchi it
safári (m)	сафари	safari
animal (m) empalhado	тулум	tulum

pescador (m)	балиқчи	baliqchi
pesca (f)	балиқ ови	baliq ovi
pescar (vt)	балиқ овламоқ	baliq ovlamoq

vara (f) de pesca	қармоқ	qarmoq
linha (f) de pesca	қармоқ ипи	qarmoq ipi
anzol (m)	илгак	ilgak
boia (f), flutuador (m)	пўкак	po'kak
isca (f)	хўрак	xo'rak

| lançar a linha | қармоқ ташламоқ | qarmoq tashlamoq |
| morder (peixe) | чўқиламоқ | cho'qilamoq |

| pesca (f) | овланган нарсалар | ovlangan narsalar |
| buraco (m) no gelo | муздаги ўйиқ | muzdagi o'yiq |

| rede (f) | тўр | to'r |
| barco (m) | қайиқ | qayiq |

pescar com rede	тўр билан овламоқ	to'r bilan ovlamoq
lançar a rede	тўр ташламоқ	to'r tashlamoq
puxar a rede	тўрни кўтармоқ	to'rni ko'tarmoq
cair na rede	тўрга илинмоқ	to'rga ilinmoq

baleeiro (m)	кит овловчи	kit ovlovchi
baleeira (f)	кит овловчи кема	kit ovlovchi kema
arpão (m)	гарпун	garpun

159. Jogos. Bilhar

bilhar (m)	билярд	bilyard
sala (f) de bilhar	билярдхона	bilyardxona
bola (f) de bilhar	билярд шари	bilyard shari
embolsar uma bola	шарни уриб киритмоқ	sharni urib kiritmoq
taco (m)	кий	kiy
caçapa (f)	луза	luza

160. Jogos. Jogar cartas

ouros (m pl)	ғиштин	g'ishtin
espadas (f pl)	қарға	qarg'a
copas (f pl)	таппон	tappon
paus (m pl)	чиллик	chillik
ás (m)	туз	tuz
rei (m)	қирол	qirol
dama (f), rainha (f)	мотка	motka
valete (m)	саллот	sallot
carta (f) de jogar	қарта	qarta
cartas (f pl)	қарталар	qartalar
trunfo (m)	кузир	kuzir
baralho (m)	қарта дастаси	qarta dastasi
ponto (m)	очко	ochko
dar, distribuir (vt)	улашмоқ	ulashmoq
embaralhar (vt)	чийламоқ	chiylamoq
vez, jogada (f)	юриш	yurish
trapaceiro (m)	ғиррром	g'irrom

161. Casino. Roleta

cassino (m)	казино	kazino
roleta (f)	рулетка	ruletka
aposta (f)	тикилган пул	tikilgan pul
apostar (vt)	пул тикмоқ	pul tikmoq
vermelho (m)	қизил	qizil
preto (m)	қора	qora
apostar no vermelho	қизилга тикмоқ	qizilga tikmoq
apostar no preto	қорага тикмоқ	qoraga tikmoq
croupier (m, f)	крупе	krupe
girar da roleta	барабанни айлантириш	barabanni aylantirish
regras (f pl) do jogo	ўйин қоидалари	o'yin qoidalari
ficha (f)	соққа	soqqa
ganhar (vi, vt)	ютиб олмоқ	yutib olmoq
ganho (m)	ютуқ	yutuq

| perder (dinheiro) | ютқизмоқ | yutqizmoq |
| perda (f) | ютқизиқ | yutqiziq |

jogador (m)	ўйинчи	o'yinchi
blackjack, vinte-e-um (m)	блек джек	blek djek
jogo (m) de dados	ошиқ ўйини	oshiq o'yini
dados (m pl)	ошиқлар	oshiqlar
caça-níqueis (m)	ўйин автомати	o'yin avtomati

162. Descanso. Jogos. Diversos

passear (vi)	сайр қилмоқ	sayr qilmoq
passeio (m)	сайр	sayr
viagem (f) de carro	сайр	sayr
aventura (f)	саргузашт	sarguzasht
piquenique (m)	боғ сайри	bog' sayri

jogo (m)	ўйин	o'yin
jogador (m)	ўйинчи	o'yinchi
partida (f)	партия	partiya

colecionador (m)	коллекционер	kollektsioner
colecionar (vt)	коллекция йиғмоқ	kollektsiya yig'moq
coleção (f)	коллекция	kollektsiya

palavras (f pl) cruzadas	кроссворд	krossvord
hipódromo (m)	ипподром	ippodrom
discoteca (f)	дискотека	diskoteka

| sauna (f) | сауна | sauna |
| loteria (f) | лотерея | lotereya |

campismo (m)	сафар	safar
acampamento (m)	қароргоҳ	qarorgoh
barraca (f)	чодир	chodir
bússola (f)	компас	kompas
campista (m)	турист	turist

ver (vt), assistir à ...	кўрмоқ	ko'rmoq
telespectador (m)	телетомошабин	teletomoshabin
programa (m) de TV	телеешиттириш	teleeshittirish

163. Fotografia

| máquina (f) fotográfica | фотоаппарат | fotoapparat |
| foto, fotografia (f) | фото | foto |

fotógrafo (m)	фотосуратчи	fotosuratchi
estúdio (m) fotográfico	фотостудия	fotostudiya
álbum (m) de fotografias	фотоалбом	fotoalbom
lente (f) fotográfica	объектив	ob'ektiv
lente (f) teleobjetiva	телеобъектив	teleob'ektiv

filtro (m)	филтр	filtr
lente (f)	линза	linza

ótica (f)	оптика	optika
abertura (f)	диафрагма	diafragma
exposição (f)	видержка	viderjka
visor (m)	видоискател	vidoiskatel

câmera (f) digital	рақамли камера	raqamli kamera
tripé (m)	штатив	shtativ
flash (m)	вспишка	vspishka

fotografar (vt)	фотосурат олмоқ	fotosurat olmoq
tirar fotos	суратга олмоқ	suratga olmoq
fotografar-se (vr)	суратга тушмоқ	suratga tushmoq

foco (m)	равшанлик	ravshanlik
focar (vt)	равшанликни созлаш	ravshanlikni sozlash
nítido (adj)	равшан	ravshan
nitidez (f)	равшанлик	ravshanlik

contraste (m)	контраст	kontrast
contrastante (adj)	контрастли	kontrastli

retrato (m)	сурат	surat
negativo (m)	негатив	negativ
filme (m)	фотоплёнка	fotoplyonka
fotograma (m)	кадр	kadr
imprimir (vt)	босмоқ	bosmoq

164. Praia. Natação

praia (f)	пляж	plyaj
areia (f)	қум	qum
deserto (adj)	чўлга ўхшаган	cho'lga o'xshagan

bronzeado (m)	офтобда қорайиш	oftobda qorayish
bronzear-se (vr)	офтобда қораймоқ	oftobda qoraymoq
bronzeado (adj)	офтобда қорайган	oftobda qoraygan
protetor (m) solar	қорайиш учун крем	qorayish uchun krem

biquíni (m)	бикини	bikini
maiô (m)	купалник	kupalnik
calção (m) de banho	плавка	plavka

piscina (f)	ҳовуз	hovuz
nadar (vi)	сузмоқ	suzmoq
chuveiro (m), ducha (f)	душ	dush
mudar, trocar (vt)	кийим алмаштирмоқ	kiyim almashtirmoq
toalha (f)	сочиқ	sochiq

barco (m)	қайиқ	qayiq
lancha (f)	катер	kater
esqui (m) aquático	сув чанғиси	suv chang'isi

barco (m) de pedais	сув велосипеди	suv velosipedi
surf, surfe (m)	серфинг	serfing
surfista (m)	серфингчи	serfingchi
equipamento (m) de mergulho	акваланг	akvalang
pé (m pl) de pato	ласта	lasta
máscara (f)	маска	maska
mergulhador (m)	шўнғувчи	sho'ng'uvchi
mergulhar (vi)	шўнғимоқ	sho'ng'imoq
debaixo d'água	сув остида	suv ostida
guarda-sol (m)	соябон	soyabon
espreguiçadeira (f)	шезлонг	shezlong
óculos (m pl) de sol	кўзойнак	ko'zoynak
colchão (m) de ar	сузиш учун матрац	suzish uchun matrats
brincar (vi)	ўйнамоқ	o'ynamoq
ir nadar	чўмилмоқ	cho'milmoq
bola (f) de praia	тўп	to'p
encher (vt)	шиширмоқ	shishirmoq
inflável (adj)	шишириладиган	shishiriladigan
onda (f)	тўлқин	to'lqin
boia (f)	буй	buy
afogar-se (vr)	чўкмоқ	cho'kmoq
salvar (vt)	қутқармоқ	qutqarmoq
colete (m) salva-vidas	қутқарув жилети	qutqaruv jileti
observar (vt)	кузатмоқ	kuzatmoq
salva-vidas (pessoa)	қутқарувчи	qutqaruvchi

EQUIPAMENTO TÉCNICO. TRANSPORTES

Equipamento técnico. Transportes

165. Computador

computador (m)	компютер	kompyuter
computador (m) portátil	ноутбук	noutbuk
ligar (vt)	ёқмоқ	yoqmoq
desligar (vt)	ўчирмоқ	o'chirmoq
teclado (m)	клавиатура	klaviatura
tecla (f)	клавиша	klavisha
mouse (m)	сичқон	sichqon
tapete (m) para mouse	гиламча	gilamcha
botão (m)	тугма	tugma
cursor (m)	курсор	kursor
monitor (m)	монитор	monitor
tela (f)	экран	ekran
disco (m) rígido	қаттиқ диск	qattiq disk
capacidade (f) do disco rígido	қаттиқ диск хотирасининг ҳажми	qattiq disk xotirasining hajmi
memória (f)	хотира	xotira
memória RAM (f)	оператив хотира	operativ xotira
arquivo (m)	файл	fayl
pasta (f)	папка	papka
abrir (vt)	очмоқ	ochmoq
fechar (vt)	ёпмоқ	yopmoq
salvar (vt)	сақламоқ	saqlamoq
deletar (vt)	йўқ қилмоқ	yo'q qilmoq
copiar (vt)	нусха кўчирмоқ	nusxa ko'chirmoq
ordenar (vt)	сараламоқ	saralamoq
copiar (vt)	қайта ёзмоқ	qayta yozmoq
programa (m)	дастур	dastur
software (m)	дастурий таъминот	dasturiy ta'minot
programador (m)	дастурчи	dasturchi
programar (vt)	дастурлаштирмоқ	dasturlashtirmoq
hacker (m)	хакер	xaker
senha (f)	парол	parol
vírus (m)	вирус	virus
detectar (vt)	аниқламоқ	aniqlamoq

byte (m)	байт	bayt
megabyte (m)	мегабайт	megabayt
dados (m pl)	маълумотлар	ma'lumotlar
base (f) de dados	маълумотлар базаси	ma'lumotlar bazasi
cabo (m)	кабел	kabel
desconectar (vt)	ажратмоқ	ajratmoq
conectar (vt)	уламоқ	ulamoq

166. Internet. E-mail

internet (f)	интернет	internet
browser (m)	браузер	brauzer
motor (m) de busca	қидирув ресурси	qidiruv resursi
provedor (m)	провайдер	provayder
webmaster (m)	веб-мастер	veb-master
website (m)	веб-сайт	veb-sayt
web page (f)	веб-саҳифа	veb-sahifa
endereço (m)	манзил	manzil
livro (m) de endereços	манзил китоби	manzil kitobi
caixa (f) de correio	почта қутиси	pochta qutisi
correio (m)	почта	pochta
cheia (caixa de correio)	тўлиб кетган	to'lib ketgan
mensagem (f)	хабар	xabar
mensagens (f pl) recebidas	кирувчи хабарлар	kiruvchi xabarlar
mensagens (f pl) enviadas	чиқувчи хабарлар	chiquvchi xabarlar
remetente (m)	юборувчи	yuboruvchi
enviar (vt)	жўнатмоқ	jo'natmoq
envio (m)	жўнатиш	jo'natish
destinatário (m)	олувчи	oluvchi
receber (vt)	олмоқ	olmoq
correspondência (f)	ёзишма	yozishma
corresponder-se (vr)	ёзишмоқ	yozishmoq
arquivo (m)	файл	fayl
fazer download, baixar (vt)	кўчирмоқ	ko'chirmoq
criar (vt)	яратмоқ	yaratmoq
deletar (vt)	йўқ қилмоқ	yo'q qilmoq
deletado (adj)	йўқ қилинган	yo'q qilingan
conexão (f)	алоқа	aloqa
velocidade (f)	тезлик	tezlik
modem (m)	модем	modem
acesso (m)	кириш имконияти	kirish imkoniyati
porta (f)	порт	port
conexão (f)	уланиш	ulanish

conectar (vi)	уланмоқ	ulanmoq
escolher (vt)	танламоқ	tanlamoq
buscar (vt)	изламоқ	izlamoq

167. Eletricidade

eletricidade (f)	електр	elektr
elétrico (adj)	електр	elektr
planta (f) elétrica	електр станцияси	elektr stantsiyasi
energia (f)	енергия	energiya
energia (f) elétrica	електр енергияси	elektr energiyasi

lâmpada (f)	лампочка	lampochka
lanterna (f)	фонар	fonar
poste (m) de iluminação	фонар	fonar

luz (f)	ёруғлик	yorug'lik
ligar (vt)	ёқмоқ	yoqmoq
desligar (vt)	ўчирмоқ	o'chirmoq
apagar a luz	чироқни ёқмоқ	chiroqni yoqmoq

queimar (vi)	куйиб кетмоқ	kuyib ketmoq
curto-circuito (m)	қисқа туташув	qisqa tutashuv
ruptura (f)	узилиш	uzilish
contato (m)	контакт	kontakt

interruptor (m)	улатгич	ulatgich
tomada (de parede)	розетка	rozetka
plugue (m)	вилка	vilka
extensão (f)	узайтиргич	uzaytirgich

fusível (m)	сақлагич	saqlagich
fio, cabo (m)	сим	sim
instalação (f) elétrica	електр сими	elektr simi

ampère (m)	ампер	amper
amperagem (f)	ток кучи	tok kuchi
volt (m)	волт	volt
voltagem (f)	кучланиш	kuchlanish

| aparelho (m) elétrico | електр асбоби | elektr asbobi |
| indicador (m) | индикатор | indikator |

eletricista (m)	електрик	elektrik
soldar (vt)	кавшарламоқ	kavsharlamoq
soldador (m)	кавшарлагич	kavsharlagich
corrente (f) elétrica	ток	tok

168. Ferramentas

| ferramenta (f) | асбоб | asbob |
| ferramentas (f pl) | асбоблар | asboblar |

equipamento (m)	асбоб-ускуна	asbob-uskuna
martelo (m)	болға	bolg'a
chave (f) de fenda	отвёртка	otvyortka
machado (m)	болта	bolta
serra (f)	арра	arra
serrar (vt)	арраламоқ	arralamoq
plaina (f)	ранда	randa
aplainar (vt)	рандаламоқ	randalamoq
soldador (m)	кавшарлагич	kavsharlagich
soldar (vt)	кавшарламоқ	kavsharlamoq
lima (f)	егов	egov
tenaz (f)	омбир	ombir
alicate (m)	ясси омбир	yassi ombir
formão (m)	искана	iskana
broca (f)	парма	parma
furadeira (f) elétrica	дрел	drel
furar (vt)	пармаламоқ	parmalamoq
faca (f)	пичоқ	pichoq
lâmina (f)	тиғ	tig'
afiado (adj)	ўткир	o'tkir
cego (adj)	ўтмас	o'tmas
embotar-se (vr)	ўтмаслашмоқ	o'tmaslashmoq
afiar, amolar (vt)	чархламоқ	charxlamoq
parafuso (m)	болт	bolt
porca (f)	гайка	gayka
rosca (f)	резба	rezba
parafuso (para madeira)	шуруп	shurup
prego (m)	мих	mix
cabeça (f) do prego	қалпоқ	qalpoq
régua (f)	чизғич	chizg'ich
fita (f) métrica	рулетка	ruletka
nível (m)	шайтон	shayton
lupa (f)	лупа	lupa
medidor (m)	ўлчов асбоби	o'lchov asbobi
medir (vt)	ўлчаш	o'lchash
escala (f)	шкала	shkala
indicação (f), registro (m)	кўрсатиш	ko'rsatish
compressor (m)	компрессор	kompressor
microscópio (m)	микроскоп	mikroskop
bomba (f)	насос	nasos
robô (m)	робот	robot
laser (m)	лазер	lazer
chave (f) de boca	гайка калити	gayka kaliti
fita (f) adesiva	тасма-скотч	tasma-skotch

cola (f)	елим	elim
lixa (f)	қумқоғоз	qumqog'oz
mola (f)	пружина	prujina
ímã (m)	магнит	magnit
luva (f)	қўлқоплар	qo'lqoplar

corda (f)	арқон	arqon
cabo (~ de nylon, etc.)	чилвир	chilvir
fio (m)	сим	sim
cabo (~ elétrico)	кабел	kabel

marreta (f)	босқон	bosqon
pé de cabra (m)	лом	lom
escada (f) de mão	нарвон	narvon
escada (m)	икки ёққа очиладиган нарвон	ikki yoqqa ochiladigan narvon

enroscar (vt)	бураб қотирмоқ	burab qotirmoq
desenroscar (vt)	бураб очмоқ	burab ochmoq
apertar (vt)	қисмоқ	qismoq
colar (vt)	ёпиштирмоқ	yopishtirmoq
cortar (vt)	кесмоқ	kesmoq

falha (f)	бузилганлик	buzilganlik
conserto (m)	тузатиш	tuzatish
consertar, reparar (vt)	таъмирламоқ	ta'mirlamoq
regular, ajustar (vt)	созламоқ	sozlamoq

verificar (vt)	текширмоқ	tekshirmoq
verificação (f)	текширув	tekshiruv
indicação (f), registro (m)	кўрсатиш	ko'rsatish

| seguro (adj) | ишончли | ishonchli |
| complicado (adj) | мураккаб | murakkab |

enferrujar (vi)	зангламоқ	zanglamoq
enferrujado (adj)	занглаган	zanglagan
ferrugem (f)	занг	zang

Transportes

169. Avião

avião (m)	самолёт	samolyot
passagem (f) aérea	авиачипта	aviachipta
companhia (f) aérea	авиакомпания	aviakompaniya
aeroporto (m)	аэропорт	aeroport
supersônico (adj)	товушдан тез	tovushdan tez
comandante (m) do avião	кема командири	kema komandiri
tripulação (f)	екипаж	ekipaj
piloto (m)	учувчи	uchuvchi
aeromoça (f)	стюардесса	styuardessa
copiloto (m)	штурман	shturman
asas (f pl)	қанотлар	qanotlar
cauda (f)	дум	dum
cabine (f)	кабина	kabina
motor (m)	двигател	dvigatel
trem (m) de pouso	шасси	shassi
turbina (f)	турбина	turbina
hélice (f)	пропеллер	propeller
caixa-preta (f)	қора яшик	qora yashik
coluna (f) de controle	штурвал	shturval
combustível (m)	ёқилғи	yoqilg'i
instruções (f pl) de segurança	инструкция	instruktsiya
máscara (f) de oxigênio	кислород маскаси	kislorod maskasi
uniforme (m)	униформа	uniforma
colete (m) salva-vidas	қутқарув жилети	qutqaruv jileti
paraquedas (m)	парашют	parashyut
decolagem (f)	учиш	uchish
descolar (vi)	учиб чиқмоқ	uchib chiqmoq
pista (f) de decolagem	учиш майдони	uchish maydoni
visibilidade (f)	кўриниш	ko'rinish
voo (m)	парвоз	parvoz
altura (f)	баландлик	balandlik
poço (m) de ar	ҳаво ўпқони	havo o'pqoni
assento (m)	ўрин	o'rin
fone (m) de ouvido	наушниклар	naushniklar
mesa (f) retrátil	қайтарма столча	qaytarma stolcha
janela (f)	иллюминатор	illyuminator
corredor (m)	ўтиш йўли	o'tish yo'li

170. Comboio

trem (m)	поезд	poezd
trem (m) elétrico	електр поезди	elektr poezdi
trem (m)	тезюрар поезд	tezyurar poezd
locomotiva (f) diesel	тепловоз	teplovoz
locomotiva (f) a vapor	паровоз	parovoz
vagão (f) de passageiros	вагон	vagon
vagão-restaurante (m)	вагон-ресторан	vagon-restoran
carris (m pl)	релслар	relslar
estrada (f) de ferro	темир йўл	temir yo'l
travessa (f)	шпала	shpala
plataforma (f)	платформа	platforma
linha (f)	йўл	yo'l
semáforo (m)	семафор	semafor
estação (f)	станция	stantsiya
maquinista (m)	машинист	mashinist
bagageiro (m)	ҳаммол	hammol
hospedeiro, -a (m, f)	проводник	provodnik
passageiro (m)	йўловчи	yo'lovchi
revisor (m)	назоратчи	nazoratchi
corredor (m)	йўлак	yo'lak
freio (m) de emergência	стоп-кран	stop-kran
compartimento (m)	купе	kupe
cama (f)	полка	polka
cama (f) de cima	юқори полка	yuqori polka
cama (f) de baixo	пастки полка	pastki polka
roupa (f) de cama	чойшаб	choyshab
passagem (f)	чипта	chipta
horário (m)	жадвал	jadval
painel (m) de informação	табло	tablo
partir (vt)	жўнамоқ	jo'namoq
partida (f)	жўнаш	jo'nash
chegar (vi)	етиб келмоқ	etib kelmoq
chegada (f)	етиб келиш	etib kelish
chegar de trem	поезда келмоқ	poezda kelmoq
pegar o trem	поедга ўтирмоқ	poedga o'tirmoq
descer de trem	поезддан тушмоқ	poezddan tushmoq
acidente (m) ferroviário	ҳалокат	halokat
descarrilar (vi)	релслардан чиқиб кетмоқ	relslardan chiqib ketmoq
locomotiva (f) a vapor	паровоз	parovoz
foguista (m)	ўтёқар	o'tyoqar
fornalha (f)	ўтхона	o'txona
carvão (m)	кўмир	ko'mir

171. Barco

navio (m)	кема	kema
embarcação (f)	кема	kema
barco (m) a vapor	пароход	paroxod
barco (m) fluvial	теплоход	teploxod
transatlântico (m)	лайнер	layner
cruzeiro (m)	крейсер	kreyser
iate (m)	яхта	yaxta
rebocador (m)	шатакчи кема	shatakchi kema
barcaça (f)	баржа	barja
ferry (m)	паром	parom
veleiro (m)	елканли кема	elkanli kema
bergantim (m)	бригантина	brigantina
quebra-gelo (m)	музёрар	muzyorar
submarino (m)	сув ости кемаси	suv osti kemasi
bote, barco (m)	қайиқ	qayiq
baleeira (bote salva-vidas)	шлюпка	shlyupka
bote (m) salva-vidas	қутқарув шлюпкаси	qutqaruv shlyupkasi
lancha (f)	катер	kater
capitão (m)	капитан	kapitan
marinheiro (m)	матрос	matros
marujo (m)	денгизчи	dengizchi
tripulação (f)	екипаж	ekipaj
contramestre (m)	боцман	botsman
grumete (m)	юнга	yunga
cozinheiro (m) de bordo	кок	kok
médico (m) de bordo	кема врачи	kema vrachi
convés (m)	палуба	paluba
mastro (m)	мачта	machta
vela (f)	елкан	elkan
porão (m)	трюм	tryum
proa (f)	тумшуқ	tumshuq
popa (f)	қуйруқ	quyruq
remo (m)	ешкак	eshkak
hélice (f)	винт	vint
cabine (m)	каюта	kayuta
sala (f) dos oficiais	кают-компания	kayut-kompaniya
sala (f) das máquinas	машина бўлинмаси	mashina bo'linmasi
ponte (m) de comando	капитан кўприкчаси	kapitan ko'prikchasi
sala (f) de comunicações	радиорубка	radiorubka
onda (f)	тўлқин	to'lqin
diário (m) de bordo	кема журнали	kema jurnali
luneta (f)	узун дурбин	uzun durbin
sino (m)	қўнғироқ	qo'ng'iroq

bandeira (f)	байроқ	bayroq
cabo (m)	йўғон арқон	yo'g'on arqon
nó (m)	тугун	tugun

corrimão (m)	тутқич	tutqich
prancha (f) de embarque	трап	trap

âncora (f)	лангар	langar
recolher a âncora	лангар кўтармоқ	langar ko'tarmoq
jogar a âncora	лангар ташламоқ	langar tashlamoq
amarra (corrente de âncora)	лангар занжири	langar zanjiri

porto (m)	порт	port
cais, amarradouro (m)	причал	prichal
atracar (vi)	келиб тўхтамоқ	kelib to'xtamoq
desatracar (vi)	жўнамоқ	jo'namoq

viagem (f)	саёхат	sayohat
cruzeiro (m)	денгиз саёхати	dengiz sayohati
rumo (m)	курс	kurs
itinerário (m)	маршрут	marshrut

canal (m) de navegação	фарватер	farvater
banco (m) de areia	саёзлик	sayozlik
encalhar (vt)	саёзликка ўтирмоқ	sayozlikka o'tirmoq

tempestade (f)	довул	dovul
sinal (m)	сигнал	signal
afundar-se (vr)	чўкмоқ	cho'kmoq
Homem ao mar!	сувда одам бор!	suvda odam bor!
SOS	СОС!	SOS!
boia (f) salva-vidas	қутқариш халқаси	qutqarish halqasi

172. Aeroporto

aeroporto (m)	аеропорт	aeroport
avião (m)	самолёт	samolyot
companhia (f) aérea	авиакомпания	aviakompaniya
controlador (m) de tráfego aéreo	диспетчер	dispetcher

partida (f)	учиб кетиш	uchib ketish
chegada (f)	учиб келиш	uchib kelish
chegar (vi)	учиб келмоқ	uchib kelmoq

hora (f) de partida	учиб кетиш вақти	uchib ketish vaqti
hora (f) de chegada	учиб келиш вақти	uchib kelish vaqti

estar atrasado	кечикмоқ	kechikmoq
atraso (m) de voo	учиб кетишнинг кечикиши	uchib ketishning kechikishi

painel (m) de informação	маълумотлар таблоси	ma'lumotlar tablosi
informação (f)	маълумот	ma'lumot
anunciar (vt)	еълон қилмоқ	e'lon qilmoq

153

voo (m)	рейс	reys
alfândega (f)	божхона	bojxona
funcionário (m) da alfândega	божхона ходими	bojxona xodimi

declaração (f) alfandegária	декларация	deklaratsiya
preencher (vt)	тўлдирмоқ	to'ldirmoq
preencher a declaração	декларация тўлдирмоқ	deklaratsiya to'ldirmoq
controle (m) de passaporte	паспорт назорати	pasport nazorati

bagagem (f)	юк	yuk
bagagem (f) de mão	қўл юки	qo'l yuki
carrinho (m)	аравача	aravacha

pouso (m)	қўниш	qo'nish
pista (f) de pouso	қўниш майдони	qo'nish maydoni
aterrissar (vi)	қўнмоқ	qo'nmoq
escada (f) de avião	трап	trap

check-in (m)	рўйхатдан ўтиш	ro'yxatdan o'tish
balcão (m) do check-in	рўйхатдан ўтиш жойи	ro'yxatdan o'tish joyi
fazer o check-in	рўйхатдан ўтмоқ	ro'yxatdan o'tmoq
cartão (m) de embarque	чиқиш талони	chiqish taloni
portão (m) de embarque	чиқиш	chiqish

trânsito (m)	транзит	tranzit
esperar (vi, vt)	кутмоқ	kutmoq
sala (f) de espera	кутиш зали	kutish zali
despedir-se (acompanhar)	кузатмоқ	kuzatmoq
despedir-se (dizer adeus)	хайрлашмоқ	xayrlashmoq

173. Bicicleta. Motocicleta

bicicleta (f)	велосипед	velosiped
lambreta (f)	мотороллер	motoroller
moto (f)	мотоцикл	mototsikl

ir de bicicleta	велосипедда юрмоқ	velosipedda yurmoq
guidão (m)	рул	rul
pedal (m)	педал	pedal
freios (m pl)	тормозлар	tormozlar
banco, selim (m)	егар	egar

bomba (f)	насос	nasos
bagageiro (m) de teto	юкхона	yukxona
lanterna (f)	фонар	fonar
capacete (m)	шлем	shlem

roda (f)	ғилдирак	g'ildirak
para-choque (m)	қанот	qanot
aro (m)	гардиш	gardish
raio (m)	кегай	kegay

Carros

174. Tipos de carros

carro, automóvel (m)	автомобил	avtomobil
carro (m) esportivo	спорт автомобили	sport avtomobili
limusine (f)	лимузин	limuzin
todo o terreno (m)	внедорожник	vnedorojnik
conversível (m)	кабриолет	kabriolet
minibus (m)	микроавтобус	mikroavtobus
ambulância (f)	тез ёрдам	tez yordam
limpa-neve (m)	қор куровчи машина	qor kurovchi mashina
caminhão (m)	юк машинаси	yuk mashinasi
caminhão-tanque (m)	бензин ташийдиган машина	benzin tashiydigan mashina
perua, van (f)	фургон	furgon
caminhão-trator (m)	шатакчи машина	shatakchi mashina
reboque (m)	тиркама	tirkama
confortável (adj)	қулай	qulay
usado (adj)	тутилган	tutilgan

175. Carros. Carroçaria

capô (m)	капот	kapot
para-choque (m)	қанот	qanot
teto (m)	том	tom
para-brisa (m)	шамол тўсадиган ойна	shamol to'sadigan oyna
retrovisor (m)	орқа кўриниш кўзгуси	orqa ko'rinish ko'zgusi
esguicho (m)	ойна ювгич	oyna yuvgich
limpadores (m) de para-brisas	ойна тозалагичлар	oyna tozalagichlar
vidro (m) lateral	ён ойна	yon oyna
elevador (m) do vidro	ойна кўтаргич	oyna ko'targich
antena (f)	антенна	antenna
teto (m) solar	люк	lyuk
para-choque (m)	бампер	bamper
porta-malas (f)	юкхона	yukxona
bagageira (f)	багажник	bagajnik
porta (f)	ешик	eshik
maçaneta (f)	тутқич	tutqich
fechadura (f)	қулф	qulf
placa (f)	номер	nomer

silenciador (m)	глушител	glushitel
tanque (m) de gasolina	бензобак	benzobak
tubo (m) de exaustão	ишланган газлар трубаси	ishlangan gazlar trubasi

acelerador (m)	газ	gaz
pedal (m)	педал	pedal
pedal (m) do acelerador	газ педали	gaz pedali

freio (m)	тормоз	tormoz
pedal (m) do freio	тормоз педали	tormoz pedali
frear (vt)	тормоз бермоқ	tormoz bermoq
freio (m) de mão	тўхтаб туриш тормози	to'xtab turish tormozi

embreagem (f)	сцепление	stseplenie
pedal (m) da embreagem	сцепление педали	stseplenie pedali
disco (m) de embreagem	сцепление диски	stseplenie diski
amortecedor (m)	амортизатор	amortizator

roda (f)	ғилдирак	g'ildirak
pneu (m) estepe	заҳира ғилдирак	zahira g'ildirak
pneu (m)	покришка	pokrishka
calota (f)	қопқоқ	qopqoq

rodas (f pl) motrizes	етакловчи ғилдирак	etaklovchi g'ildirak
de tração dianteira	олдинги узатмали	oldingi uzatmali
de tração traseira	орқа узатмали	orqa uzatmali
de tração às 4 rodas	тўлиқ узатмали	to'liq uzatmali

caixa (f) de mudanças	узатиш қутиси	uzatish qutisi
automático (adj)	автоматик	avtomatik
mecânico (adj)	механик	mexanik
alavanca (f) de câmbio	узатиш қутиси ричаги	uzatish qutisi richagi

farol (m)	фара	fara
faróis (m pl)	фаралар	faralar

farol (m) baixo	яқин чироқ	yaqin chiroq
farol (m) alto	узоқ чироқ	uzoq chiroq
luzes (f pl) de parada	тўхташ сигнали	to'xtash signali

luzes (f pl) de posição	габарит чироқлари	gabarit chiroqlari
luzes (f pl) de emergência	авария чироқлари	avariya chiroqlari
faróis (m pl) de neblina	туманга қарши фаралар	tumanga qarshi faralar
pisca-pisca (m)	бурилиш чироғи	burilish chirog'i
luz (f) de marcha ré	орқага юриш чироғи	orqaga yurish chirog'i

176. Carros. Habitáculo

interior (do carro)	салон	salon
de couro	чарм	charm
de veludo	велюр	velyur
estofamento (m)	қоплама	qoplama
indicador (m)	асбоб	asbob
painel (m)	асбоблар шчити	asboblar shchiti

| velocímetro (m) | спидометр | spidometr |
| ponteiro (m) | стрелка | strelka |

hodômetro, odômetro (m)	счётчик	schyotchik
indicador (m)	датчик	datchik
nível (m)	сатх	sath
luz (f) de aviso	лампочка	lampochka

volante (m)	рул	rul
buzina (f)	сигнал	signal
botão (m)	тугма	tugma
interruptor (m)	переключател	pereklyuchatel

assento (m)	ўриндиқ	o'rindiq
costas (f pl) do assento	суянчиқ	suyanchiq
cabeceira (f)	боштирагич	boshtiragich
cinto (m) de segurança	хавфсизлик камари	xavfsizlik kamari
apertar o cinto	камарни қадамоқ	kamarni qadamoq
ajuste (m)	созлаш	sozlash

| airbag (m) | ҳаво ёстиқчаси | havo yostiqchasi |
| ar (m) condicionado | кондиционер | konditsioner |

rádio (m)	радио	radio
leitor (m) de CD	СД-проигривател	CD-proigrivatel
ligar (vt)	ёқмоқ	yoqmoq
antena (f)	антенна	antenna
porta-luvas (m)	бардачок	bardachok
cinzeiro (m)	кулдон	kuldon

177. Carros. Motor

motor (m)	двигател	dvigatel
motor (m)	мотор	motor
a diesel	дизел	dizel
a gasolina	бензин	benzin

cilindrada (f)	двигател ҳажми	dvigatel hajmi
potência (f)	қувват	quvvat
cavalo (m) de potência	от кучи	ot kuchi
pistão (m)	поршен	porshen
cilindro (m)	силиндр	silindr
válvula (f)	клапан	klapan

injetor (m)	инжектор	injektor
gerador (m)	генератор	generator
carburador (m)	карбюратор	karbyurator
óleo (m) de motor	мотор мойи	motor moyi

radiador (m)	радиатор	radiator
líquido (m) de arrefecimento	совитувчи суюқлик	sovituvchi suyuqlik
ventilador (m)	вентилятор	ventilyator
bateria (f)	аккумулятор	akkumulyator
dispositivo (m) de arranque	стартер	starter

| ignição (f) | ўт олдириш тизими | o't oldirish tizimi |
| vela (f) de ignição | ўт олдириш свечаси | o't oldirish svechasi |

terminal (m)	клемма	klemma
terminal (m) positivo	плюс	plyus
terminal (m) negativo	минус	minus
fusível (m)	сақлагич	saqlagich

filtro (m) de ar	ҳаво филтри	havo filtri
filtro (m) de óleo	мой филтри	moy filtri
filtro (m) de combustível	ёқилғи филтри	yoqilg'i filtri

178. Carros. Batidas. Reparação

acidente (m) de carro	авария	avariya
acidente (m) rodoviário	йўл ходисаси	yo'l xodisasi
bater (~ num muro)	урилмоқ	urilmoq
sofrer um acidente	чилпарчин бўлмоқ	chilparchin bo'lmoq
dano (m)	шикастланиш	shikastlanish
intato	бутун	butun

pane (f)	ҳалокат, ишдан чиқиш	halokat, ishdan chiqish
avariar (vi)	бузилмоқ	buzilmoq
cabo (m) de reboque	шатак бурама арқони	shatak burama arqoni

furo (m)	тешилиш	teshilish
estar furado	бўшаб қолмоқ	bo'shab qolmoq
encher (vt)	дам бермоқ	dam bermoq
pressão (f)	босим	bosim
verificar (vt)	текширмоқ	tekshirmoq

reparo (m)	таъмир	ta'mir
oficina (f) automotiva	таъмирлаш устахонаси	ta'mirlash ustaxonasi
peça (f) de reposição	эҳтиёт қисм	ehtiyot qism
peça (f)	қисм	qism

parafuso (com porca)	болт	bolt
parafuso (m)	винт	vint
porca (f)	гайка	gayka
arruela (f)	шайба	shayba
rolamento (m)	подшипник	podshipnik

tubo (m)	трубка	trubka
junta, gaxeta (f)	прокладка	prokladka
fio, cabo (m)	сим	sim

macaco (m)	домкрат	domkrat
chave (f) de boca	гайка калити	gayka kaliti
martelo (m)	болға	bolg'a
bomba (f)	насос	nasos
chave (f) de fenda	отвёртка	otvyortka

| extintor (m) | ўтўчиргич | o'to'chirgich |
| triângulo (m) de emergência | авария учбурчаги | avariya uchburchagi |

morrer (motor)	ўчиб қолмоқ	o'chib qolmoq
paragem, "morte" (f)	тўхтаб қолиш	to'xtab qolish
estar quebrado	бузилган бўлмоқ	buzilgan bo'lmoq
superaquecer-se (vr)	қизиб кетмоқ	qizib ketmoq
entupir-se (vr)	ифлосланмоқ	ifloslanmoq
congelar-se (vr)	музламоқ	muzlamoq
rebentar (vi)	ёрилмоқ	yorilmoq
pressão (f)	босим	bosim
nível (m)	сатх	sath
frouxo (adj)	бўш	bo'sh
batida (f)	езилган жой	ezilgan joy
ruído (m)	тақиллаш	taqillash
fissura (f)	дарз	darz
arranhão (m)	тирналган жой	tirnalgan joy

179. Carros. Estrada

estrada (f)	йўл	yo'l
autoestrada (f)	автомагистрал	avtomagistral
rodovia (f)	шоссе	shosse
direção (f)	йўналиш	yo'nalish
distância (f)	масофа	masofa
ponte (f)	кўприк	ko'prik
parque (m) de estacionamento	паркинг	parking
praça (f)	майдон	maydon
nó (m) rodoviário	остин-устун чорраҳа	ostin-ustun chorraha
túnel (m)	тоннел	tonnel
posto (m) de gasolina	ёқилғи қуйиш шохобчаси	yoqilg'i quyish shoxobchasi
parque (m) de estacionamento	тўхташ жойи	to'xtash joyi
bomba (f) de gasolina	бензоколонка	benzokolonka
oficina (f) automotiva	гараж	garaj
abastecer (vt)	ёқилғи қуймоқ	yoqilg'i quymoq
combustível (m)	ёқилғи	yoqilg'i
galão (m) de gasolina	канистра	kanistra
asfalto (m)	асфалт	asfalt
marcação (f) de estradas	белги	belgi
meio-fio (m)	бордюр	bordyur
guard-rail (m)	тўсиқ	to'siq
valeta (f)	йўл четидаги ариқ	yo'l chetidagi ariq
acostamento (m)	йўл чети	yo'l cheti
poste (m) de luz	устун	ustun
dirigir (vt)	бошқармоқ	boshqarmoq
virar (~ para a direita)	бурмоқ	burmoq
dar retorno	орқага айланмоқ	orqaga aylanmoq
ré (f)	орқага юриш	orqaga yurish
buzinar (vi)	сигнал бермоқ	signal bermoq
buzina (f)	товуш сигнали	tovush signali

atolar-se (vr)	тиқилиб қолмоқ	tiqilib qolmoq
patinar (na lama)	шатаксирамоқ	shataksiramoq
desligar (vt)	ўчирмоқ	o'chirmoq
velocidade (f)	тезлик	tezlik
exceder a velocidade	тезликни оширмоқ	tezlikni oshirmoq
multar (vt)	жарима солмоқ	jarima solmoq
semáforo (m)	светофор	svetofor
carteira (f) de motorista	ҳайдовчилик гувоҳномаси	haydovchilik guvohnomasi
passagem (f) de nível	йўлни кесиб ўтиш жойи	yo'lni kesib o'tish joyi
cruzamento (m)	чорраҳа	chorraha
faixa (f)	йўловчилар ўтиш жойи	yo'lovchilar o'tish joyi
curva (f)	бурилиш	burilish
zona (f) de pedestres	йўловчилар зонаси	yo'lovchilar zonasi

180. Sinais de trânsito

código (m) de trânsito	йўл ҳаракати қоидалари	yo'l harakati qoidalari
sinal (m) de trânsito	белги	belgi
ultrapassagem (f)	қувиб ўтиш	quvib o'tish
curva (f)	бурилиш	burilish
retorno (m)	орқага айланиш	orqaga aylanish
rotatória (f)	айланма ҳаракат	aylanma harakat
sentido proibido	кириш тақиқланган	kirish taqiqlangan
trânsito proibido	ҳаракат тақиқланган	harakat taqiqlangan
proibido de ultrapassar	қувиб ўтиш тақиқланган	quvib o'tish taqiqlangan
estacionamento proibido	тўхтаб туриш тақиқланган	to'xtab turish taqiqlangan
paragem proibida	тўхташ тақиқланган	to'xtash taqiqlangan
curva (f) perigosa	кескин бурилиш	keskin burilish
descida (f) perigosa	тик қиялик	tik qiyalik
trânsito de sentido único	бир томонлама ҳаракат	bir tomonlama harakat
faixa (f)	йўловчилар ўтиш жойи	yo'lovchilar o'tish joyi
pavimento (m) escorregadio	сирпанчиқ йўл	sirpanchiq yo'l
conceder passagem	йўлни бўшат	yo'lni bo'shat

PESSOAS. EVENTOS

Eventos

181. Férias. Evento

festa (f)	байрам	bayram
feriado (m) nacional	миллий байрам	milliy bayram
feriado (m)	байрам куни	bayram kuni
festejar (vt)	байрам қилмоқ	bayram qilmoq
evento (festa, etc.)	воқеа	voqea
evento (banquete, etc.)	тадбир	tadbir
banquete (m)	банкет	banket
recepção (f)	қабул	qabul
festim (m)	базм	bazm
aniversário (m)	йиллик	yillik
jubileu (m)	юбилей	yubiley
celebrar (vt)	нишонламоқ	nishonlamoq
Ano (m) Novo	Янги Йил	Yangi Yil
Feliz Ano Novo!	Янги Йил билан!	Yangi Yil bilan!
Papai Noel (m)	Қор Бобо, Санта Клаус	Qor Bobo, Santa Klaus
Natal (m)	Рождество	Rojdestvo
Feliz Natal!	Қувноқ Рождество тилайман!	Quvnoq Rojdestvo tilayman!
árvore (f) de Natal	Рождество арчаси	Rojdestvo archasi
fogos (m pl) de artifício	мушак	mushak
casamento (m)	никоҳ тўйи	nikoh to'yi
noivo (m)	куёв	kuyov
noiva (f)	келин	kelin
convidar (vt)	таклиф қилмоқ	taklif qilmoq
convite (m)	таклифнома	taklifnoma
convidado (m)	меҳмон	mehmon
visitar (vt)	меҳмонга бормоқ	mehmonga bormoq
receber os convidados	меҳмонларни кутмоқ	mehmonlarni kutmoq
presente (m)	совға	sovg'a
oferecer, dar (vt)	совға қилмоқ	sovg'a qilmoq
receber presentes	совға олмоқ	sovg'a olmoq
buquê (m) de flores	даста	dasta
felicitações (f pl)	табрик	tabrik
felicitar (vt)	табрикламоқ	tabriklamoq

cartão (m) de parabéns	табрик откриткаси	tabrik otkritkasi
enviar um cartão postal	открытка жўнатмоқ	otkritka jo'natmoq
receber um cartão postal	открытка олмоқ	otkritka olmoq
brinde (m)	қадаҳ сўзи	qadah so'zi
oferecer (vt)	меҳмон қилмоқ	mehmon qilmoq
champanhe (m)	шампан виноси	shampan vinosi
divertir-se (vr)	қувнамоқ	quvnamoq
diversão (f)	қувноқлик	quvnoqlik
alegria (f)	қувонч	quvonch
dança (f)	рақс	raqs
dançar (vi)	рақсга тушмоқ	raqsga tushmoq
valsa (f)	валс	vals
tango (m)	танго	tango

182. Funerais. Enterro

cemitério (m)	мозор	mozor
sepultura (f), túmulo (m)	гўр	go'r
cruz (f)	хоч	xoch
lápide (f)	қабр тоши	qabr toshi
cerca (f)	панжара	panjara
capela (f)	бутхона	butxona
morte (f)	ўлим	o'lim
morrer (vi)	ўлмоқ	o'lmoq
defunto (m)	майит	mayit
luto (m)	мотам	motam
enterrar, sepultar (vt)	дафн қилмоқ	dafn qilmoq
funerária (f)	дафн бюроси	dafn byurosi
funeral (m)	дафн қилиш маросими	dafn qilish marosimi
coroa (f) de flores	гулчамбар	gulchambar
caixão (m)	тобут	tobut
carro (m) funerário	тобут қўйиладиган арава	tobut qo'yiladigan arava
mortalha (f)	кафан	kafan
procissão (f) funerária	кўмиш маросими	ko'mish marosimi
urna (f) funerária	урна	urna
crematório (m)	крематорий	krematoriy
obituário (m), necrologia (f)	таъзиянома	ta'ziyanoma
chorar (vi)	йиғламоқ	yig'lamoq
soluçar (vi)	хўнграб йиғламоқ	xo'ngrab yig'lamoq

183. Guerra. Soldados

pelotão (m)	взвод	vzvod
companhia (f)	рота	rota

regimento (m)	полк	polk
exército (m)	армия	armiya
divisão (f)	дивизия	diviziya
esquadrão (m)	отряд	otryad
hoste (f)	қўшин	qo'shin
soldado (m)	аскар	askar
oficial (m)	зобит	zobit
soldado (m) raso	оддий аскар	oddiy askar
sargento (m)	сержант	serjant
tenente (m)	лейтенант	leytenant
capitão (m)	капитан	kapitan
major (m)	маёр	mayor
coronel (m)	полковник	polkovnik
general (m)	генерал	general
marujo (m)	денгизчи	dengizchi
capitão (m)	капитан	kapitan
contramestre (m)	боцман	botsman
artilheiro (m)	артиллериячи	artilleriyachi
soldado (m) paraquedista	десантчи	desantchi
piloto (m)	учувчи	uchuvchi
navegador (m)	штурман	shturman
mecânico (m)	механик	mexanik
sapador-mineiro (m)	сапёр	sapyor
paraquedista (m)	парашютчи	parashyutchi
explorador (m)	разведкачи	razvedkachi
atirador (m) de tocaia	снайпер	snayper
patrulha (f)	патрул	patrul
patrulhar (vt)	патруллик қилмоқ	patrullik qilmoq
sentinela (f)	соқчи	soqchi
guerreiro (m)	жангчи	jangchi
patriota (m)	ватанпарвар	vatanparvar
herói (m)	қаҳрамон	qahramon
heroína (f)	қаҳрамон	qahramon
traidor (m)	хоин	xoin
trair (vt)	хиёнат қилмоқ	xiyonat qilmoq
desertor (m)	дезертир	dezertir
desertar (vt)	дезертирлик қилмоқ	dezertirlik qilmoq
mercenário (m)	ёлланган	yollangan
recruta (m)	янги олинган аскар	yangi olingan askar
voluntário (m)	кўнгилли аскар	ko'ngilli askar
morto (m)	ўлдирилган	o'ldirilgan
ferido (m)	ярадор	yarador
prisioneiro (m) de guerra	асир	asir

184. Guerra. Ações militares. Parte 1

guerra (f)	уруш	urush
guerrear (vt)	урушмоқ	urushmoq
guerra (f) civil	фуқаролар уруши	fuqarolar urushi
perfidamente	маккорона	makkorona
declaração (f) de guerra	эълон қилиш	e'lon qilish
declarar guerra	эълон қилмоқ	e'lon qilmoq
agressão (f)	агрессия	agressiya
atacar (vt)	ҳужум қилмоқ	hujum qilmoq
invadir (vt)	босиб олмоқ	bosib olmoq
invasor (m)	босқинчи	bosqinchi
conquistador (m)	истилочи	istilochi
defesa (f)	мудофаа	mudofaa
defender (vt)	мудофааламоқ	mudofaalamoq
defender-se (vr)	мудофааланмоқ	mudofaalanmoq
inimigo, adversário (m)	душман	dushman
inimigo (adj)	душман	dushman
estratégia (f)	стратегия	strategiya
tática (f)	тактика	taktika
ordem (f)	буйруқ	buyruq
comando (m)	команда	komanda
ordenar (vt)	буюрмоқ	buyurmoq
missão (f)	топшириқ	topshiriq
secreto (adj)	маҳфий	mahfiy
batalha (f), combate (m)	жанг	jang
ataque (m)	ҳужум	hujum
assalto (m)	қаттиқ ҳужум	qattiq hujum
assaltar (vt)	қаттиқ ҳужум қилмоқ	qattiq hujum qilmoq
assédio, sítio (m)	қамал	qamal
ofensiva (f)	ҳужум	hujum
tomar à ofensiva	ҳужум қилмоқ	hujum qilmoq
retirada (f)	чекиниш	chekinish
retirar-se (vr)	чекинмоқ	chekinmoq
cerco (m)	қуршов	qurshov
cercar (vt)	қуршовга олмоқ	qurshovga olmoq
bombardeio (m)	бомба ёғдирмоқ	bomba yog'dirmoq
lançar uma bomba	бомба ташламоқ	bomba tashlamoq
bombardear (vt)	бомба ташламоқ	bomba tashlamoq
explosão (f)	портлаш	portlash
tiro (m)	ўқ узиш	o'q uzish
dar um tiro	ўқ узмоқ	o'q uzmoq
tiroteio (m)	ўқ отиш	o'q otish

apontar para ...	нишонга олмоқ	nishonga olmoq
apontar (vt)	мўлжалга тўғриламоқ	mo'ljalga to'g'rilamoq
acertar (vt)	тегмоқ	tegmoq

afundar (~ um navio, etc.)	чўктирмоқ	cho'ktirmoq
brecha (f)	тешик	teshik
afundar-se (vr)	сув остига кетиш	suv ostiga ketish

frente (m)	фронт	front
evacuação (f)	евакуация	evakuatsiya
evacuar (vt)	евакуация қилмоқ	evakuatsiya qilmoq

trincheira (f)	окоп, хандак	okop, xandak
arame (m) enfarpado	тиканли сим	tikanli sim
barreira (f) anti-tanque	тўсиқ	to'siq
torre (f) de vigia	минора	minora

hospital (m) militar	госпитал	gospital
ferir (vt)	яраламоқ	yaralamoq
ferida (f)	яра	yara
ferido (m)	ярадор	yarador
ficar ferido	яраланмоқ	yaralanmoq
grave (ferida ~)	оғир	og'ir

185. Guerra. Ações militares. Parte 2

cativeiro (m)	асир	asir
capturar (vt)	асирга олмоқ	asirga olmoq
estar em cativeiro	асирда бўлмоқ	asirda bo'lmoq
ser aprisionado	асирга тушмоқ	asirga tushmoq

campo (m) de concentração	концлагер	kontslager
prisioneiro (m) de guerra	асир	asir
escapar (vi)	қочмоқ	qochmoq

trair (vt)	сотмоқ	sotmoq
traidor (m)	хоин	xoin
traição (f)	хоинлик	xoinlik

| fuzilar, executar (vt) | отиб ташламоқ | otib tashlamoq |
| fuzilamento (m) | отиш | otish |

equipamento (m)	формали кийим-кечак	formali kiyim-kechak
insígnia (f) de ombro	погон	pogon
máscara (f) de gás	противогаз	protivogaz

rádio (m)	рация	ratsiya
cifra (f), código (m)	шифр	shifr
conspiração (f)	конспирация	konspiratsiya
senha (f)	парол	parol

mina (f)	мина	mina
minar (vt)	миналамоқ	minalamoq
campo (m) minado	мина майдони	mina maydoni

alarme (m) aéreo	ҳаво тревогаси	havo trevogasi
alarme (m)	тревога	trevoga
sinal (m)	сигнал	signal
sinalizador (m)	сигнал ракетаси	signal raketasi
quartel-general (m)	штаб	shtab
reconhecimento (m)	разведка	razvedka
situação (f)	вазият	vaziyat
relatório (m)	рапорт	raport
emboscada (f)	пистирма	pistirma
reforço (m)	қўшимча куч	qo'shimcha kuch
alvo (m)	нишон	nishon
campo (m) de tiro	полигон	poligon
manobras (f pl)	манёврлар	manyovrlar
pânico (m)	саросималик	sarosimalik
devastação (f)	вайронгарчилик	vayrongarchilik
ruínas (f pl)	вайроналиклар	vayronaliklar
destruir (vt)	вайрон қилмоқ	vayron qilmoq
sobreviver (vi)	тирик қолмоқ	tirik qolmoq
desarmar (vt)	қуролсизлантирмоқ	qurolsizlantirmoq
manusear (vt)	фойдаланмоқ	foydalanmoq
Sentido!	Тек тур!	Tek tur!
Descansar!	Еркин!	Erkin!
façanha (f)	жасорат	jasorat
juramento (m)	қасам	qasam
jurar (vi)	қасам ичмоқ	qasam ichmoq
condecoração (f)	мукофот	mukofot
condecorar (vt)	мукофотламоқ	mukofotlamoq
medalha (f)	медал	medal
ordem (f)	орден	orden
vitória (f)	ғалаба	g'alaba
derrota (f)	маглубият	mag'lubiyat
armistício (m)	сулҳ	sulh
bandeira (f)	байроқ	bayroq
glória (f)	шуҳрат	shuhrat
parada (f)	парад	parad
marchar (vi)	марш қилмоқ	marsh qilmoq

186. Armas

arma (f)	қурол	qurol
arma (f) de fogo	ўқ отадиган қурол	o'q otadigan qurol
arma (f) branca	совуқ қурол	sovuq qurol
arma (f) química	кимёвий қурол	kimyoviy qurol
nuclear (adj)	ядро	yadro

arma (f) nuclear	ядро қуроли	yadro quroli
bomba (f)	бомба	bomba
bomba (f) atômica	атом бомбаси	atom bombasi
pistola (f)	тўппонча	to'pponcha
rifle (m)	милтиқ	miltiq
semi-automática (f)	автомат	avtomat
metralhadora (f)	пулемёт	pulemyot
boca (f)	ствол оғзи	stvol og'zi
cano (m)	ствол	stvol
calibre (m)	калибр	kalibr
gatilho (m)	тепки	tepki
mira (f)	нишонга олгич	nishonga olgich
carregador (m)	магазин	magazin
coronha (f)	қўндоқ	qo'ndoq
granada (f) de mão	граната	granata
explosivo (m)	портловчи модда	portlovchi modda
bala (f)	ўқ	o'q
cartucho (m)	патрон	patron
carga (f)	заряд	zaryad
munições (f pl)	ўқ-дори	o'q-dori
bombardeiro (m)	бомбардимончи	bombardimonchi
avião (m) de caça	қирувчи	qiruvchi
helicóptero (m)	вертолёт	vertolyot
canhão (m) antiaéreo	зенит тўпи	zenit to'pi
tanque (m)	танк	tank
canhão (de um tanque)	замбарак	zambarak
artilharia (f)	артиллерия	artilleriya
canhão (m)	замбарак, қурол	zambarak, qurol
fazer a pontaria	мўлжалга тўғриламоқ	mo'ljalga to'g'rilamoq
projétil (m)	снаряд	snaryad
granada (f) de morteiro	мина	mina
morteiro (m)	миномёт	minomyot
estilhaço (m)	парча	parcha
submarino (m)	сув ости кемаси	suv osti kemasi
torpedo (m)	торпеда	torpeda
míssil (m)	ракета	raketa
carregar (uma arma)	ўқламоқ	o'qlamoq
disparar, atirar (vi)	отмоқ	otmoq
apontar para ...	нишонга олмоқ	nishonga olmoq
baioneta (f)	найза	nayza
espada (f)	шпага	shpaga
sabre (m)	қилич	qilich
lança (f)	найза	nayza
arco (m)	камон	kamon

flecha (f)	камон ўқи	kamon o'qi
mosquete (m)	мушкет	mushket
besta (f)	арбалет	arbalet

187. Povos da antiguidade

primitivo (adj)	ибтидоий	ibtidoiy
pré-histórico (adj)	тарихдан илгариги	tarixdan ilgarigi
antigo (adj)	қадимги	qadimgi

Idade (f) da Pedra	Тош даври	Tosh davri
Idade (f) do Bronze	Бронза даври	Bronza davri
Era (f) do Gelo	Музлик даври	Muzlik davri

tribo (f)	қабила	qabila
canibal (m)	одамхўр	odamxo'r
caçador (m)	овчи	ovchi
caçar (vi)	ов қилмоқ	ov qilmoq
mamute (m)	мамонт	mamont
caverna (f)	ғор	g'or
fogo (m)	олов	olov
fogueira (f)	гулхан	gulxan
pintura (f) rupestre	қояга чизилган расм	qoyaga chizilgan rasm

ferramenta (f)	меҳнат қуроли	mehnat quroli
lança (f)	найза	nayza
machado (m) de pedra	тош болта	tosh bolta
guerrear (vt)	урушмоқ	urushmoq
domesticar (vt)	қўлга ўргатмоқ	qo'lga o'rgatmoq
ídolo (m)	бут	but
adorar, venerar (vt)	сажда қилмоқ	sajda qilmoq
superstição (f)	хурофот	xurofot
ritual (m)	маросим	marosim

evolução (f)	еволюция	evolyutsiya
desenvolvimento (m)	ривожланиш	rivojlanish
extinção (f)	йўқ бўлиб кетмоқ	yo'q bo'lib ketmoq
adaptar-se (vr)	мослашмоқ	moslashmoq

arqueologia (f)	археология	arxeologiya
arqueólogo (m)	археолог	arxeolog
arqueológico (adj)	археологик	arxeologik

escavação (sítio)	қазишлар жойи	qazishlar joyi
escavações (f pl)	қазиш ишлари	qazish ishlari
achado (m)	топилма	topilma
fragmento (m)	парча	parcha

188. Idade média

| povo (m) | халқ | xalq |
| povos (m pl) | халқлар | xalqlar |

tribo (f)	қабила	qabila
tribos (f pl)	қабилалар	qabilalar
bárbaros (pl)	варварлар	varvarlar
galeses (pl)	галлар	gallar
godos (pl)	готлар	gotlar
eslavos (pl)	славянлар	slavyanlar
viquingues (pl)	викинглар	vikinglar
romanos (pl)	римликлар	rimliklar
romano (adj)	Римга оид	Rimga oid
bizantinos (pl)	византияликлар	vizantiyaliklar
Bizâncio	Византия	Vizantiya
bizantino (adj)	Византияга оид	Vizantiyaga oid
imperador (m)	император	imperator
líder (m)	сардор	sardor
poderoso (adj)	қудратли	qudratli
rei (m)	қирол	qirol
governante (m)	ҳукмдор	hukmdor
cavaleiro (m)	рицар	ritsar
senhor feudal (m)	феодал	feodal
feudal (adj)	феодалларга оид	feodallarga oid
vassalo (m)	вассал	vassal
duque (m)	герцог	gertsog
conde (m)	граф	graf
barão (m)	барон	baron
bispo (m)	епископ	episkop
armadura (f)	яроғ-аслаха	yarog'-aslaxa
escudo (m)	қалқон	qalqon
espada (f)	қилич	qilich
viseira (f)	дубулға пардаси	dubulg'a pardasi
cota (f) de malha	совут	sovut
cruzada (f)	салб юриши	salb yurishi
cruzado (m)	салб юриши қатнашчиси	salb yurishi qatnashchisi
território (m)	ҳудуд	hudud
atacar (vt)	ҳужум қилмоқ	hujum qilmoq
conquistar (vt)	забт етмоқ	zabt etmoq
ocupar, invadir (vt)	босиб олмоқ	bosib olmoq
assédio, sítio (m)	қамал	qamal
sitiado (adj)	қамал қилинган	qamal qilingan
assediar, sitiar (vt)	қамал қилмоқ	qamal qilmoq
inquisição (f)	инквизиция	inkvizitsiya
inquisidor (m)	инквизитор	inkvizitor
tortura (f)	қийноқ	qiynoq
cruel (adj)	бераҳм	berahm
herege (m)	бидъатчи	bid'atchi
heresia (f)	бидъат	bid'at

navegação (f) marítima	денгизда кема юриши	dengizda kema yurishi
pirata (m)	денгиз қароқчиси	dengiz qaroqchisi
pirataria (f)	денгиз қароқчилиги	dengiz qaroqchiligi
abordagem (f)	абордаж	abordaj
presa (f), butim (m)	ўлжа	o'lja
tesouros (m pl)	хазина	xazina
descobrimento (m)	кашфиёт	kashfiyot
descobrir (novas terras)	кашф қилмоқ	kashf qilmoq
expedição (f)	експедиция	ekspeditsiya
mosqueteiro (m)	мушкетёр	mushketyor
cardeal (m)	кардинал	kardinal
heráldica (f)	гералдика	geraldika
heráldico (adj)	гералдик	geraldik

189. Líder. Chefe. Autoridades

rei (m)	қирол	qirol
rainha (f)	қиролича	qirolicha
real (adj)	қиролга оид	qirolga oid
reino (m)	қироллик	qirollik
príncipe (m)	шаҳзода	shahzoda
princesa (f)	малика	malika
presidente (m)	президент	prezident
vice-presidente (m)	вице-президент	vitse-prezident
senador (m)	сенатор	senator
monarca (m)	монарх	monarx
governante (m)	ҳукмдор	hukmdor
ditador (m)	диктатор	diktator
tirano (m)	золим ҳукмдор	zolim hukmdor
magnata (m)	магнат	magnat
diretor (m)	директор	direktor
chefe (m)	бошлиқ	boshliq
gerente (m)	бошқарувчи	boshqaruvchi
patrão (m)	босс	boss
dono (m)	хўжайин	xo'jayin
líder (m)	доҳий, етакчи	dohiy, etakchi
chefe (m)	раҳбар	rahbar
autoridades (f pl)	ҳокимият	hokimiyat
superiores (m pl)	бошлиқлар	boshliqlar
governador (m)	губернатор	gubernator
cônsul (m)	консул	konsul
diplomata (m)	дипломат	diplomat
Presidente (m) da Câmara	мер	mer
xerife (m)	шериф	sherif
imperador (m)	император	imperator
czar (m)	подшо	podsho

faraó (m)	фиръавн	fir'avn
cã, khan (m)	хон	xon

190. Estrada. Caminho. Direções

estrada (f)	йўл	yo'l
via (f)	йўл	yo'l
rodovia (f)	шоссе	shosse
autoestrada (f)	автомагистрал	avtomagistral
estrada (f) nacional	миллий йўл	milliy yo'l
estrada (f) principal	бош йўл	bosh yo'l
estrada (f) de terra	тупроқ йўл	tuproq yo'l
trilha (f)	сўқмоқ	so'qmoq
pequena trilha (f)	сўқмоқча	so'qmoqcha
Onde?	Қаерда?	Qaerda?
Para onde?	Қаерга?	Qaerga?
De onde?	Қаердан?	Qaerdan?
direção (f)	йўналиш	yo'nalish
indicar (~ o caminho)	кўрсатмоқ	ko'rsatmoq
para a esquerda	чапга	chapga
para a direita	ўнгга	o'ngga
em frente	тўғрига	to'g'riga
para trás	орқага	orqaga
curva (f)	бурилиш	burilish
virar (~ para a direita)	бурилмоқ	burilmoq
dar retorno	орқага бурилмоқ	orqaga burilmoq
estar visível	кўринмоқ	ko'rinmoq
aparecer (vi)	кўринмоқ	ko'rinmoq
paragem (pausa)	тўхташ	to'xtash
descansar (vi)	дам олмоқ	dam olmoq
descanso, repouso (m)	дам олиш	dam olish
perder-se (vr)	адашиб қолмоқ	adashib qolmoq
conduzir a ... (caminho)	... га олиб бормоқ	... ga olib bormoq
chegar a ...	... га чиқмоқ	... ga chiqmoq
trecho (m)	қисм	qism
asfalto (m)	асфалт	asfalt
meio-fio (m)	бордюр	bordyur
valeta (f)	ариқ	ariq
tampa (f) de esgoto	люк	lyuk
acostamento (m)	йўл чети	yo'l cheti
buraco (m)	чуқур	chuqur
ir (a pé)	юрмоқ	yurmoq
ultrapassar (vt)	ўзиб ўтмоқ	o'zib o'tmoq

| passo (m) | қадам | qadam |
| a pé | пиёда | piyoda |

bloquear (vt)	тўсмоқ	to'smoq
cancela (f)	шлагбаум	shlagbaum
beco (m) sem saída	боши берк	boshi berk

191. Violação da lei. Criminosos. Parte 1

bandido (m)	босқинчи	bosqinchi
crime (m)	жиноят	jinoyat
criminoso (m)	жиноятчи	jinoyatchi

ladrão (m)	ўғри	o'g'ri
roubar (vt)	ўғирламоқ	o'g'irlamoq
roubo (atividade)	ўғрилик	o'g'rilik
furto (m)	ўғирлаш	o'g'irlash

raptar, sequestrar (vt)	ўғирлаб кетмоқ	o'g'irlab ketmoq
sequestro (m)	одам ўғирлаш	odam o'g'irlash
sequestrador (m)	ўғри	o'g'ri

| resgate (m) | еваз | evaz |
| pedir resgate | пул талаб қилмоқ | pul talab qilmoq |

roubar (vt)	таламоқ	talamoq
assalto, roubo (m)	талон-тарож	talon-taroj
assaltante (m)	талончи	talonchi

extorquir (vt)	товламоқ	tovlamoq
extorsionário (m)	товламачи	tovlamachi
extorsão (f)	товламачилик	tovlamachilik

matar, assassinar (vt)	ўлдирмоқ	o'ldirmoq
homicídio (m)	қотиллик	qotillik
homicida, assassino (m)	қотил	qotil

tiro (m)	ўқ узиш	o'q uzish
dar um tiro	ўқ узмоқ	o'q uzmoq
matar a tiro	отиб ўлдирмоқ	otib o'ldirmoq
disparar, atirar (vi)	отмоқ	otmoq
tiroteio (m)	ўқ отиш	o'q otish

incidente (m)	ходиса	xodisa
briga (~ de rua)	муштлашиш	mushtlashish
Socorro!	Ёрдам беринг! Қутқаринг!	Yordam bering! Qutqaring!
vítima (f)	қурбон	qurbon

danificar (vt)	шикастламоқ	shikastlamoq
dano (m)	зарар	zarar
cadáver (m)	мурда	murda
grave (adj)	оғир	og'ir
atacar (vt)	ҳужум қилмоқ	hujum qilmoq
bater (espancar)	урмоқ	urmoq

espancar (vt)	калтакламоқ	kaltaklamoq
tirar, roubar (dinheiro)	олиб қўймоқ	olib qo'ymoq
esfaquear (vt)	сўймоқ	so'ymoq
mutilar (vt)	майиб қилмоқ	mayib qilmoq
ferir (vt)	яраламоқ	yaralamoq

chantagem (f)	қўрқитиб товлаш	qo'rqitib tovlash
chantagear (vt)	қўрқитиб товламоқ	qo'rqitib tovlamoq
chantagista (m)	қўрқитиб товловчи	qo'rqitib tovlovchi

extorsão (f)	рекет	reket
extorsionário (m)	рекетчи	reketchi
gângster (m)	гангстер	gangster
máfia (f)	мафия	mafiya

punguista (m)	чўнтак ўғриси	cho'ntak o'g'risi
assaltante, ladrão (m)	қулфбузар	qulfbuzar
contrabando (m)	контрабанда	kontrabanda
contrabandista (m)	контрабанда билан шуғулланувчи	kontrabanda bilan shug'ullanuvchi

falsificação (f)	қалбаки нарса	qalbaki narsa
falsificar (vt)	қалбакилаштирмоқ	qalbakilashtirmoq
falsificado (adj)	сохта	soxta

192. Violação da lei. Criminosos. Parte 2

estupro (m)	зўрлаш	zo'rlash
estuprar (vt)	зўрламоқ	zo'rlamoq
estuprador (m)	зўравон	zo'ravon
maníaco (m)	савдойи	savdoyi

prostituta (f)	фоҳиша	fohisha
prostituição (f)	фоҳишабозлик	fohishabozlik
cafetão (m)	даюс	dayus

| drogado (m) | гиёҳванд | giyohvand |
| traficante (m) | наркотик моддаларни сотувчи | narkotik moddalarni sotuvchi |

explodir (vt)	портлатмоқ	portlatmoq
explosão (f)	портлаш	portlash
incendiar (vt)	ёндирмоқ	yondirmoq
incendiário (m)	қасддан ўт қўйган одам	qasddan o't qo'ygan odam

terrorismo (m)	терроризм	terrorizm
terrorista (m)	террорчи	terrorchi
refém (m)	гаровга олинган	garovga olingan

enganar (vt)	алдамоқ	aldamoq
engano (m)	алдаш	aldash
vigarista (m)	муттаҳам	muttaham
subornar (vt)	пора бериб сотиб олмоқ	pora berib sotib olmoq
suborno (atividade)	пора бериб сотиб олиш	pora berib sotib olish

suborno (dinheiro)	пора	pora
veneno (m)	заҳар	zahar
envenenar (vt)	заҳарламоқ	zaharlamoq
envenenar-se (vr)	заҳарланмоқ	zaharlanmoq

| suicídio (m) | ўзини ўзи ўлдириш | o'zini o'zi o'ldirish |
| suicida (m) | ўз жонига қасд қилган | o'z joniga qasd qilgan |

ameaçar (vt)	пўписа қилмоқ	po'pisa qilmoq
ameaça (f)	пўписа	po'pisa
atentar contra a vida de ...	суиқасд қилмоқ	suiqasd qilmoq
atentado (m)	суиқасд	suiqasd

| roubar (um carro) | ўғирлаб кетмоқ | o'g'irlab ketmoq |
| sequestrar (um avião) | олиб қочмоқ | olib qochmoq |

| vingança (f) | қасос | qasos |
| vingar (vt) | қасос олмоқ | qasos olmoq |

torturar (vt)	қийнамоқ	qiynamoq
tortura (f)	қийноқ	qiynoq
atormentar (vt)	азобламоқ	azoblamoq

pirata (m)	денгиз қароқчиси	dengiz qaroqchisi
desordeiro (m)	безори	bezori
armado (adj)	қуролланган	qurollangan
violência (f)	зўрлаш	zo'rlash
ilegal (adj)	нолегал	nolegal

| espionagem (f) | жосуслик | josuslik |
| espionar (vi) | жосуслик қилмоқ | josuslik qilmoq |

193. Polícia. Lei. Parte 1

| justiça (sistema de ~) | адлия | adliya |
| tribunal (m) | суд | sud |

juiz (m)	судя	sudya
jurados (m pl)	суд маслаҳатчиси	sud maslahatchisi
tribunal (m) do júri	маслаҳатчилар суди	maslahatchilar sudi
julgar (vt)	судламоқ	sudlamoq

advogado (m)	адвокат	advokat
réu (m)	судланувчи	sudlanuvchi
banco (m) dos réus	судланувчилар курсиси	sudlanuvchilar kursisi

| acusação (f) | айблов | ayblov |
| acusado (m) | айбланувчи | ayblanuvchi |

| sentença (f) | ҳукм | hukm |
| sentenciar (vt) | ҳукм чиқармоқ | hukm chiqarmoq |

| culpado (m) | айбдор | aybdor |
| punir (vt) | жазоламоқ | jazolamoq |

punição (f)	жазо	jazo
multa (f)	жарима	jarima
prisão (f) perpétua	умрбод қамоқ	umrbod qamoq
pena (f) de morte	ўлим жазоси	o'lim jazosi
cadeira (f) elétrica	електр стул	elektr stul
forca (f)	дор	dor
executar (vt)	қатл қилмоқ	qatl qilmoq
execução (f)	қатл	qatl
prisão (f)	қамоқ	qamoq
cela (f) de prisão	камера	kamera
escolta (f)	конвой	konvoy
guarda (m) prisional	назоратчи	nazoratchi
preso, prisioneiro (m)	маҳбус	mahbus
algemas (f pl)	кишан	kishan
algemar (vt)	кишан кийгизмоқ	kishan kiygizmoq
fuga, evasão (f)	қочиш	qochish
fugir (vi)	қочиб кетмоқ	qochib ketmoq
desaparecer (vi)	ғойиб бўлмоқ	g'oyib bo'lmoq
soltar, libertar (vt)	озод қилмоқ	ozod qilmoq
anistia (f)	амнистия	amnistiya
polícia (instituição)	полиция	politsiya
polícia (m)	полициячи	politsiyachi
delegacia (f) de polícia	полиция маҳкамаси	politsiya mahkamasi
cassetete (m)	резина тўқмоқ	rezina to'qmoq
megafone (m)	карнай	karnay
carro (m) de patrulha	патрул машинаси	patrul mashinasi
sirene (f)	сирена	sirena
ligar a sirene	сиренани ёқмоқ	sirenani yoqmoq
toque (m) da sirene	сирена увиллаши	sirena uvillashi
cena (f) do crime	ходиса рўй берган жой	xodisa ro'y bergan joy
testemunha (f)	гувоҳ	guvoh
liberdade (f)	еркинлик	erkinlik
cúmplice (m)	жиноятчининг шериги	jinoyatchining sherigi
escapar (vi)	ғойиб бўлмоқ	g'oyib bo'lmoq
traço (não deixar ~s)	из	iz

194. Polícia. Lei. Parte 2

procura (f)	қидирув	qidiruv
procurar (vt)	қидирмоқ	qidirmoq
suspeita (f)	шубҳа	shubha
suspeito (adj)	шубҳали	shubhali
parar (veículo, etc.)	тўхтатмоқ	to'xtatmoq
deter (fazer parar)	тутмоқ	tutmoq
caso (~ criminal)	иш	ish
investigação (f)	тергов	tergov

detetive (m)	детектив	detektiv
investigador (m)	терговчи	tergovchi
versão (f)	тахминий фикр	taxminiy fikr
motivo (m)	сабаб	sabab
interrogatório (m)	сўроқ	so'roq
interrogar (vt)	сўроқ қилмоқ	so'roq qilmoq
questionar (vt)	сўроқламоқ	so'roqlamoq
verificação (f)	текширув	tekshiruv
batida (f) policial	қуршаб олиб тутиш	qurshab olib tutish
busca (f)	тинтув	tintuv
perseguição (f)	қувиш	quvish
perseguir (vt)	таъқиб қилмоқ	ta'qib qilmoq
seguir, rastrear (vt)	изига тушмоқ	iziga tushmoq
prisão (f)	қамоққа олиш	qamoqqa olish
prender (vt)	қамоққа олмоқ	qamoqqa olmoq
pegar, capturar (vt)	тутмоқ	tutmoq
captura (f)	қўлга тушириш	qo'lga tushirish
documento (m)	ҳужжат	hujjat
prova (f)	исбот	isbot
provar (vt)	исботламоқ	isbotlamoq
pegada (f)	из	iz
impressões (f pl) digitais	бармоқ излари	barmoq izlari
prova (f)	далил	dalil
álibi (m)	алиби	alibi
inocente (adj)	бегуноҳ	begunoh
injustiça (f)	адолацизлик	adolatsizlik
injusto (adj)	адолациз	adolatsiz
criminal (adj)	жиноий	jinoiy
confiscar (vt)	мусодара қилмоқ	musodara qilmoq
droga (f)	наркотик	narkotik
arma (f)	қурол	qurol
desarmar (vt)	қуролсизлантирмоқ	qurolsizlantirmoq
ordenar (vt)	буюрмоқ	buyurmoq
desaparecer (vi)	ғойиб бўлмоқ	g'oyib bo'lmoq
lei (f)	қонун	qonun
legal (adj)	қонуний	qonuniy
ilegal (adj)	ноқонуний	noqonuniy
responsabilidade (f)	масъулият	mas'uliyat
responsável (adj)	маъсулиятли	ma'suliyatli

NATUREZA

A Terra. Parte 1

195. Espaço sideral

espaço, cosmo (m)	космос	kosmos
espacial, cósmico (adj)	космик	kosmik
espaço (m) cósmico	космик фазо	kosmik fazo
mundo (m)	олам	olam
universo (m)	коинот	koinot
galáxia (f)	галактика	galaktika
estrela (f)	юлдуз	yulduz
constelação (f)	юлдузлар туркуми	yulduzlar turkumi
planeta (m)	планета	planeta
satélite (m)	йўлдош	yo'ldosh
meteorito (m)	метеорит	meteorit
cometa (m)	комета	kometa
asteroide (m)	астероид	asteroid
órbita (f)	орбита	orbita
girar (vi)	айланмоқ	aylanmoq
atmosfera (f)	атмосфера	atmosfera
Sol (m)	Қуёш	Quyosh
Sistema (m) Solar	Қуёш системаси	Quyosh sistemasi
eclipse (m) solar	Қуёш тутилиши	Quyosh tutilishi
Terra (f)	Ер	Er
Lua (f)	Ой	Oy
Marte (m)	Марс	Mars
Vênus (f)	Венера	Venera
Júpiter (m)	Юпитер	Yupiter
Saturno (m)	Сатурн	Saturn
Mercúrio (m)	Меркурий	Merkuriy
Urano (m)	Уран	Uran
Netuno (m)	Нептун	Neptun
Plutão (m)	Плутон	Pluton
Via Láctea (f)	Сомон йўли	Somon Yo'li
Ursa Maior (f)	Катта айиқ	Katta ayiq
Estrela Polar (f)	Қутб Юлдузи	Qutb Yulduzi
marciano (m)	марслик	marslik
extraterrestre (m)	ўзга сайёралик	o'zga sayyoralik

alienígena (m)	бегона	begona
disco (m) voador	учар ликопча	uchar likopcha
espaçonave (f)	космик кема	kosmik kema
estação (f) orbital	орбитал станция	orbital stantsiya
lançamento (m)	старт	start
motor (m)	двигател	dvigatel
bocal (m)	сопло	soplo
combustível (m)	ёқилғи	yoqilg'i
cabine (f)	кабина	kabina
antena (f)	антенна	antenna
vigia (f)	иллюминатор	illyuminator
bateria (f) solar	қуёш батареяси	quyosh batareyasi
traje (m) espacial	скафандр	skafandr
imponderabilidade (f)	вазнсизлик	vaznsizlik
oxigênio (m)	кислород	kislorod
acoplagem (f)	туташтириш	tutashtirish
fazer uma acoplagem	туташтирмоқ	tutashtirmoq
observatório (m)	обсерватория	observatoriya
telescópio (m)	телескоп	teleskop
observar (vt)	кузатмоқ	kuzatmoq
explorar (vt)	тадқиқ қилмоқ	tadqiq qilmoq

196. A Terra

Terra (f)	Ер	Er
globo terrestre (Terra)	ер шари	er shari
planeta (m)	планета	planeta
atmosfera (f)	атмосфера	atmosfera
geografia (f)	география	geografiya
natureza (f)	табиат	tabiat
globo (mapa esférico)	глобус	globus
mapa (m)	харита	xarita
atlas (m)	атлас	atlas
Europa (f)	Европа	Evropa
Ásia (f)	Осиё	Osiyo
África (f)	Африка	Afrika
Austrália (f)	Австралия	Avstraliya
América (f)	Америка	Amerika
América (f) do Norte	Шимолий Америка	Shimoliy Amerika
América (f) do Sul	Жанубий Америка	Janubiy Amerika
Antártida (f)	Антарктида	Antarktida
Ártico (m)	Арктика	Arktika

197. Pontos cardeais

norte (m)	шимол	shimol
para norte	шимолга	shimolga
no norte	шимолда	shimolda
do norte (adj)	шимолий	shimoliy
sul (m)	жануб	janub
para sul	жанубга	janubga
no sul	жанубда	janubda
do sul (adj)	жанубий	janubiy
oeste, ocidente (m)	ғарб	g'arb
para oeste	ғарбга	g'arbga
no oeste	ғарбда	g'arbda
ocidental (adj)	ғарбий	g'arbiy
leste, oriente (m)	шарқ	sharq
para leste	шарқга	sharqga
no leste	шарқда	sharqda
oriental (adj)	шарқий	sharqiy

198. Mar. Oceano

mar (m)	денгиз	dengiz
oceano (m)	океан	okean
golfo (m)	кўрфаз	ko'rfaz
estreito (m)	бўғоз	bo'g'oz
terra (f) firme	йер, қуруқлик	yer, quruqlik
continente (m)	материк	materik
ilha (f)	орол	orol
península (f)	ярим орол	yarim orol
arquipélago (m)	архипелаг	arxipelag
baía (f)	кўрфаз	ko'rfaz
porto (m)	бандаргоҳ	bandargoh
lagoa (f)	лагуна	laguna
cabo (m)	бурун	burun
atol (m)	атолл	atoll
recife (m)	сув ичидаги қоя	suv ichidagi qoya
coral (m)	маржон	marjon
recife (m) de coral	маржон қоялари	marjon qoyalari
profundo (adj)	чуқур	chuqur
profundidade (f)	чуқурлик	chuqurlik
abismo (m)	тагсиз чуқурлик	tagsiz chuqurlik
fossa (f) oceânica	камгак	kamgak
corrente (f)	оқим	oqim
banhar (vt)	ювмоқ	yuvmoq
litoral (m)	қирғоқ	qirg'oq

costa (f)	қирғоқ бўйи	qirg'oq bo'yi
maré (f) alta	сувнинг кўтарилиши	suvning ko'tarilishi
refluxo (m)	сувнинг пасайиши	suvning pasayishi
restinga (f)	саёзлик	sayozlik
fundo (m)	туб	tub

onda (f)	тўлқин	to'lqin
crista (f) da onda	тўлқин ўркачи	to'lqin o'rkachi
espuma (f)	кўпик	ko'pik

tempestade (f)	довул	dovul
furacão (m)	бўрон	bo'ron
tsunami (m)	сунами	sunami
calmaria (f)	штил	shtil
calmo (adj)	тинч	tinch

| polo (m) | қутб | qutb |
| polar (adj) | қутбий | qutbiy |

latitude (f)	кенглик	kenglik
longitude (f)	узунлик	uzunlik
paralela (f)	параллел	parallel
equador (m)	экватор	ekvator

céu (m)	осмон	osmon
horizonte (m)	уфқ	ufq
ar (m)	ҳаво	havo

farol (m)	маёқ	mayoq
mergulhar (vi)	шўнғимоқ	sho'ng'imoq
afundar-se (vr)	чўкиб кетмоқ	cho'kib ketmoq
tesouros (m pl)	хазина	xazina

199. Nomes de Mares e Oceanos

Oceano (m) Atlântico	Атлантика океани	Atlantika okeani
Oceano (m) Índico	Ҳинд океани	Hind okeani
Oceano (m) Pacífico	Тинч океани	Tinch okeani
Oceano (m) Ártico	Шимолий Муз океани	Shimoliy Muz okeani

Mar (m) Negro	Қора денгиз	Qora dengiz
Mar (m) Vermelho	Қизил денгиз	Qizil dengiz
Mar (m) Amarelo	Сариқ денгиз	Sariq dengiz
Mar (m) Branco	Оқ денгиз	Oq dengiz

Mar (m) Cáspio	Каспий денгизи	Kaspiy dengizi
Mar (m) Morto	ўлик денгиз	o'lik dengiz
Mar (m) Mediterrâneo	ўрта ер денгизи	o'rta er dengizi

| Mar (m) Egeu | Егей денгизи | Egey dengizi |
| Mar (m) Adriático | Адриатика денгизи | Adriatika dengizi |

| Mar (m) Arábico | Араб денгизи | Arab dengizi |
| Mar (m) do Japão | Япон денгизи | Yapon dengizi |

| Mar (m) de Bering | Беринг денгизи | Bering dengizi |
| Mar (m) da China Meridional | Жанубий-Хитой денгизи | Janubiy-Xitoy dengizi |

Mar (m) de Coral	Маржон денгизи	Marjon dengizi
Mar (m) de Tasman	Тасман денгизи	Tasman dengizi
Mar (m) do Caribe	Кариб денгизи	Karib dengizi

| Mar (m) de Barents | Баренц денгизи | Barents dengizi |
| Mar (m) de Kara | Кара денгизи | Kara dengizi |

Mar (m) do Norte	Шимолий денгиз	Shimoliy dengiz
Mar (m) Báltico	Болтиқ денгизи	Boltiq dengizi
Mar (m) da Noruega	Норвегия денгизи	Norvegiya dengizi

200. Montanhas

montanha (f)	тоғ	tog'
cordilheira (f)	тоғ тизмалари	tog' tizmalari
serra (f)	тоғ тизмаси	tog' tizmasi

cume (m)	чўққи	cho'qqi
pico (m)	чўққи	cho'qqi
pé (m)	етак	etak
declive (m)	ёнбағир	yonbag'ir

vulcão (m)	вулқон	vulqon
vulcão (m) ativo	ҳаракатдаги вулқон	harakatdagi vulqon
vulcão (m) extinto	ўчган вулқон	o'chgan vulqon

erupção (f)	отилиш	otilish
cratera (f)	кратер	krater
magma (m)	магма	magma
lava (f)	лава	lava
fundido (lava ~a)	қизиган	qizigan

cânion, desfiladeiro (m)	канён	kanyon
garganta (f)	дара	dara
fenda (f)	тоғ оралиғи	tog' oralig'i
precipício (m)	жарлик, тик жар	jarlik, tik jar

passo, colo (m)	довон	dovon
planalto (m)	ясси тоғ	yassi tog'
falésia (f)	қоя	qoya
colina (f)	тепалик	tepalik

geleira (f)	музлик	muzlik
cachoeira (f)	шаршара	sharshara
gêiser (m)	гейзер	geyzer
lago (m)	кўл	ko'l

planície (f)	текислик	tekislik
paisagem (f)	манзара	manzara
eco (m)	акс-садо	aks-sado
alpinista (m)	алпинист	alpinist

escalador (m)	қояларга чиқувчи спортчи	qoyalarga chiquvchi sportchi
conquistar (vt)	забт етмоқ	zabt etmoq
subida, escalada (f)	тоққа чиқиш	toqqa chiqish

201. Nomes de montanhas

Alpes (m pl)	Алп тоғлари	Alp tog'lari
Monte Branco (m)	Монблан	Monblan
Pirineus (m pl)	Пиреней тоғлари	Pireney tog'lari
Cárpatos (m pl)	Карпат тоғлари	Karpat tog'lari
Urais (m pl)	Урал тоғлари	Ural tog'lari
Cáucaso (m)	Кавказ	Kavkaz
Elbrus (m)	Елбрус	Elbrus
Altai (m)	Олтой тоғлари	Oltoy tog'lari
Tian Shan (m)	Тян-Шан	Tyan-Shan
Pamir (m)	Помир	Pomir
Himalaia (m)	Ҳималай тоғлари	Himalay tog'lari
monte Everest (m)	Еверест	Everest
Cordilheira (f) dos Andes	Анд тоғлари	And tog'lari
Kilimanjaro (m)	Килиманжаро	Kilimanjaro

202. Rios

rio (m)	дарё	daryo
fonte, nascente (f)	булоқ	buloq
leito (m) de rio	ўзан	o'zan
bacia (f)	ҳовуз	hovuz
desaguar no ...	... га қўшилмоқ	... ga qo'shilmoq
afluente (m)	ирмоқ	irmoq
margem (do rio)	қирғоқ	qirg'oq
corrente (f)	оқим	oqim
rio abaixo	оқимнинг қуйиси бўйича	oqimning quyisi bo'yicha
rio acima	оқимнинг юқориси бўйича	oqimning yuqorisi bo'yicha
inundação (f)	сув босиши	suv bosishi
cheia (f)	сув тошқини	suv toshqini
transbordar (vi)	дарёнинг тошиши	daryoning toshishi
inundar (vt)	сув бостирмоқ	suv bostirmoq
banco (m) de areia	саёзлик	sayozlik
corredeira (f)	остонатош	ostonatosh
barragem (f)	тўғон	to'g'on
canal (m)	канал	kanal
reservatório (m) de água	сув омбори	suv ombori
eclusa (f)	шлюз	shlyuz
corpo (m) de água	ҳавза	havza

pântano (m)	ботқоқ	botqoq
lamaçal (m)	ботқоқлик	botqoqlik
redemoinho (m)	гирдоб	girdob

riacho (m)	жилға	jilg'a
potável (adj)	ичиладиган	ichiladigan
doce (água)	чучук	chuchuk

| gelo (m) | муз | muz |
| congelar-se (vr) | музлаб қолмоқ | muzlab qolmoq |

203. Nomes de rios

| rio Sena (m) | Сена | Sena |
| rio Loire (m) | Луара | Luara |

rio Tâmisa (m)	Темза	Temza
rio Reno (m)	Рейн	Reyn
rio Danúbio (m)	Дунай	Dunay

rio Volga (m)	Волга	Volga
rio Don (m)	Дон	Don
rio Lena (m)	Лена	Lena

rio Amarelo (m)	Хуанхе	Xuanxe
rio Yangtzé (m)	Янцзи	Yantszi
rio Mekong (m)	Меконг	Mekong
rio Ganges (m)	Ганг	Gang

rio Nilo (m)	Нил	Nil
rio Congo (m)	Конго	Kongo
rio Cubango (m)	Окаванго	Okavango
rio Zambeze (m)	Замбези	Zambezi
rio Limpopo (m)	Лимпопо	Limpopo
rio Mississippi (m)	Миссисипи	Missisipi

204. Floresta

| floresta (f), bosque (m) | ўрмон | o'rmon |
| florestal (adj) | ўрмон | o'rmon |

mata (f) fechada	чангалзор	changalzor
arvoredo (m)	дарахтзор	daraxtzor
clareira (f)	яланглик	yalanglik

| matagal (m) | чангалзор | changalzor |
| mato (m), caatinga (f) | бутазор | butazor |

pequena trilha (f)	сўқмоқча	so'qmoqcha
ravina (f)	жарлик	jarlik
árvore (f)	дарахт	daraxt
folha (f)	барг	barg

folhagem (f)	барглар	barglar
queda (f) das folhas	хазонрезгилик	xazonrezgilik
cair (vi)	тўкилмоқ	to'kilmoq
topo (m)	уч	uch

ramo (m)	шох	shox
galho (m)	бутоқ	butoq
botão (m)	куртак	kurtak
agulha (f)	игна	igna
pinha (f)	ғудда	g'udda

buraco (m) de árvore	ковак	kovak
ninho (m)	уя	uya
toca (f)	ин	in

tronco (m)	тана	tana
raiz (f)	илдиз	ildiz
casca (f) de árvore	пўстлоқ	po'stloq
musgo (m)	мох	mox

arrancar pela raiz	кавламоқ	kavlamoq
cortar (vt)	чопмоқ	chopmoq
desflorestar (vt)	кесиб ташламоқ	kesib tashlamoq
toco, cepo (m)	тўнка	to'nka

fogueira (f)	гулхан	gulxan
incêndio (m) florestal	ёнғин	yong'in
apagar (vt)	ўчирмоқ	o'chirmoq

guarda-parque (m)	ўрмончи	o'rmonchi
proteção (f)	муҳофаза	muhofaza
proteger (a natureza)	муҳофаза қилмоқ	muhofaza qilmoq
caçador (m) furtivo	браконер	brakoner
armadilha (f)	қопқон	qopqon

| colher (cogumelos, bagas) | термоқ | termoq |
| perder-se (vr) | адашиб қолмоқ | adashib qolmoq |

205. Recursos naturais

recursos (m pl) naturais	табиий ресурслар	tabiiy resurslar
minerais (m pl)	фойдали қазилмалар	foydali qazilmalar
depósitos (m pl)	қатлам бўлиб ётган конлар	qatlam bo'lib yotgan konlar
jazida (f)	кон	kon

extrair (vt)	қазиб олмоқ	qazib olmoq
extração (f)	кончилик	konchilik
minério (m)	руда	ruda
mina (f)	кон	kon
poço (m) de mina	шахта	shaxta
mineiro (m)	кончи	konchi
gás (m)	газ	gaz
gasoduto (m)	газ қувури	gaz quvuri

petróleo (m)	нефт	neft
oleoduto (m)	нефт қувури	neft quvuri
poço (m) de petróleo	нефт минораси	neft minorasi
torre (f) petrolífera	бурғилаш минораси	burg'ilash minorasi
petroleiro (m)	танкер	tanker
areia (f)	қум	qum
calcário (m)	оҳактош	ohaktosh
cascalho (m)	шағал	shag'al
turfa (f)	торф	torf
argila (f)	лой	loy
carvão (m)	кўмир	ko'mir
ferro (m)	темир	temir
ouro (m)	олтин	oltin
prata (f)	кумуш	kumush
níquel (m)	никел	nikel
cobre (m)	мис	mis
zinco (m)	рух	rux
manganês (m)	марганец	marganets
mercúrio (m)	симоб	simob
chumbo (m)	қўрғошин	qo'rg'oshin
mineral (m)	минерал	mineral
cristal (m)	кристалл	kristall
mármore (m)	мармар	marmar
urânio (m)	уран	uran

A Terra. Parte 2

206. Tempo

tempo (m)	об-ҳаво	ob-havo
previsão (f) do tempo	об-ҳаво маълумоти	ob-havo ma'lumoti
temperatura (f)	ҳарорат	harorat
termômetro (m)	термометр	termometr
barômetro (m)	барометр	barometr
úmido (adj)	нам	nam
umidade (f)	намлик	namlik
calor (m)	иссиқ	issiq
tórrido (adj)	жазирама	jazirama
está muito calor	иссиқ	issiq
está calor	илиқ	iliq
quente (morno)	илиқ	iliq
está frio	совуқ	sovuq
frio (adj)	совуқ	sovuq
sol (m)	қуёш	quyosh
brilhar (vi)	нур сочмоқ	nur sochmoq
de sol, ensolarado	қуёшли	quyoshli
nascer (vi)	чиқмоқ	chiqmoq
pôr-se (vr)	ўтирмоқ	o'tirmoq
nuvem (f)	булут	bulut
nublado (adj)	булутли	bulutli
nuvem (f) preta	булут	bulut
escuro, cinzento (adj)	булутли	bulutli
chuva (f)	ёмғир	yomg'ir
está a chover	ёмғир ёғяпти	yomg'ir yog'yapti
chuvoso (adj)	ёмғирли	yomg'irli
chuviscar (vi)	майдалаб ёғмоқ	maydalab yog'moq
chuva (f) torrencial	шаррос ёмғир	sharros yomg'ir
aguaceiro (m)	жала	jala
forte (chuva, etc.)	кучли	kuchli
poça (f)	кўлмак	ko'lmak
molhar-se (vr)	хўл бўлмоқ	xo'l bo'lmoq
nevoeiro (m)	туман	tuman
de nevoeiro	туманли	tumanli
neve (f)	қор	qor
está nevando	қор ёғяпти	qor yog'yapti

207. Tempo extremo. Catástrofes naturais

trovoada (f)	момақалдироқ	momaqaldiroq
relâmpago (m)	чақмоқ	chaqmoq
relampejar (vi)	чарақламоқ	charaqlamoq
trovão (m)	момақалдироқ	momaqaldiroq
trovejar (vi)	гумбурламоқ	gumburlamoq
está trovejando	момақалдироқ	momaqaldiroq
	гумбурлаяпти	gumburlayapti
granizo (m)	дўл	do'l
está caindo granizo	дўл ёғяпти	do'l yog'yapti
inundar (vt)	сув бостирмоқ	suv bostirmoq
inundação (f)	сув босиши	suv bosishi
terremoto (m)	зилзила	zilzila
abalo, tremor (m)	силкиниш	silkinish
epicentro (m)	епицентр	epitsentr
erupção (f)	отилиш	otilish
lava (f)	лава	lava
tornado (m)	қуюн	quyun
tornado (m)	торнадо	tornado
tufão (m)	тўфон	to'fon
furacão (m)	бўрон	bo'ron
tempestade (f)	довул	dovul
tsunami (m)	сунами	sunami
ciclone (m)	сиклон	siklon
mau tempo (m)	ёғингарчилик	yog'ingarchilik
incêndio (m)	ёнғин	yong'in
catástrofe (f)	ҳалокат	halokat
meteorito (m)	метеорит	meteorit
avalanche (f)	кўчки	ko'chki
deslizamento (m) de neve	қор кўчкиси	qor ko'chkisi
nevasca (f)	қор бўрони	qor bo'roni
tempestade (f) de neve	қор бўралаши	qor bo'ralashi

208. Ruídos. Sons

silêncio (m)	сукунат	sukunat
som (m)	товуш	tovush
ruído, barulho (m)	шовқин	shovqin
fazer barulho	шовқин қилмоқ	shovqin qilmoq
ruidoso, barulhento (adj)	шовқинли	shovqinli
alto	қаттиқ, баланд	qattiq, baland
alto (ex. voz ~a)	қаттиқ, баланд	qattiq, baland

constante (ruído, etc.)	доимий	doimiy
grito (m)	бақириқ	baqiriq
gritar (vi)	бақирмоқ	baqirmoq
sussurro (m)	пичирлаш	pichirlash
sussurrar (vi, vt)	пичирламоқ	pichirlamoq
latido (m)	вовиллаш	vovillash
latir (vi)	вовилламоқ	vovillamoq
gemido (m)	инграш	ingrash
gemer (vi)	инграмоқ	ingramoq
tosse (f)	йўтал	yo'tal
tossir (vi)	йўталмоқ	yo'talmoq
assobio (m)	ҳуштак	hushtak
assobiar (vi)	ҳуштак чалмоқ	hushtak chalmoq
batida (f)	тақиллаш	taqillash
bater (à porta)	тақиллатмоқ	taqillatmoq
estalar (vi)	қарсилламоқ	qarsillamoq
estalido (m)	қасир-қусур	qasir-qusur
sirene (f)	сирена	sirena
apito (m)	гудок	gudok
apitar (vi)	гудок чалмоқ	gudok chalmoq
buzina (f)	сигнал	signal
buzinar (vi)	сигнал чалмоқ	signal chalmoq

209. Inverno

inverno (m)	қиш	qish
de inverno	қишки	qishki
no inverno	қишда	qishda
neve (f)	қор	qor
está nevando	қор ёғяпти	qor yog'yapti
queda (f) de neve	қор ёғиши	qor yog'ishi
amontoado (m) de neve	қортепа	qortepa
floco (m) de neve	қор учқуни	qor uchquni
bola (f) de neve	юмалоқланган қор	yumaloqlangan qor
boneco (m) de neve	қордан ясалган одам	qordan yasalgan odam
sincelo (m)	сумалак	sumalak
dezembro (m)	декабр	dekabr
janeiro (m)	январ	yanvar
fevereiro (m)	феврал	fevral
gelo (m)	аёз	ayoz
gelado (tempo ~)	аёзли	ayozli
abaixo de zero	нолдан паст	noldan past
primeira geada (f)	дастлабки совуқ	dastlabki sovuq
geada (f) branca	қиров	qirov

frio (m)	совуқ	sovuq
está frio	совуқ	sovuq
casaco (m) de pele	пўстин	po'stin
mitenes (f pl)	бошмалдоқли кўлқоплар	boshmaldoqli qo'lqoplar
adoecer (vi)	касал бўлмоқ	kasal bo'lmoq
resfriado (m)	шамоллаш	shamollash
ficar resfriado	шамолламоқ	shamollamoq
gelo (m)	муз	muz
gelo (m) na estrada	яхвонлик	yaxvonlik
congelar-se (vr)	музлаб қолмоқ	muzlab qolmoq
bloco (m) de gelo	катта муз парчаси	katta muz parchasi
esqui (m)	чанғи	chang'i
esquiador (m)	чанғичи	chang'ichi
esquiar (vi)	чанғида учмоқ	chang'ida uchmoq
patinar (vi)	конкида учмоқ	konkida uchmoq

Fauna

210. Mamíferos. Predadores

predador (m)	йирткич	yirtqich
tigre (m)	йўлбарс	yo'lbars
leão (m)	шер	sher
lobo (m)	бўри	bo'ri
raposa (f)	тулки	tulki
jaguar (m)	ягуар	yaguar
leopardo (m)	қоплон	qoplon
chita (f)	гепард	gepard
pantera (f)	қора қоплон	qora qoplon
puma (m)	пума	puma
leopardo-das-neves (m)	қор қоплони	qor qoploni
lince (m)	силовсин	silovsin
coiote (m)	коёт	koyot
chacal (m)	шоқол	shoqol
hiena (f)	сиртлон	sirtlon

211. Animais selvagens

animal (m)	жонивор	jonivor
besta (f)	ҳайвон	hayvon
esquilo (m)	олмахон	olmaxon
ouriço (m)	типратикан	tipratikan
lebre (f)	қуён	quyon
coelho (m)	қуён	quyon
texugo (m)	бўрсиқ	bo'rsiq
guaxinim (m)	енот	enot
hamster (m)	оғмахон	og'maxon
marmota (f)	суғур	sug'ur
toupeira (f)	кўр каламуш	ko'r kalamush
rato (m)	сичқон	sichqon
ratazana (f)	каламуш	kalamush
morcego (m)	кўршапалак	ko'rshapalak
arminho (m)	оқсувсар	oqsuvsar
zibelina (f)	собол	sobol
marta (f)	сувсар	suvsar
doninha (f)	латча	latcha
visom (m)	қоракўзан	qorako'zan

castor (m)	сув қундузи	suv qunduzi
lontra (f)	қундуз	qunduz
cavalo (m)	от	ot
alce (m)	лос	los
veado (m)	буғу	bug'u
camelo (m)	туя	tuya
bisão (m)	бизон	bizon
auroque (m)	зубр	zubr
búfalo (m)	буйвол	buyvol
zebra (f)	зебра	zebra
antílope (m)	антилопа	antilopa
corça (f)	кичик буғу	kichik bug'u
gamo (m)	кийик	kiyik
camurça (f)	тоғ кийик	tog' kiyik
javali (m)	тўнғиз	to'ng'iz
baleia (f)	кит	kit
foca (f)	тюлен	tyulen
morsa (f)	морж	morj
urso-marinho (m)	денгиз мушуги	dengiz mushugi
golfinho (m)	делфин	delfin
urso (m)	айиқ	ayiq
urso (m) polar	оқ айиқ	oq ayiq
panda (m)	панда	panda
macaco (m)	маймун	maymun
chimpanzé (m)	шимпанзе	shimpanze
orangotango (m)	орангутанг	orangutang
gorila (m)	горилла	gorilla
macaco (m)	макака	makaka
gibão (m)	гиббон	gibbon
elefante (m)	фил	fil
rinoceronte (m)	каркидон	karkidon
girafa (f)	жираф	jiraf
hipopótamo (m)	бегемот	begemot
canguru (m)	кенгуру	kenguru
coala (m)	коала	koala
mangusto (m)	мангуст	mangust
chinchila (f)	шиншилла	shinshilla
cangambá (f)	сассиқ кўзан	sassiq ko'zan
porco-espinho (m)	жайра	jayra

212. Animais domésticos

gata (f)	мушук	mushuk
gato (m) macho	мушук	mushuk
cão (m)	ит	it

cavalo (m)	от	ot
garanhão (m)	айғир	ayg'ir
égua (f)	бия	biya

vaca (f)	мол	mol
touro (m)	буқа	buqa
boi (m)	хўкиз	ho'kiz

ovelha (f)	қўй	qo'y
carneiro (m)	қўчқор	qo'chqor
cabra (f)	ечки	echki
bode (m)	така	taka

| burro (m) | ешак | eshak |
| mula (f) | хачир | xachir |

porco (m)	чўчқа	cho'chqa
leitão (m)	чўчқа боласи	cho'chqa bolasi
coelho (m)	қуён	quyon

| galinha (f) | товуқ | tovuq |
| galo (m) | хўроз | xo'roz |

pata (f), pato (m)	ўрдак	o'rdak
pato (m)	ўрдак	o'rdak
ganso (m)	ғоз	g'oz

| peru (m) | курка | kurka |
| perua (f) | курка | kurka |

animais (m pl) domésticos	уй ҳайвонлари	uy hayvonlari
domesticado (adj)	қўлга ўргатилган	qo'lga o'rgatilgan
domesticar (vt)	қўлга ўргатмоқ	qo'lga o'rgatmoq
criar (vt)	боқмоқ	boqmoq

fazenda (f)	ферма	ferma
aves (f pl) domésticas	уй паррандаси	uy parrandasi
gado (m)	мол	mol
rebanho (m), manada (f)	пода	poda

estábulo (m)	отхона	otxona
chiqueiro (m)	чўчқахона	cho'chqaxona
estábulo (m)	молхона	molxona
coelheira (f)	қуёнхона	quyonxona
galinheiro (m)	товуқхона	tovuqxona

213. Cães. Raças de cães

cão (m)	ит	it
cão pastor (m)	овчарка	ovcharka
pastor-alemão (m)	немис овчаркаси	nemis ovcharkasi
poodle (m)	пудел	pudel
linguicinha (m)	такса	taksa
buldogue (m)	булдог	buldog

boxer (m)	боксёр	boksyor
mastim (m)	мастиф	mastif
rottweiler (m)	ротвейлер	rotveyler
dóberman (m)	доберман	doberman

basset (m)	бассет	basset
pastor inglês (m)	бобтейл	bobteyl
dálmata (m)	далматин	dalmatin
cocker spaniel (m)	кокер-спаниел	koker-spaniel

| terra-nova (m) | нюфаундленд | nyufaundlend |
| são-bernardo (m) | сенбернар | senbernar |

husky (m) siberiano	хаски	xaski
Chow-chow (m)	чау-чау	chau-chau
spitz alemão (m)	шпиц	shpits
pug (m)	мопс	mops

214. Sons produzidos pelos animais

latido (m)	вовиллаш	vovillash
latir (vi)	вовилламоқ	vovillamoq
miar (vi)	миёвламоқ	miyovlamoq
ronronar (vi)	хурилламоқ	xurillamoq

mugir (vaca)	маърамоқ	ma'ramoq
bramir (touro)	ўкирмоқ	o'kirmoq
rosnar (vi)	ирилламоқ	irillamoq

uivo (m)	увиллаш	uvillash
uivar (vi)	увламоқ	uvlamoq
ganir (vi)	ангилламоқ	angillamoq

balir (vi)	баъламоқ	ba'lamoq
grunhir (vi)	хурхурламоқ	xurxurlamoq
guinchar (vi)	чийилламоқ	chiyillamoq

coaxar (sapo)	вақвақламоқ	vaqvaqlamoq
zumbir (inseto)	визилламоқ	vizillamoq
ziziar (vi)	чирилламоқ	chirillamoq

215. Animais jovens

cria (f), filhote (m)	ҳайвонларнинг боласи	hayvonlarning bolasi
gatinho (m)	мушукча	mushukcha
ratinho (m)	сичқонча	sichqoncha
cachorro (m)	кучук	kuchuk

filhote (m) de lebre	қуёнча	quyoncha
coelhinho (m)	қуёнча	quyoncha
lobinho (m)	бўри боласи	bo'ri bolasi
filhote (m) de raposa	тулки боласи	tulki bolasi

filhote (m) de urso	айиқча	ayiqcha
filhote (m) de leão	арслон боласи	arslon bolasi
filhote (m) de tigre	йўлбарс боласи	yo'lbars bolasi
filhote (m) de elefante	фил боласи	fil bolasi
leitão (m)	чўчқа боласи	cho'chqa bolasi
bezerro (m)	бузоқ	buzoq
cabrito (m)	ечки боласи	echki bolasi
cordeiro (m)	қўзичоқ	qo'zichoq
filhote (m) de veado	кийик боласи	kiyik bolasi
cria (f) de camelo	бўталоқ	bo'taloq
filhote (m) de serpente	илон боласи	ilon bolasi
filhote (m) de rã	бақача	baqacha
cria (f) de ave	полапон	polapon
pinto (m)	жўжа	jo'ja
patinho (m)	ўрдакча	o'rdakcha

216. Pássaros

pássaro (m), ave (f)	қуш	qush
pombo (m)	каптар	kaptar
pardal (m)	чумчуқ	chumchuq
chapim-real (m)	читтак	chittak
pega-rabuda (f)	ҳакка	hakka
corvo (m)	қарға	qarg'a
gralha-cinzenta (f)	қарға	qarg'a
gralha-de-nuca-cinzenta (f)	зоғча	zog'cha
gralha-calva (f)	гўнгқарға	go'ngqarg'a
pato (m)	ўрдак	o'rdak
ganso (m)	ғоз	g'oz
faisão (m)	қирғовул	qirg'ovul
águia (f)	бургут	burgut
açor (m)	қирғий	qirg'iy
falcão (m)	лочин	lochin
abutre (m)	калхат	kalxat
condor (m)	кондор	kondor
cisne (m)	оққуш	oqqush
grou (m)	турна	turna
cegonha (f)	лайлак	laylak
papagaio (m)	тўтиқуш	to'tiqush
beija-flor (m)	колибри	kolibri
pavão (m)	товус	tovus
avestruz (m)	туяқуш	tuyaqush
garça (f)	қарқара	qarqara
flamingo (m)	фламинго	flamingo
pelicano (m)	сақоқуш	saqoqush

rouxinol (m)	булбул	bulbul
andorinha (f)	қалдирғоч	qaldirg'och
tordo-zornal (m)	қораялоқ	qorayaloq
tordo-músico (m)	сайроқи қораялоқ	sayroqi qorayaloq
melro-preto (m)	қора қораялоқ	qora qorayaloq
andorinhão (m)	жарқалдирғоч	jarqaldirg'och
cotovia (f)	тўрғай	to'rg'ay
codorna (f)	бедана	bedana
pica-pau (m)	қизилиштон	qizilishton
cuco (m)	какку	kakku
coruja (f)	бойқуш	boyqush
bufo-real (m)	укки	ukki
tetraz-grande (m)	карқуш	karqush
tetraz-lira (m)	қур	qur
perdiz-cinzenta (f)	каклик	kaklik
estorninho (m)	чуғурчиқ	chug'urchiq
canário (m)	канарейка	kanareyka
galinha-do-mato (f)	булдуруқ	bulduruq
tentilhão (m)	зяблик	zyablik
dom-fafe (m)	снегир	snegir
gaivota (f)	чайка	chayka
albatroz (m)	албатрос	albatros
pinguim (m)	пингвин	pingvin

217. Pássaros. Canto e sons

cantar (vi)	куйламоқ	kuylamoq
gritar, chamar (vi)	бақирмоқ	baqirmoq
cantar (o galo)	қичқирмоқ	qichqirmoq
cocorocó (m)	қичқириқ	qichqiriq
cacarejar (vi)	қақағламоқ	qaqag'lamoq
crocitar (vi)	қағилламоқ	qag'illamoq
grasnar (vi)	ғақғақламоқ	g'aqg'aqlamoq
piar (vi)	чийилламоқ	chiyillamoq
chilrear, gorjear (vi)	чирқилламоқ	chirqillamoq

218. Peixes. Animais marinhos

brema (f)	лешч	leshch
carpa (f)	зоғорабалиқ	zog'orabaliq
perca (f)	олабуға	olabug'a
siluro (m)	лаққа балиқ	laqqa baliq
lúcio (m)	чўртанбалиқ	cho'rtanbaliq
salmão (m)	лосос	losos
esturjão (m)	осётр	osyotr

arenque (m)	селд	seld
salmão (m) do Atlântico	сёмга	syomga
cavala, sarda (f)	скумбрия	skumbriya
solha (f), linguado (m)	камбала	kambala
lúcio perca (m)	судак	sudak
bacalhau (m)	треска	treska
atum (m)	тунец	tunets
truta (f)	форел	forel
enguia (f)	илонбалиқ	ilonbaliq
raia (f) elétrica	електр скат	elektr skat
moreia (f)	мурена	murena
piranha (f)	пираня	piranya
tubarão (m)	акула	akula
golfinho (m)	делфин	delfin
baleia (f)	кит	kit
caranguejo (m)	қисқичбақа	qisqichbaqa
água-viva (f)	медуза	meduza
polvo (m)	саккизоёқ	sakkizoyoq
estrela-do-mar (f)	денгиз юлдузи	dengiz yulduzi
ouriço-do-mar (m)	денгиз кирписи	dengiz kirpisi
cavalo-marinho (m)	денгиз оти	dengiz oti
ostra (f)	устрица	ustritsa
camarão (m)	креветка	krevetka
lagosta (f)	омар	omar
lagosta (f)	лангуст	langust

219. Anfíbios. Répteis

cobra (f)	илон	ilon
venenoso (adj)	заҳарли	zaharli
víbora (f)	қора илон	qora ilon
naja (f)	кобра	kobra
píton (m)	питон	piton
jiboia (f)	бўғма илон	bo'g'ma ilon
cobra-de-água (f)	сувилон	suvilon
cascavel (f)	шақилдоқ илон	shaqildoq ilon
anaconda (f)	анаконда	anakonda
lagarto (m)	калтакесак	kaltakesak
iguana (f)	игуана	iguana
varano (m)	ечкиемар	echkiemar
salamandra (f)	саламандра	salamandra
camaleão (m)	хамелеон	xameleon
escorpião (m)	чаён	chayon
tartaruga (f)	тошбақа	toshbaqa
rã (f)	бақа	baqa

sapo (m)	қурбақа	qurbaqa
crocodilo (m)	тимсоҳ	timsoh

220. Insetos

inseto (m)	ҳашарот	hasharot
borboleta (f)	капалак	kapalak
formiga (f)	чумоли	chumoli
mosca (f)	пашша	pashsha
mosquito (m)	чивин	chivin
escaravelho (m)	қўнғиз	qo'ng'iz
vespa (f)	ари	ari
abelha (f)	асалари	asalari
mamangaba (f)	қовоқари	qovoqari
moscardo (m)	сўна	so'na
aranha (f)	ўргимчак	o'rgimchak
teia (f) de aranha	ўргимчак ини	o'rgimchak ini
libélula (f)	ниначи	ninachi
gafanhoto (m)	чигиртка	chigirtka
traça (f)	парвона	parvona
barata (f)	суварак	suvarak
carrapato (m)	кана	kana
pulga (f)	бурга	burga
borrachudo (m)	майда чивин	mayda chivin
gafanhoto (m)	чигиртка	chigirtka
caracol (m)	шиллиқ қурт	shilliq qurt
grilo (m)	қора чигиртка	qora chigirtka
pirilampo, vaga-lume (m)	ялтироқ қўнғиз	yaltiroq qo'ng'iz
joaninha (f)	хонқизи	xonqizi
besouro (m)	тиллақўнғиз	tillaqo'ng'iz
sanguessuga (f)	зулук	zuluk
lagarta (f)	капалак қурти	kapalak qurti
minhoca (f)	чувалчанг	chuvalchang
larva (f)	қурт	qurt

221. Animais. Partes do corpo

bico (m)	тумшуқ	tumshuq
asas (f pl)	қанотлар	qanotlar
pata (f)	панжа	panja
plumagem (f)	қуш патлари	qush patlari
pena, pluma (f)	пат	pat
crista (f)	кокилча	kokilcha
brânquias, guelras (f pl)	ойқулоқ	oyquloq
ovas (f pl)	увилдириқ	uvildiriq

larva (f)	курт	qurt
barbatana (f)	сузгич	suzgich
escama (f)	тангача	tangacha
presa (f)	қозиқ тиш	qoziq tish
pata (f)	панжа	panja
focinho (m)	тумшуқ	tumshuq
boca (f)	оғиз	og'iz
cauda (f), rabo (m)	дум	dum
bigodes (m pl)	мўйлов	mo'ylov
casco (m)	туёқ	tuyoq
corno (m)	шох	shox
carapaça (f)	зирх	zirh
concha (f)	чиғаноқ	chig'anoq
casca (f) de ovo	қобиқ	qobiq
pelo (m)	юнг	yung
pele (f), couro (m)	тери	teri

222. Ações dos animais

voar (vi)	учмоқ	uchmoq
dar voltas	айланмоқ	aylanmoq
voar (para longe)	учиб кетмоқ	uchib ketmoq
bater as asas	қоқмоқ	qoqmoq
bicar (vi)	чўқимоқ	cho'qimoq
incubar (vt)	тухум босмоқ	tuxum bosmoq
sair do ovo	тухумдан чиқмоқ	tuxumdan chiqmoq
fazer o ninho	тўқимоқ	to'qimoq
rastejar (vi)	ўрмаламоқ	o'rmalamoq
picar (vt)	чақмоқ	chaqmoq
morder (cachorro, etc.)	тишлаб олмоқ	tishlab olmoq
cheirar (vt)	хидламоқ	hidlamoq
latir (vi)	вовилламоқ	vovillamoq
silvar (vi)	вишилламоқ	vishillamoq
assustar (vt)	қўрқитмоқ	qo'rqitmoq
atacar (vt)	ҳамла қилмоқ	hamla qilmoq
roer (vt)	ғажимоқ	g'ajimoq
arranhar (vt)	тимдаламоқ	timdalamoq
esconder-se (vr)	беркинмоқ	berkinmoq
brincar (vi)	ўйнамоқ	o'ynamoq
caçar (vi)	ов қилмоқ	ov qilmoq
hibernar (vi)	уйқуда бўлмоқ	uyquda bo'lmoq
extinguir-se (vr)	қирилиб кетмоқ	qirilib ketmoq

223. Animais. Habitats

hábitat (m)	яшаш муҳити	yashash muhiti
migração (f)	миграция	migratsiya
montanha (f)	тоғ	tog'
recife (m)	сув ичидаги қоя	suv ichidagi qoya
falésia (f)	қоя	qoya
floresta (f)	ўрмон	o'rmon
selva (f)	жунгли	jungli
savana (f)	саванна	savanna
tundra (f)	тундра	tundra
estepe (f)	чўл	cho'l
deserto (m)	саҳро	sahro
oásis (m)	воҳа	voha
mar (m)	денгиз	dengiz
lago (m)	кўл	ko'l
oceano (m)	океан	okean
pântano (m)	ботқоқ	botqoq
de água doce	чучук сувли	chuchuk suvli
lagoa (f)	ҳовуз	hovuz
rio (m)	дарё	daryo
toca (f) do urso	айиқ ини	ayiq ini
ninho (m)	уя	uya
buraco (m) de árvore	ковак	kovak
toca (f)	ин	in
formigueiro (m)	чумоли ини	chumoli ini

224. Cuidados com os animais

jardim (m) zoológico	ҳайвонот боғи	hayvonot bog'i
reserva (f) natural	қўриқхона	qo'riqxona
viveiro (m)	питомник	pitomnik
jaula (f) de ar livre	волер	voler
jaula, gaiola (f)	қафас	qafas
casinha (f) de cachorro	каталак	katalak
pombal (m)	каптархона	kaptarxona
aquário (m)	аквариум	akvarium
delfinário (m)	делфинарий	delfinariy
criar (vt)	кўпайтирмоқ	ko'paytirmoq
cria (f)	насл	nasl
domesticar (vt)	қўлга ўргатмоқ	qo'lga o'rgatmoq
adestrar (vt)	ҳайвонларни ўргатмоқ	hayvonlarni o'rgatmoq
ração (f)	ем	em
alimentar (vt)	ем бермоқ	em bermoq

loja (f) de animais	зоомагазин	zoomagazin
focinheira (m)	тумшуқбоғ	tumshuqbog'
coleira (f)	бўйинбоғ	bo'yinbog'
nome (do animal)	лақаб	laqab
pedigree (m)	шажара	shajara

225. Animais. Diversos

alcateia (f)	тўда	to'da
bando (pássaros)	гала	gala
cardume (peixes)	гала	gala
manada (cavalos)	уюр	uyur

macho (m)	нар	nar
fêmea (f)	мода	moda

faminto (adj)	оч	och
selvagem (adj)	ёввойи	yovvoyi
perigoso (adj)	хавфли	xavfli

226. Cavalos

cavalo (m)	от	ot
raça (f)	зот	zot

potro (m)	тойча	toycha
égua (f)	бия	biya

mustangue (m)	мустанг	mustang
pônei (m)	пастак от	pastak ot
cavalo (m) de tiro	оғир юк ташувчи от	og'ir yuk tashuvchi ot

crina (f)	ёл	yol
rabo (m)	дум	dum

casco (m)	туёқ	tuyoq
ferradura (f)	тақа	taqa
ferrar (vt)	тақаламоқ	taqalamoq
ferreiro (m)	темирчи	temirchi

sela (f)	егар	egar
estribo (m)	узанги	uzangi
brida (f)	юган	yugan
rédeas (f pl)	тизгин	tizgin
chicote (m)	қамчи	qamchi

cavaleiro (m)	чавандоз	chavandoz
colocar sela	егарламоқ	egarlamoq
montar no cavalo	егарга ўтирмоқ	egarga o'tirmoq

galope (m)	сакраб чопиш	sakrab chopish
galopar (vi)	йелдирмоқ	yeldirmoq

trote (m)	йўртиб чопиш	yo'rtib chopish
a trote	йўртиб	yo'rtib
ir a trote	отда йўртиб бориш	otda yo'rtib borish

| cavalo (m) de corrida | пойгачи от | poygachi ot |
| corridas (f pl) | пойга | poyga |

estábulo (m)	отхона	otxona
alimentar (vt)	ем бермоқ	em bermoq
feno (m)	хашак	xashak
dar água	суғормоқ	sug'ormoq
limpar (vt)	тозаламоқ	tozalamoq

carroça (f)	юкли арава, арава	yukli arava, arava
pastar (vi)	ўтламоқ	o'tlamoq
relinchar (vi)	кишнамоқ	kishnamoq
dar um coice	тепиб олмоқ	tepib olmoq

Flora

227. Árvores

árvore (f)	дарахт	daraxt
decídua (adj)	баргли	bargli
conífera (adj)	игнабаргли	ignabargli
perene (adj)	доимяшил	doimyashil
macieira (f)	олма	olma
pereira (f)	нок	nok
cerejeira (f)	гилос	gilos
ginjeira (f)	олча	olcha
ameixeira (f)	олхӱри	olxo'ri
bétula (f)	оқ қайин	oq qayin
carvalho (m)	еман	eman
tília (f)	жўка дарахти	jo'ka daraxti
choupo-tremedor (m)	тоғтерак	tog'terak
bordo (m)	заранг дарахти	zarang daraxti
espruce (m)	қорақарағай	qoraqarag'ay
pinheiro (m)	қарағай	qarag'ay
alerce, lariço (m)	тилоғоч	tilog'och
abeto (m)	оққарағай	oqqarag'ay
cedro (m)	кедр	kedr
choupo, álamo (m)	терак	terak
tramazeira (f)	четан	chetan
salgueiro (m)	мажнунтол	majnuntol
amieiro (m)	олха	olxa
faia (f)	қора қайин	qora qayin
ulmeiro, olmo (m)	қайрағоч	qayrag'och
freixo (m)	шумтол	shumtol
castanheiro (m)	каштан	kashtan
magnólia (f)	магнолия	magnoliya
palmeira (f)	палма	palma
cipreste (m)	кипарис	kiparis
mangue (m)	мангро дарахти	mangro daraxti
embondeiro, baobá (m)	баобаб	baobab
eucalipto (m)	евкалипт	evkalipt
sequoia (f)	секвойя	sekvoyya

228. Arbustos

arbusto (m)	бута	buta
arbusto (m), moita (f)	бутазор	butazor

videira (f)	узум	uzum
vinhedo (m)	узумзор	uzumzor
framboeseira (f)	малина	malina
groselheira-negra (f)	қора смородина	qora smorodina
groselheira-vermelha (f)	қизил смородина	qizil smorodina
groselheira (f) espinhosa	крижовник	krijovnik
acácia (f)	акация	akatsiya
bérberis (f)	зирк	zirk
jasmim (m)	ясмин	yasmin
junípero (m)	қора арча	qora archa
roseira (f)	атиргул тупи	atirgul tupi
roseira (f) brava	наъматак	na'matak

229. Cogumelos

cogumelo (m)	қўзиқорин	qo'ziqorin
cogumelo (m) comestível	еса бўладиган қўзиқорин	esa bo'ladigan qo'ziqorin
cogumelo (m) venenoso	заҳарли қўзиқорин	zaharli qo'ziqorin
chapéu (m)	салла	salla
pé, caule (m)	оёқча	oyoqcha
boleto, porcino (m)	оқ қўзиқорин	oq qo'ziqorin
boleto (m) alaranjado	қизил қўзиқорин	qizil qo'ziqorin
boleto (m) de bétula	подберёзовик	podberyozovik
cantarelo (m)	лисичка	lisichka
rússula (f)	сироежка	siroejka
morchella (f)	сморчок	smorchok
agário-das-moscas (m)	мухомор	muxomor
cicuta (f) verde	қурбақасалла	qurbaqasalla

230. Frutos. Bagas

fruta (f)	мева	meva
frutas (f pl)	мевалар	mevalar
maçã (f)	олма	olma
pera (f)	нок	nok
ameixa (f)	олхўри	olxo'ri
morango (m)	қулупнай	qulupnay
ginja (f)	олча	olcha
cereja (f)	гилос	gilos
uva (f)	узум	uzum
framboesa (f)	малина	malina
groselha (f) negra	қора смородина	qora smorodina
groselha (f) vermelha	қизил смородина	qizil smorodina
groselha (f) espinhosa	крижовник	krijovnik
oxicoco (m)	клюква	klyukva

laranja (f)	апелсин	apelsin
tangerina (f)	мандарин	mandarin
abacaxi (m)	ананас	ananas
banana (f)	банан	banan
tâmara (f)	хурмо	xurmo
limão (m)	лимон	limon
damasco (m)	ўрик	o'rik
pêssego (m)	шафтоли	shaftoli
quiuí (m)	киви	kivi
toranja (f)	грейпфрут	greypfrut
baga (f)	реза мева	reza meva
bagas (f pl)	реза мевалар	reza mevalar
arando (m) vermelho	брусника	brusnika
morango-silvestre (m)	йертут	yertut
mirtilo (m)	черника	chernika

231. Flores. Plantas

flor (f)	гул	gul
buquê (m) de flores	даста	dasta
rosa (f)	атиргул	atirgul
tulipa (f)	лола	lola
cravo (m)	чиннигул	chinnigul
gladíolo (m)	гладиолус	gladiolus
centáurea (f)	бўтакўз	bo'tako'z
campainha (f)	кўнғироқгул	qo'ng'iroqgul
dente-de-leão (m)	момақаймоқ	momaqaymoq
camomila (f)	мойчечак	moychechak
aloé (m)	алое	aloe
cacto (m)	кактус	kaktus
fícus (m)	фикус	fikus
lírio (m)	лилия	liliya
gerânio (m)	ёронгул	yorongul
jacinto (m)	сунбул	sunbul
mimosa (f)	мимоза	mimoza
narciso (m)	наргис	nargis
capuchinha (f)	лотин чечаги	lotin chechagi
orquídea (f)	орхидея	orxideya
peônia (f)	саллагул	sallagul
violeta (f)	бинафша	binafsha
amor-perfeito (m)	капалакгул	kapalakgul
não-me-esqueças (m)	бўтакўз	bo'tako'z
margarida (f)	дасторгул	dastorgul
papoula (f)	кўкнор	ko'knor
cânhamo (m)	наша ўсимлиги	nasha o'simligi

hortelã, menta (f)	ялпиз	yalpiz
lírio-do-vale (m)	марваридгул	marvaridgul
campânula-branca (f)	бойчечак	boychechak

urtiga (f)	қичитқи ўт	qichitqi o't
azedinha (f)	шовул	shovul
nenúfar (m)	нилфия	nilfiya
samambaia (f)	қирққулоқ	qirqquloq
líquen (m)	лишайник	lishaynik

estufa (f)	оранжерея	oranjereya
gramado (m)	газон	gazon
canteiro (m) de flores	клумба	klumba

planta (f)	ўсимлик	o'simlik
grama (f)	ўт	o't
folha (f) de grama	ўт пояси	o't poyasi

folha (f)	барг	barg
pétala (f)	гулбарг	gulbarg
talo (m)	поя	poya
tubérculo (m)	тугунак	tugunak

broto, rebento (m)	куртак	kurtak
espinho (m)	тиканак	tikanak

florescer (vi)	гулламоқ	gullamoq
murchar (vi)	сўлимоқ	so'limoq
cheiro (m)	ҳид	hid
cortar (flores)	кесиб олмоқ	kesib olmoq
colher (uma flor)	узмоқ, узиб олмоқ	uzmoq, uzib olmoq

232. Cereais, grãos

grão (m)	ғалла	g'alla
cereais (plantas)	ғалла ўсимликлари	g'alla o'simliklari
espiga (f)	бошоқ	boshoq

trigo (m)	буғдой	bug'doy
centeio (m)	жавдар	javdar
aveia (f)	сули	suli

painço (m)	тариқ	tariq
cevada (f)	арпа	arpa

milho (m)	маккажўхори	makkajo'xori
arroz (m)	шоли	sholi
trigo-sarraceno (m)	гречиха	grechixa

ervilha (f)	нўхат	no'xat
feijão (m) roxo	ловия	loviya
soja (f)	соя	soya
lentilha (f)	ясмиқ	yasmiq
feijão (m)	дуккакли ўсимликлар	dukkakli o'simliklar

233. Vegetais. Verduras

vegetais (m pl)	сабзовотлар	sabzovotlar
verdura (f)	кўкат	ko'kat
tomate (m)	помидор	pomidor
pepino (m)	бодринг	bodring
cenoura (f)	сабзи	sabzi
batata (f)	картошка	kartoshka
cebola (f)	пиёз	piyoz
alho (m)	саримсоқ	sarimsoq
couve (f)	карам	karam
couve-flor (f)	гулкарам	gulkaram
couve-de-bruxelas (f)	брюссел карами	bryussel karami
brócolis (m pl)	брокколи карами	brokkoli karami
beterraba (f)	лавлаги	lavlagi
berinjela (f)	бақлажон	baqlajon
abobrinha (f)	қовоқча	qovoqcha
abóbora (f)	ошқовоқ	oshqovoq
nabo (m)	шолғом	sholg'om
salsa (f)	петрушка	petrushka
endro, aneto (m)	укроп	ukrop
alface (f)	салат	salat
aipo (m)	селдерей	selderey
aspargo (m)	сарсабил	sarsabil
espinafre (m)	исмалоқ	ismaloq
ervilha (f)	нўхат	no'xat
feijão (~ soja, etc.)	дуккакли ўсимликлар	dukkakli o'simliklar
milho (m)	маккажўхори	makkajo'xori
feijão (m) roxo	ловия	loviya
pimentão (m)	қалампир	qalampir
rabanete (m)	редиска	rediska
alcachofra (f)	артишок	artishok

GEOGRAFIA REGIONAL

Países. Nacionalidades

234. Europa Ocidental

Europa (f)	Йевропа	Yevropa
União (f) Europeia	Йевропа Иттифоқи	Yevropa Ittifoqi
europeu (m)	йевропалик	yevropalik
europeu (adj)	йевропага оид	yevropaga oid
Áustria (f)	Австрия	Avstriya
austríaco (m)	австриялик	avstriyalik
austríaca (f)	австриялик аёл	avstriyalik ayol
austríaco (adj)	австрияликларга оид	avstriyaliklarga oid
Grã-Bretanha (f)	Буюк Британия	Buyuk Britaniya
Inglaterra (f)	Англия	Angliya
inglês (m)	инглиз	ingliz
inglesa (f)	инглиз аёл	ingliz ayol
inglês (adj)	инглизларга оид	inglizlarga oid
Bélgica (f)	Белгия	Belgiya
belga (m)	белгиялик	belgiyalik
belga (f)	белгиялик аёл	belgiyalik ayol
belga (adj)	белгияликларга оид	belgiyaliklarga oid
Alemanha (f)	Германия	Germaniya
alemão (m)	немис	nemis
alemã (f)	немис аёл	nemis ayol
alemão (adj)	немисларга оид	nemislarga oid
Países Baixos (m pl)	Нидерландия	Niderlandiya
Holanda (f)	Голландия	Gollandiya
holandês (m)	голланд	golland
holandesa (f)	голланд аёл	golland ayol
holandês (adj)	голландларга оид	gollandlarga oid
Grécia (f)	Греция	Gretsiya
grego (m)	грек	grek
grega (f)	грек аёл	grek ayol
grego (adj)	грекларга оид	greklarga oid
Dinamarca (f)	Дания	Daniya
dinamarquês (m)	даниялик	daniyalik
dinamarquesa (f)	даниялик аёл	daniyalik ayol
dinamarquês (adj)	данияликларга оид	daniyaliklarga oid
Irlanda (f)	Ирландия	Irlandiya
irlandês (m)	ирландиялик	irlandiyalik

irlandesa (f)	ирландиялик аёл	irlandiyalik ayol
irlandês (adj)	ирландияликларга оид	irlandiyaliklarga oid
Islândia (f)	Исландия	Islandiya
islandês (m)	исландиялик	islandiyalik
islandesa (f)	исландиялик аёл	islandiyalik ayol
islandês (adj)	исландияликларга оид	islandiyaliklarga oid
Espanha (f)	Испания	Ispaniya
espanhol (m)	Испан	Ispan
espanhola (f)	испан аёл	ispan ayol
espanhol (adj)	испанларга оид	ispanlarga oid
Itália (f)	Италия	Italiya
italiano (m)	италян	italyan
italiana (f)	италян аёл	italyan ayol
italiano (adj)	италияликларга оид	italiyaliklarga oid
Chipre (m)	Кипр	Kipr
cipriota (m)	кипрлик	kiprlik
cipriota (f)	кипрлик аёл	kiprlik ayol
cipriota (adj)	кипрликларга оид	kiprliklarga oid
Malta (f)	Малта	Malta
maltês (m)	малталик	maltalik
maltesa (f)	малталик аёл	maltalik ayol
maltês (adj)	малталикларга оид	maltaliklarga oid
Noruega (f)	Норвегия	Norvegiya
norueguês (m)	норвег	norveg
norueguesa (f)	норвег аёл	norveg ayol
norueguês (adj)	норвегларга оид	norveglarga oid
Portugal (m)	Португалия	Portugaliya
português (m)	португал	portugal
portuguesa (f)	португал аёл	portugal ayol
português (adj)	португалларга оид	portugallarga oid
Finlândia (f)	Финляндия	Finlyandiya
finlandês (m)	финн	finn
finlandesa (f)	финн аёл	finn ayol
finlandês (adj)	финнларга оид	finnlarga oid
França (f)	Франция	Frantsiya
francês (m)	француз	frantsuz
francesa (f)	француз аёл	frantsuz ayol
francês (adj)	французларга оид	frantsuzlarga oid
Suécia (f)	Швеция	Shvetsiya
sueco (m)	швед	shved
sueca (f)	швед аёл	shved ayol
sueco (adj)	шведларга оид	shvedlarga oid
Suíça (f)	Швейцария	Shveytsariya
suíço (m)	швейцариялик	shveytsariyalik
suíça (f)	швейцариялик аёл	shveytsariyalik ayol

suíço (adj)	швейцарияликларга оид	shveytsariyaliklarga oid
Escócia (f)	Шотландия	Shotlandiya
escocês (m)	шотланд	shotland
escocesa (f)	шотланд аёл	shotland ayol
escocês (adj)	шотландларга оид	shotlandlarga oid

Vaticano (m)	Ватикан	Vatikan
Liechtenstein (m)	Лихтенштейн	Lixtenshteyn
Luxemburgo (m)	Люксембург	Lyuksemburg
Mônaco (m)	Монако	Monako

235. Europa Central e de Leste

Albânia (f)	Албания	Albaniya
albanês (m)	албан	alban
albanesa (f)	албан аёл	alban ayol
albanês (adj)	албанларга оид	albanlarga oid

Bulgária (f)	Болгария	Bolgariya
búlgaro (m)	болгар	bolgar
búlgara (f)	болгар аёл	bolgar ayol
búlgaro (adj)	болгарларга оид	bolgarlarga oid

Hungria (f)	Венгрия	Vengriya
húngaro (m)	венгр	vengr
húngara (f)	венгр аёл	vengr ayol
húngaro (adj)	венгрларга оид	vengrlarga oid

Letônia (f)	Латвия	Latviya
letão (m)	латиш	latish
letã (f)	латиш аёл	latish ayol
letão (adj)	латишларга оид	latishlarga oid

Lituânia (f)	Литва	Litva
lituano (m)	литвалик	litvalik
lituana (f)	литвалик аёл	litvalik ayol
lituano (adj)	литваликларга оид	litvaliklarga oid

Polônia (f)	Полша	Polsha
polonês (m)	поляк	polyak
polonesa (f)	поляк аёл	polyak ayol
polonês (adj)	полякларга оид	polyaklarga oid

Romênia (f)	Руминия	Ruminiya
romeno (m)	румин	rumin
romena (f)	румин аёл	rumin ayol
romeno (adj)	руминларга оид	ruminlarga oid

Sérvia (f)	Сербия	Serbiya
sérvio (m)	серб	serb
sérvia (f)	серб аёл	serb ayol
sérvio (adj)	сербларга оид	serblarga oid
Eslováquia (f)	Словакия	Slovakiya
eslovaco (m)	словак	slovak

| eslovaca (f) | словак аёл | slovak ayol |
| eslovaco (adj) | словакларга оид | slovaklarga oid |

Croácia (f)	Хорватия	Xorvatiya
croata (m)	хорват	xorvat
croata (f)	хорват аёл	xorvat ayol
croata (adj)	хорватларга оид	xorvatlarga oid

República (f) Checa	Чехия	Chexiya
checo (m)	чех	chex
checa (f)	чех аёл	chex ayol
checo (adj)	чехларга оид	chexlarga oid

Estônia (f)	Естония	Estoniya
estônio (m)	естон	eston
estônia (f)	естон аёл	eston ayol
estônio (adj)	естонларга оид	estonlarga oid

Bósnia e Herzegovina (f)	Босния ва Герцеговина	Bosniya va Gertsegovina
Macedônia (f)	Македония	Makedoniya
Eslovênia (f)	Словения	Sloveniya
Montenegro (m)	Черногория	Chernogoriya

236. Países da ex-URSS

Azerbaijão (m)	Озарбайжон	Ozarbayjon
azeri (m)	озарбайжон	ozarbayjon
azeri (f)	озарбайжон аёл	ozarbayjon ayol
azeri, azerbaijano (adj)	озарбайжонларга оид	ozarbayjonlarga oid

Armênia (f)	Арманистон	Armaniston
armênio (m)	арман	arman
armênia (f)	арман аёл	arman ayol
armênio (adj)	арманларга оид	armanlarga oid

Belarus	Беларус	Belarus
bielorrusso (m)	белорус	belorus
bielorrussa (f)	белорус аёл	belorus ayol
bielorrusso (adj)	белорусларга оид	beloruslarga oid

Geórgia (f)	Грузия	Gruziya
georgiano (m)	грузин	gruzin
georgiana (f)	грузин аёл	gruzin ayol
georgiano (adj)	грузинларга оид	gruzinlarga oid

Cazaquistão (m)	Қозоғистон	Qozog'iston
cazaque (m)	қозоқ	qozoq
cazaque (f)	қозоқ аёл	qozoq ayol
cazaque (adj)	қозоқларга оид	qozoqlarga oid

Quirguistão (m)	Қирғизистон	Qirg'iziston
quirguiz (m)	киргиз	kirg'iz
quirguiz (f)	киргиз аёл	kirg'iz ayol
quirguiz (adj)	киргизларга оид	kirg'izlarga oid

Moldávia (f)	Молдова	Moldova
moldavo (m)	молдаван	moldavan
moldava (f)	молдаван аёл	moldavan ayol
moldavo (adj)	молдаванларга оид	moldavanlarga oid

Rússia (f)	Россия	Rossiya
russo (m)	рус	rus
russa (f)	рус аёл	rus ayol
russo (adj)	русларга оид	ruslarga oid

Tajiquistão (m)	Тожикистон	Tojikiston
tajique (m)	тожик	tojik
tajique (f)	тожик аёл	tojik ayol
tajique (adj)	тожикларга оид	tojiklarga oid

Turquemenistão (m)	Туркманистон	Turkmaniston
turcomeno (m)	туркман	turkman
turcomena (f)	туркман аёл	turkman ayol
turcomeno (adj)	туркманларга оид	turkmanlarga oid

Uzbequistão (f)	ўзбекистон	o'zbekiston
uzbeque (m)	ўзбек	o'zbek
uzbeque (f)	ўзбек аёл	o'zbek ayol
uzbeque (adj)	ўзбекларга оид	o'zbeklarga oid

Ucrânia (f)	Украина	Ukraina
ucraniano (m)	украин	ukrain
ucraniana (f)	украин аёл	ukrain ayol
ucraniano (adj)	украинларга оид	ukrainlarga oid

237. Asia

| Ásia (f) | Осиё | Osiyo |
| asiático (adj) | осиёга оид | osiyoga oid |

Vietnã (m)	Ветнам	Vetnam
vietnamita (m)	ветнамлик	vetnamlik
vietnamita (f)	ветнамлик аёл	vetnamlik ayol
vietnamita (adj)	ветнамликларга оид	vetnamliklarga oid

Índia (f)	Ҳиндистон	Hindiston
indiano (m)	ҳинд	hind
indiana (f)	ҳинд аёл	hind ayol
indiano (adj)	ҳиндларга оид	hindlarga oid

Israel (m)	Исроил	Isroil
israelense (m)	исроиллик	isroillik
israelita (f)	исроиллик аёл	isroillik ayol
israelense (adj)	исроилликларга оид	isroilliklarga oid

judeu (m)	яхудий	yahudiy
judia (f)	яхудий аёл	yahudiy ayol
judeu (adj)	яхудийларга оид	yahudiylarga oid
China (f)	Хитой	Xitoy

chinês (m)	хитой	xitoy
chinesa (f)	хитой аёл	xitoy ayol
chinês (adj)	хитойларга оид	xitoylarga oid
coreano (m)	корейс	koreys
coreana (f)	корейс аёл	koreys ayol
coreano (adj)	корейсларга оид	koreyslarga oid
Líbano (m)	Ливан	Livan
libanês (m)	ливанлик	livanlik
libanesa (f)	ливанлик аёл	livanlik ayol
libanês (adj)	ливанликларга оид	livanliklarga oid
Mongólia (f)	Мўғулистон	Mo'g'uliston
mongol (m)	мўғул	mo'g'ul
mongol (f)	мўғул аёл	mo'g'ul ayol
mongol (adj)	мўғуллларга оид	mo'g'ulllarga oid
Malásia (f)	Малайзия	Malayziya
malaio (m)	малайялик	malayyalik
malaia (f)	малайялик аёл	malayyalik ayol
malaio (adj)	малайяликларга оид	malayyaliklarga oid
Paquistão (m)	Покистон	Pokiston
paquistanês (m)	покистонлик	pokistonlik
paquistanesa (f)	покистонлик аёл	pokistonlik ayol
paquistanês (adj)	покистонликларга оид	pokistonliklarga oid
Arábia (f) Saudita	Саудия арабистони	Saudiya arabistoni
árabe (m)	араб	arab
árabe (f)	араб аёл	arab ayol
árabe (adj)	арабларга оид	arablarga oid
Tailândia (f)	Таиланд	Tailand
tailandês (m)	таиландлик	tailandlik
tailandesa (f)	таиландлик аёл	tailandlik ayol
tailandês (adj)	таиландликларга оид	tailandliklarga oid
Taiwan (m)	Тайван	Tayvan
taiwanês (m)	тайванлик	tayvanlik
taiwanesa (f)	тайванлик аёл	tayvanlik ayol
taiwanês (adj)	тайванликларга оид	tayvanliklarga oid
Turquia (f)	Туркия	Turkiya
turco (m)	турк	turk
turca (f)	турк аёл	turk ayol
turco (adj)	туркларга оид	turklarga oid
Japão (m)	Япония	Yaponiya
japonês (m)	япон	yapon
japonesa (f)	япон аёл	yapon ayol
japonês (adj)	японларга оид	yaponlarga oid
Afeganistão (m)	Афғонистон	Afg'oniston
Bangladesh (m)	Бангладеш	Bangladesh
Indonésia (f)	Индонезия	Indoneziya

Jordânia (f)	Иордания	Iordaniya
Iraque (m)	Ироқ	Iroq
Irã (m)	Ерон	Eron
Camboja (f)	Камбоджа	Kambodja
Kuwait (m)	Қувайт	Quvayt

Laos (m)	Лаос	Laos
Birmânia (f)	Мянма	Myanma
Nepal (m)	Непал	Nepal
Emirados Árabes Unidos	Бирлашган Араб Амирликлари	Birlashgan Arab Amirliklari

Síria (f)	Сурия	Suriya
Palestina (f)	Фаластин автономияси	Falastin avtonomiyasi
Coreia (f) do Sul	Жанубий Корея	Janubiy Koreya
Coreia (f) do Norte	Шимолий корея	Shimoliy koreya

238. América do Norte

Estados Unidos da América	Америка Қўшма Штатлари	Amerika Qo'shma Shtatlari
americano (m)	америкалик	amerikalik
americana (f)	америкалик аёл	amerikalik ayol
americano (adj)	америкаликларга оид	amerikaliklarga oid

Canadá (m)	Канада	Kanada
canadense (m)	канадалик	kanadalik
canadense (f)	канадалик аёл	kanadalik ayol
canadense (adj)	канадаликларга оид	kanadaliklarga oid

México (m)	Мексика	Meksika
mexicano (m)	мексикалик	meksikalik
mexicana (f)	мексикалик аёл	meksikalik ayol
mexicano (adj)	мексикаликларга оид	meksikaliklarga oid

239. América Central do Sul

Argentina (f)	Аргентина	Argentina
argentino (m)	аргентиналик	argentinalik
argentina (f)	аргентиналик аёл	argentinalik ayol
argentino (adj)	аргентиналикларга оид	argentinaliklarga oid

Brasil (m)	Бразилия	Braziliya
brasileiro (m)	бразилиялик	braziliyalik
brasileira (f)	бразилиялик аёл	braziliyalik ayol
brasileiro (adj)	бразилияликларга оид	braziliyaliklarga oid

Colômbia (f)	Колумбия	Kolumbiya
colombiano (m)	колумбиялик	kolumbiyalik
colombiana (f)	колумбиялик аёл	kolumbiyalik ayol
colombiano (adj)	колумбияликларга оид	kolumbiyaliklarga oid
Cuba (f)	Куба	Kuba
cubano (m)	кубалик	kubalik

| cubana (f) | кубалик аёл | kubalik ayol |
| cubano (adj) | кубаликларга оид | kubaliklarga oid |

Chile (m)	Чили	Chili
chileno (m)	чилилик	chililik
chilena (f)	чилилик аёл	chililik ayol
chileno (adj)	чилиликларга оид	chililiklarga oid

Bolívia (f)	Боливия	Boliviya
Venezuela (f)	Венесуела	Venesuela
Paraguai (m)	Парагвай	Paragvay
Peru (m)	Перу	Peru
Suriname (m)	Суринам	Surinam
Uruguai (m)	Уругвай	Urugvay
Equador (m)	Эквадор	Ekvador

Bahamas (f pl)	Багам ороллари	Bagam orollari
Haiti (m)	Гаити	Gaiti
República Dominicana	Доминикана республикаси	Dominikana respublikasi
Panamá (m)	Панама	Panama
Jamaica (f)	Жамайка	Jamayka

240. Africa

Egito (m)	Миср	Misr
egípcio (m)	мисрлик	misrlik
egípcia (f)	мисрлик аёл	misrlik ayol
egípcio (adj)	мисрликларга оид	misrliklarga oid

Marrocos	Марокаш	Marokash
marroquino (m)	марокашлик	marokashlik
marroquina (f)	марокашлик аёл	marokashlik ayol
marroquino (adj)	марокашликларга оид	marokashliklarga oid

Tunísia (f)	Тунис	Tunis
tunisiano (m)	тунислик	tunislik
tunisiana (f)	тунислик аёл	tunislik ayol
tunisiano (adj)	тунисликларга оид	tunisliklarga oid

Gana (f)	Гана	Gana
Zanzibar (m)	Занзибар	Zanzibar
Quênia (f)	Кения	Keniya
Líbia (f)	Ливия	Liviya
Madagascar (m)	Мадагаскар	Madagaskar

Namíbia (f)	Намибия	Namibiya
Senegal (m)	Сенегал	Senegal
Tanzânia (f)	Танзания	Tanzaniya
África (f) do Sul	Жанубий Африка Республикаси	Janubiy Afrika Respublikasi
africano (m)	африкалик	afrikalik
africana (f)	африкалик аёл	afrikalik ayol
africano (adj)	африкаликларга оид	afrikaliklarga oid

241. Austrália. Oceania

Austrália (f)	Австралия	Avstraliya
australiano (m)	австралиялик	avstraliyalik
australiana (f)	австралиялик аёл	avstraliyalik ayol
australiano (adj)	австралияликларга оид	avstraliyaliklarga oid
Nova Zelândia (f)	Янги Зеландия	Yangi Zelandiya
neozelandês (m)	янги зеландиялик	yangi zelandiyalik
neozelandesa (f)	янги зеландиялик аёл	yangi zelandiyalik ayol
neozelandês (adj)	янги зеландияликларга оид	yangi zelandiyaliklarga oid
Tasmânia (f)	Тасмания	Tasmaniya
Polinésia (f) Francesa	Француз Полинезияси	Frantsuz Polineziyasi

242. Cidades

Amesterdã, Amsterdã	Амстердам	Amsterdam
Ancara	Анқара	Anqara
Atenas	Афина	Afina
Bagdade	Бағдод	Bag'dod
Bancoque	Бангкок	Bangkok
Barcelona	Барселона	Barselona
Beirute	Байрут	Bayrut
Berlim	Берлин	Berlin
Bonn	Бонн	Bonn
Bordéus	Бордо	Bordo
Bratislava	Братислава	Bratislava
Bruxelas	Брюссел	Bryussel
Bucareste	Бухарест	Buxarest
Budapeste	Будапешт	Budapesht
Cairo	Коҳира	Kohira
Calcutá	Калкутта	Kalkutta
Chicago	Чикаго	Chikago
Cidade do México	Мехико	Mexiko
Copenhague	Копенгаген	Kopengagen
Dar es Salaam	Дар ес Салаам	Dar es Salaam
Deli	Деҳли	Dehli
Dubai	Дубай	Dubay
Dublim	Дублин	Dublin
Düsseldorf	Дюсселдорф	Dyusseldorf
Estocolmo	Стокголм	Stokgolm
Florença	Флоренция	Florentsiya
Frankfurt	Франкфурт	Frankfurt
Genebra	Женева	Jeneva
Haia	Гаага	Gaaga
Hamburgo	Гамбург	Gamburg

Hanói	Ханой	Xanoy
Havana	Гавана	Gavana
Helsinque	Хелсинки	Xelsinki
Hiroshima	Хиросима	Xirosima
Hong Kong	Гонконг	Gonkong
Istambul	Истанбул	Istanbul

Jerusalém	Куддус	Quddus
Kiev, Quieve	Киев	Kiev
Kuala Lumpur	Куала Лумпур	Kuala Lumpur
Lion	Лион	Lion
Lisboa	Лиссабон	Lissabon
Londres	Лондон	London
Los Angeles	Лос Анжелес	Los Anjeles
Madrid	Мадрид	Madrid
Marselha	Марсел	Marsel
Miami	Майями	Mayyami

Montreal	Монреал	Monreal
Moscou	Москва	Moskva
Mumbai	Бомбей	Bombey
Munique	Мюнхен	Myunxen
Nairóbi	Найроби	Nayrobi
Nápoles	Неапол	Neapol

Nice	Ницца	Nitstsa
Nova York	Нью-Ёрк	Nyu-York
Oslo	Осло	Oslo
Ottawa	Оттава	Ottava
Paris	Париж	Parij

Pequim	Пекин	Pekin
Praga	Прага	Praga
Rio de Janeiro	Рио-де-Жанейро	Rio-de-Janeyro
Roma	Рим	Rim
São Petersburgo	Санкт-Петербург	Sankt-Peterburg
Seul	Сеул	Seul

Singapura	Сингапур	Singapur
Sydney	Сидней	Sidney
Taipé	Тайпей	Taypey
Tóquio	Токио	Tokio
Toronto	Торонто	Toronto

Varsóvia	Варшава	Varshava
Veneza	Венеция	Venetsiya
Viena	Вена	Vena
Washington	Вашингтон	Vashington
Xangai	Шанхай	Shanxay

243. Política. Governo. Parte 1

| política (f) | сиёсат | siyosat |
| político (adj) | сиёсий | siyosiy |

político (m)	сиёсатчи	siyosatchi
estado (m)	давлат	davlat
cidadão (m)	фуқаро	fuqaro
cidadania (f)	фуқаролик	fuqarolik
brasão (m) de armas	миллий герб	milliy gerb
hino (m) nacional	миллий мадҳия	milliy madhiya
governo (m)	ҳукумат	hukumat
Chefe (m) de Estado	мамлакат раҳбари	mamlakat rahbari
parlamento (m)	парламент	parlament
partido (m)	партия	partiya
capitalismo (m)	капитализм	kapitalizm
capitalista (adj)	капиталистик	kapitalistik
socialismo (m)	социализм	sotsializm
socialista (adj)	социалистик	sotsialistik
comunismo (m)	коммунизм	kommunizm
comunista (adj)	коммунистик	kommunistik
comunista (m)	коммунист	kommunist
democracia (f)	демократия	demokratiya
democrata (m)	демократ	demokrat
democrático (adj)	демократик	demokratik
Partido (m) Democrático	демократик партия	demokratik partiya
liberal (m)	либерал	liberal
liberal (adj)	либерал	liberal
conservador (m)	консерватор	konservator
conservador (adj)	консерватив	konservativ
república (f)	республика	respublika
republicano (m)	республикачи	respublikachi
Partido (m) Republicano	республикачилар партияси	respublikachilar partiyasi
eleições (f pl)	сайловлар	saylovlar
eleger (vt)	сайламоқ	saylamoq
eleitor (m)	сайловчи	saylovchi
campanha (f) eleitoral	сайлов кампанияси	saylov kampaniyasi
votação (f)	овоз бериш	ovoz berish
votar (vi)	овоз бермоқ	ovoz bermoq
sufrágio (m)	овоз бериш ҳуқуқи	ovoz berish huquqi
candidato (m)	номзод	nomzod
candidatar-se (vi)	ўз номзодини қўймоқ	o'z nomzodini qo'ymoq
campanha (f)	кампания	kampaniya
da oposição	мухолиф	muxolif
oposição (f)	мухолафат	muxolafat
visita (f)	ташриф	tashrif
visita (f) oficial	расмий ташриф	rasmiy tashrif

internacional (adj)	халқаро	xalqaro
negociações (f pl)	музокоралар	muzokoralar
negociar (vi)	музокоралар олиб бориш	muzokoralar olib borish

244. Política. Governo. Parte 2

sociedade (f)	жамият	jamiyat
constituição (f)	конституция	konstitutsiya
poder (ir para o ~)	ҳокимият	hokimiyat
corrupção (f)	коррупция	korruptsiya
lei (f)	қонун	qonun
legal (adj)	қонуний	qonuniy
justeza (f)	адолат	adolat
justo (adj)	адолатли	adolatli
comitê (m)	қўмита	qo'mita
projeto-lei (m)	қонун лойиҳаси	qonun loyihasi
orçamento (m)	бюджет	byudjet
política (f)	сиёсат	siyosat
reforma (f)	ислоҳот	islohot
radical (adj)	радикал	radikal
força (f)	куч	kuch
poderoso (adj)	кучли	kuchli
partidário (m)	тарафдор	tarafdor
influência (f)	таъсир	ta'sir
regime (m)	тузум	tuzum
conflito (m)	низо	nizo
conspiração (f)	фитна	fitna
provocação (f)	иғво	ig'vo
derrubar (vt)	ағдармоқ	ag'darmoq
derrube (m), queda (f)	ағдариш	ag'darish
revolução (f)	инқилоб	inqilob
golpe (m) de Estado	тўнтариш	to'ntarish
golpe (m) militar	ҳарбий тўнтариш	harbiy to'ntarish
crise (f)	инқироз	inqiroz
recessão (f) econômica	иқтисодий инқироз	iqtisodiy inqiroz
manifestante (m)	намойишчи	namoyishchi
manifestação (f)	намойиш	namoyish
lei (f) marcial	ҳарбий ҳолат	harbiy holat
base (f) militar	ҳарбий база	harbiy baza
estabilidade (f)	барқарорлик	barqarorlik
estável (adj)	барқарор	barqaror
exploração (f)	эксплуатация	ekspluatatsiya
explorar (vt)	эксплуатация қилмоқ	ekspluatatsiya qilmoq
racismo (m)	ирқчилик	irqchilik

racista (m)	ирқчи	irqchi
fascismo (m)	фашизм	fashizm
fascista (m)	фашист	fashist

245. Países. Diversos

estrangeiro (m)	чет еллик	chet ellik
estrangeiro (adj)	чет ел	chet el
no estrangeiro	чет елларда	chet ellarda
emigrante (m)	муҳожир	muhojir
emigração (f)	муҳожирлик	muhojirlik
emigrar (vi)	муҳожирликка кетмоқ	muhojirlikka ketmoq
Ocidente (m)	ғарб	g'arb
Oriente (m)	Шарқ	Sharq
Extremo Oriente (m)	Узоқ Шарқ	Uzoq Sharq
civilização (f)	сивилизация	sivilizatsiya
humanidade (f)	инсоният	insoniyat
mundo (m)	олам	olam
paz (f)	тинчлик	tinchlik
mundial (adj)	умумжаҳон	umumjahon
pátria (f)	ватан	vatan
povo (população)	халқ	xalq
população (f)	аҳоли	aholi
gente (f)	одамлар	odamlar
nação (f)	миллат	millat
geração (f)	авлод	avlod
território (m)	майдон	maydon
região (f)	ҳудуд	hudud
estado (m)	штат	shtat
tradição (f)	анъана	an'ana
costume (m)	урф-одат	urf-odat
ecologia (f)	екология	ekologiya
índio (m)	ҳинду	hindu
cigano (m)	лўли	lo'li
cigana (f)	лўли аёл	lo'li ayol
cigano (adj)	лўлиларга оид	lo'lilarga oid
império (m)	империя	imperiya
colônia (f)	мустамлака	mustamlaka
escravidão (f)	қуллик	qullik
invasão (f)	бостириб келиш	bostirib kelish
fome (f)	очлик	ochlik

246. Grupos religiosos mais importantes. Confissões

religião (f)	дин	din
religioso (adj)	диний	diniy

crença (f)	еътиқод	e'tiqod
crer (vt)	еътиқод қилмоқ	e'tiqod qilmoq
crente (m)	диндор	dindor
ateísmo (m)	атеизм	ateizm
ateu (m)	атеист	ateist
cristianismo (m)	Христиан дини	Xristian dini
cristão (m)	христиан	xristian
cristão (adj)	хистианларга оид	xistianlarga oid
catolicismo (m)	Католицизм	Katolitsizm
católico (m)	католик	katolik
católico (adj)	католикларга оид	katoliklarga oid
protestantismo (m)	Протестантлик	Protestantlik
Igreja (f) Protestante	Протестантлар черкови	Protestantlar cherkovi
protestante (m)	протестант	protestant
ortodoxia (f)	Православ	Pravoslav
Igreja (f) Ortodoxa	Православ черкови	Pravoslav cherkovi
ortodoxo (m)	православиега оид	pravoslaviega oid
presbiterianismo (m)	Пресвитерианлик	Presviterianlik
Igreja (f) Presbiteriana	Пресвитерианлар черкови	Presviterianlar cherkovi
presbiteriano (m)	пресвитериан	presviterian
luteranismo (m)	Лютеран черкови	Lyuteran cherkovi
luterano (m)	лютеран	lyuteran
Igreja (f) Batista	Баптизм	Baptizm
batista (m)	баптист	baptist
Igreja (f) Anglicana	Англикан черкови	Anglikan cherkovi
anglicano (m)	англикан	anglikan
mormonismo (m)	Мормонлик	Mormonlik
mórmon (m)	мормон	mormon
Judaísmo (m)	Яхудо дини	Yahudo dini
judeu (m)	яхудий	yahudiy
budismo (m)	Буддизм	Buddizm
budista (m)	буддист	buddist
hinduísmo (m)	Ҳиндуизм	Hinduizm
hindu (m)	ҳиндуий	hinduiy
Islã (m)	Ислом	Islom
muçulmano (m)	мусулмон	musulmon
muçulmano (adj)	мусулмонларга оид	musulmonlarga oid
xiismo (m)	Шиалик	Shialik
xiita (m)	шиа	shia
sunismo (m)	Суннийлик	Sunniylik
sunita (m)	сунний	sunniy

247. Religiões. Padres

padre (m)	руҳоний	ruhoniy
Papa (m)	Рим Папаси	Rim Papasi
monge (m)	роҳиб	rohib
freira (f)	роҳиба	rohiba
pastor (m)	пастор	pastor
abade (m)	аббат	abbat
vigário (m)	викарий	vikariy
bispo (m)	епископ	episkop
cardeal (m)	кардинал	kardinal
pregador (m)	ваъзхон	va'zxon
sermão (m)	ваъз	va'z
paroquianos (pl)	қавм	qavm
crente (m)	диндор	dindor
ateu (m)	атеист	ateist

248. Fé. Cristianismo. Islão

Adão	Одам Ато	Odam Ato
Eva	Момо Ҳаво	Momo Havo
Deus (m)	Худо	Xudo
Senhor (m)	Парвардигор	Parvardigor
Todo Poderoso (m)	Қудратли	Qudratli
pecado (m)	гуноҳ	gunoh
pecar (vi)	гуноҳ қилмоқ	gunoh qilmoq
pecador (m)	гуноҳкор	gunohkor
pecadora (f)	гуноҳкор аёл	gunohkor ayol
inferno (m)	дўзах	do'zax
paraíso (m)	жаннат	jannat
Jesus	Исо	Iso
Jesus Cristo	Исо Масиҳ	Iso Masih
Espírito (m) Santo	Муқаддас Руҳ	Muqaddas Ruh
Salvador (m)	Халоскор	Xaloskor
Virgem Maria (f)	Биби Марям	Bibi Maryam
Diabo (m)	Иблис	Iblis
diabólico (adj)	иблисона	iblisona
Satanás (m)	Шайтон	Shayton
satânico (adj)	шайтонга оид	shaytonga oid
anjo (m)	фаришта	farishta
anjo (m) da guarda	қўриқловчи фаришта	qo'riqlovchi farishta
angelical	фаришталарга оид	farishtalarga oid

apóstolo (m)	ҳаворий	havoriy
arcanjo (m)	фаришталарнинг енг каттаси	farishtalarning eng kattasi
anticristo (m)	дажжол	dajjol

Igreja (f)	Черков	Cherkov
Bíblia (f)	библия	bibliya
bíblico (adj)	библияга оид	bibliyaga oid

Velho Testamento (m)	Таврот	Tavrot
Novo Testamento (m)	Инжил	Injil
Evangelho (m)	Инжил	Injil
Sagradas Escrituras (f pl)	Муқаддас Китоб	Muqaddas Kitob
Céu (sete céus)	Жаннат	Jannat

mandamento (m)	муқаддас бурч	muqaddas burch
profeta (m)	пайғамбар	payg'ambar
profecia (f)	пайғамбарлик	payg'ambarlik

Alá (m)	Аллоҳ	Alloh
Maomé (m)	Муҳаммад	Muhammad
Alcorão (m)	Қуръон	Qur'on

mesquita (f)	мачит	machit
mulá (m)	мулла	mulla
oração (f)	ибодат	ibodat
rezar, orar (vi)	ибодат қилмоқ	ibodat qilmoq

peregrinação (f)	зиёрат	ziyorat
peregrino (m)	зиёратчи	ziyoratchi
Meca (f)	Макка	Makka

igreja (f)	черков	cherkov
templo (m)	ибодатхона	ibodatxona
catedral (f)	бош черков	bosh cherkov
gótico (adj)	готик	gotik
sinagoga (f)	синагога	sinagoga
mesquita (f)	мачит	machit

capela (f)	бутхона	butxona
abadia (f)	аббатлик	abbatlik
convento (m)	монастир	monastir
monastério (m)	монастир	monastir

sino (m)	қўнғироқ	qo'ng'iroq
campanário (m)	қўнғироқхона	qo'ng'iroqxona
repicar (vi)	жаранглатмоқ	jaranglatmoq

cruz (f)	хоч	xoch
cúpula (f)	гумбаз	gumbaz
ícone (m)	бут	but

alma (f)	жон	jon
destino (m)	тақдир, қисмат	taqdir, qismat
mal (m)	ёвузлик	yovuzlik
bem (m)	эзгулик	ezgulik

vampiro (m)	қонхӯр	qonxo'r
bruxa (f)	ялмоғиз	yalmog'iz
demônio (m)	иблис	iblis
espírito (m)	рух	ruh

| redenção (f) | гуноҳини ювиш | gunohini yuvish |
| redimir (vt) | гуноҳини ювмоқ | gunohini yuvmoq |

missa (f)	ибодат	ibodat
celebrar a missa	ибодат қилмоқ	ibodat qilmoq
confissão (f)	тавба	tavba
confessar-se (vr)	тавба қилмоқ	tavba qilmoq

santo (m)	авлиё	avliyo
sagrado (adj)	муқаддас	muqaddas
água (f) benta	муқаддас сув	muqaddas suv

ritual (m)	маросим	marosim
ritual (adj)	маросимга оид	marosimga oid
sacrifício (m)	қурбонлик	qurbonlik

superstição (f)	хурофот	xurofot
supersticioso (adj)	хурофий	xurofiy
vida (f) após a morte	нариги дунёдаги ҳаёт	narigi dunyodagi hayot
vida (f) eterna	мангу ҳаёт	mangu hayot

TEMAS DIVERSOS

249. Várias palavras úteis

ajuda (f)	ёрдам	yordam
barreira (f)	тўсиқ	to'siq
base (f)	асос	asos
categoria (f)	тоифа	toifa
causa (f)	сабаб	sabab
coincidência (f)	бир хиллик	bir xillik
coisa (f)	нарса	narsa
começo, início (m)	бошланиши	boshlanishi
cômodo (ex. poltrona ~a)	қулай	qulay
comparação (f)	таққослаш	taqqoslash
compensação (f)	компенсация	kompensatsiya
crescimento (m)	ўсиш	o'sish
desenvolvimento (m)	ривожланиш	rivojlanish
diferença (f)	тафовут	tafovut
efeito (m)	самара	samara
elemento (m)	унсур	unsur
equilíbrio (m)	мувозанат	muvozanat
erro (m)	хато	xato
esforço (m)	куч бериш	kuch berish
estilo (m)	услуб	uslub
exemplo (m)	мисол	misol
fato (m)	далил	dalil
fim (m)	интихо	intixo
forma (f)	шакл	shakl
frequente (adj)	тез такрорланувчи	tez takrorlanuvchi
fundo (ex. ~ verde)	асосий ранг	asosiy rang
gênero (tipo)	тур	tur
grau (m)	даража	daraja
ideal (m)	идеал	ideal
labirinto (m)	лабиринт	labirint
modo (m)	усул	usul
momento (m)	лаҳза	lahza
objeto (m)	объект	ob'ekt
obstáculo (m)	тўсиқ	to'siq
original (m)	оригинал	original
padrão (adj)	стандарт	standart
padrão (m)	стандарт	standart
paragem (pausa)	тўхташ	to'xtash
parte (f)	қисм	qism

partícula (f)	заррача	zarracha
pausa (f)	тўхтам	to'xtam
posição (f)	позиция	pozitsiya
princípio (m)	тамойил	tamoyil

problema (m)	муаммо	muammo
processo (m)	жараён	jarayon
progresso (m)	тараққиёт	taraqqiyot
propriedade (qualidade)	хосса	hossa

reação (f)	реакция	reaktsiya
risco (m)	таваккал	tavakkal
ritmo (m)	суръат	sur'at
segredo (m)	сир	sir
série (f)	серия	seriya

sistema (m)	тизим	tizim
situação (f)	вазият	vaziyat
solução (f)	ечим	echim
tabela (f)	жадвал	jadval
termo (ex. ~ técnico)	атама	atama

tipo (m)	тур	tur
urgente (adj)	шошилинч	shoshilinch
urgentemente	тезда	tezda
utilidade (f)	фойда	foyda

variante (f)	вариант	variant
variedade (f)	танлов	tanlov
verdade (f)	ҳақиқат	haqiqat
vez (f)	навбат	navbat
zona (f)	зона	zona

250. Modificadores. Adjetivos. Parte 1

aberto (adj)	очиқ	ochiq
afetuoso (adj)	мулойим	muloyim
afiado (adj)	ўткир	o'tkir
agradável (adj)	ёқимли	yoqimli
agradecido (adj)	миннатдор	minnatdor

alegre (adj)	қувноқ	quvnoq
alto (ex. voz ~a)	баланд	baland
amargo (adj)	аччиқ	achchiq
amplo (adj)	кенг	keng
antigo (adj)	қадимги	qadimgi

apertado (sapatos ~s)	тор	tor
apropriado (adj)	яроқли	yaroqli
arriscado (adj)	хатарли	xatarli
artificial (adj)	сунъий	sun'iy

| azedo (adj) | нордон | nordon |
| baixo (voz ~a) | тинч | tinch |

225

barato (adj)	арзон	arzon
belo (adj)	гўзал, жуда чиройли	go'zal, juda chiroyli
bom (adj)	яхши	yaxshi
bondoso (adj)	мехрибон	mehribon
bonito (adj)	чиройли	chiroyli
bronzeado (adj)	офтобда қорайган	oftobda qoraygan
burro, estúpido (adj)	тентак	tentak
calmo (adj)	тинч	tinch
cansado (adj)	чарчаган	charchagan
cansativo (adj)	толиққан	toliqqan
carinhoso (adj)	ғамхўр	g'amxo'r
caro (adj)	қиммат	qimmat
cego (adj)	кўр	ko'r
central (adj)	марказий	markaziy
cerrado (ex. nevoeiro ~)	қуюқ	quyuq
cheio (xícara ~a)	тўла	to'la
civil (adj)	фуқаролик	fuqarolik
clandestino (adj)	яширин	yashirin
claro (explicação ~a)	тушунарли	tushunarli
claro (pálido)	оч	och
compatível (adj)	бирга бўла оладиган	birga bo'la oladigan
comum, normal (adj)	оддий	oddiy
congelado (adj)	музлатилган	muzlatilgan
conjunto (adj)	биргаликда бўладиган	birgalikda bo'ladigan
considerável (adj)	аҳамиятли	ahamiyatli
contente (adj)	мамнун	mamnun
contínuo (adj)	давомли	davomli
contrário (ex. o efeito ~)	қарама-қарши	qarama-qarshi
correto (resposta ~a)	тўғри	to'g'ri
cru (não cozinhado)	хом	xom
curto (adj)	қисқа	qisqa
de curta duração	қисқа муддатли	qisqa muddatli
de sol, ensolarado	қуёшли	quyoshli
de trás	орқадаги	orqadagi
denso (fumaça ~a)	қуюқ	quyuq
desanuviado (adj)	мусаффо	musaffo
descuidado (adj)	еътиборсиз	e'tiborsiz
diferente (adj)	ҳар хил	har xil
difícil (decisão)	қийин	qiyin
difícil, complexo (adj)	мураккаб	murakkab
direito (lado ~)	ўнг	o'ng
distante (adj)	узоқ	uzoq
diverso (adj)	турли	turli
doce (açucarado)	ширин	shirin
doce (água)	чучук	chuchuk
doente (adj)	касал	kasal
duro (material ~)	қаттиқ	qattiq

| educado (adj) | боадаб | boadab |
| encantador (agradável) | илтифотли | iltifotli |

enigmático (adj)	сирли	sirli
enorme (adj)	улкан	ulkan
escuro (quarto ~)	қоронғи	qorong'i
especial (adj)	махсус	maxsus
esquerdo (lado ~)	чап	chap

estrangeiro (adj)	чет ел	chet el
estreito (adj)	тор	tor
exato (montante ~)	аниқ	aniq
excelente (adj)	аъло, жуда яхши	a'lo, juda yaxshi
excessivo (adj)	ҳаддан ташқари	haddan tashqari

externo (adj)	ташқи	tashqi
fácil (adj)	осон	oson
faminto (adj)	оч	och
fechado (adj)	ёпиқ	yopiq
feliz (adj)	бахтли	baxtli

fértil (terreno ~)	ҳосилдор	hosildor
forte (pessoa ~)	кучли	kuchli
fraco (luz ~a)	хира	xira
frágil (adj)	мўрт	mo'rt
fresco (pão ~)	янги	yangi

fresco (tempo ~)	салқин	salqin
frio (adj)	совуқ	sovuq
gordo (alimentos ~s)	ёғли	yog'li
gostoso, saboroso (adj)	мазали	mazali

grande (adj)	катта	katta
gratuito, grátis (adj)	бепул	bepul
grosso (camada ~a)	қалин	qalin
hostil (adj)	адоватли	adovatli

251. Modificadores. Adjetivos. Parte 2

igual (adj)	бир хил	bir xil
imóvel (adj)	кўзғалмас	ko'zg'almas
importante (adj)	муҳим	muhim
impossível (adj)	имконсиз	imkonsiz
incompreensível (adj)	тушунарсиз	tushunarsiz

indigente (muito pobre)	гадой	gadoy
indispensável (adj)	зарур	zarur
inexperiente (adj)	тажрибасиз	tajribasiz
infantil (adj)	болаларга хос	bolalarga xos

ininterrupto (adj)	узлуксиз	uzluksiz
insignificante (adj)	арзимас	arzimas
inteiro (completo)	бутун, тўлиқ	butun, to'liq
inteligente (adj)	ақлли	aqlli

interno (adj)	ички	ichki
jovem (adj)	ёш	yosh
largo (caminho ~)	кенг	keng
legal (adj)	қонуний	qonuniy
leve (adj)	енгил	engil
limitado (adj)	чекланган	cheklangan
limpo (adj)	тоза	toza
líquido (adj)	суюқ	suyuq
liso (adj)	силлиқ	silliq
liso (superfície ~a)	текис	tekis
livre (adj)	еркин	erkin
longo (ex. cabelo ~)	узоқ	uzoq
maduro (ex. fruto ~)	пишган	pishgan
magro (adj)	ориқ	oriq
mais próximo (adj)	енг яқин	eng yaqin
mais recente (adj)	ўтган	o'tgan
mate (adj)	жилосиз	jilosiz
mau (adj)	ёмон	yomon
meticuloso (adj)	батартиб	batartib
míope (adj)	узоқни кўролмайдиган	uzoqni ko'rolmaydigan
mole (adj)	юмшоқ	yumshoq
molhado (adj)	хўл	xo'l
moreno (adj)	қорача	qoracha
morto (adj)	ўлик	o'lik
muito magro (adj)	ориқ	oriq
não difícil (adj)	осон	oson
não é clara (adj)	равшан емас	ravshan emas
não muito grande (adj)	унча катта бўлмаган	uncha katta bo'lmagan
natal (país ~)	жонажон	jonajon
necessário (adj)	керакли	kerakli
negativo (resposta ~a)	салбий	salbiy
nervoso (adj)	асабий	asabiy
normal (adj)	нормал	normal
novo (adj)	янги	yangi
o mais importante (adj)	енг муҳим	eng muhim
obrigatório (adj)	мажбурий	majburiy
original (incomum)	оригинал	original
passado (adj)	ўтиб кетган	o'tib ketgan
pequeno (adj)	кичкина, кичик	kichkina, kichik
perigoso (adj)	хавфли	xavfli
permanente (adj)	доимий	doimiy
perto (adj)	яқиндаги	yaqindagi
pesado (adj)	оғир	og'ir
pessoal (adj)	шахсий	shaxsiy
plano (ex. ecrã ~ a)	ясси	yassi
pobre (adj)	камбағал	kambag'al
pontual (adj)	ишни вақтида бажарувчи	ishni vaqtida bajaruvchi

possível (adj)	мумкин	mumkin
pouco fundo (adj)	саёз	sayoz
presente (ex. momento ~)	ҳозирги	hozirgi
prévio (adj)	аввалги	avvalgi
primeiro (principal)	асосий ранг	asosiy rang
principal (adj)	бош	bosh
privado (adj)	хусусий	xususiy
provável (adj)	еҳтимол	ehtimol
próximo (adj)	яқин жойдаги	yaqin joydagi
público (adj)	ижтимоий	ijtimoiy
quente (cálido)	иссиқ	issiq
quente (morno)	илиқ	iliq
rápido (adj)	тез	tez
raro (adj)	сийрак	siyrak
remoto, longínquo (adj)	узоқдаги	uzoqdagi
reto (linha ~a)	тўғри	to'g'ri
salgado (adj)	тузли	tuzli
satisfeito (adj)	қониқарли	qoniqarli
seco (roupa ~a)	қуруқ	quruq
seguinte (adj)	кейинги	keyingi
seguro (não perigoso)	хавфсиз	xavfsiz
similar (adj)	ўхшаш	o'xshash
simples (fácil)	оддий	oddiy
soberbo, perfeito (adj)	аъло даражадаги	a'lo darajadagi
sólido (parede ~a)	пишиқ	pishiq
sombrio (adj)	қоронғи	qorong'i
sujo (adj)	ифлос	iflos
superior (adj)	олий	oliy
suplementar (adj)	қўшимча	qo'shimcha
tranquilo (adj)	ювош	yuvosh
transparente (adj)	шаффоф	shaffof
triste (pessoa)	маъюс	ma'yus
triste (um ar ~)	қайғули	qayg'uli
último (adj)	охирги	oxirgi
úmido (adj)	нам	nam
único (adj)	ноёб	noyob
usado (adj)	тутилган	tutilgan
vazio (meio ~)	бўш	bo'sh
velho (adj)	ески	eski
vizinho (adj)	қўшни	qo'shni

500 VERBOS PRINCIPAIS

252. Verbos A-B

abraçar (vt)	кучоқламоқ	quchoqlamoq
abrir (vt)	очмоқ	ochmoq
acalmar (vt)	тинчлантирмоқ	tinchlantirmoq
acariciar (vt)	силамоқ	silamoq
acenar (com a mão)	силкитмоқ	silkitmoq
acender (~ uma fogueira)	ёндирмоқ	yondirmoq
achar (vt)	ўйламоқ	o'ylamoq
acompanhar (vt)	кузатмоқ	kuzatmoq
aconselhar (vt)	маслаҳат бермоқ	maslahat bermoq
acordar, despertar (vt)	уйғотмоқ	uyg'otmoq
acrescentar (vt)	қўшмоқ	qo'shmoq
acusar (vt)	айбламоқ	ayblamoq
adestrar (vt)	ҳайвонларни ўргатмоқ	hayvonlarni o'rgatmoq
adivinhar (vt)	топмоқ	topmoq
admirar (vt)	қойил қолмоқ	qoyil qolmoq
adorar (~ fazer)	яхши кўрмоқ	yaxshi ko'rmoq
advertir (vt)	огоҳлантирмоқ	ogohlantirmoq
afirmar (vt)	талаб қилмоқ	talab qilmoq
afogar-se (vr)	чўкмоқ	cho'kmoq
afugentar (vt)	ҳайдаб юбормоқ	haydab yubormoq
agir (vi)	ҳаракат қилмоқ	harakat qilmoq
agitar, sacudir (vt)	силкитмоқ	silkitmoq
agradecer (vt)	ташаккур билдирмоқ	tashakkur bildirmoq
ajudar (vt)	ёрдамлашмоқ	yordamlashmoq
alcançar (objetivos)	еришмоқ	erishmoq
alimentar (dar comida)	овқат бермоқ	ovqat bermoq
almoçar (vi)	тушлик қилмоқ	tushlik qilmoq
alugar (~ o barco, etc.)	ёлламоқ	yollamoq
alugar (~ um apartamento)	ижарага олмоқ	ijaraga olmoq
amar (pessoa)	севмоқ	sevmoq
amarrar (vt)	боғламоқ	bog'lamoq
ameaçar (vt)	пўписа қилмоқ	po'pisa qilmoq
amputar (vt)	кесиб ташламоқ	kesib tashlamoq
anotar (escrever)	белги қўймоқ	belgi qo'ymoq
anotar (escrever)	ёзиб олмоқ	yozib olmoq
anular, cancelar (vt)	бекор қилмоқ	bekor qilmoq
apagar (com apagador, etc.)	ўчирмоқ	o'chirmoq
apagar (um incêndio)	ўчирмоқ	o'chirmoq

apaixonar-se …	севиб қолмоқ	sevib qolmoq
aparecer (vi)	кўринмоқ	ko'rinmoq
aplaudir (vi)	қарсак чалмоқ	qarsak chalmoq

apoiar (vt)	қувватламоқ	quvvatlamoq
apontar para …	нишонга олмоқ	nishonga olmoq
apresentar (alguém a alguém)	таништирмоқ	tanishtirmoq
apresentar (Gostaria de ~)	таништирмоқ	tanishtirmoq

apressar (vt)	шошилтирмоқ	shoshiltirmoq
apressar-se (vr)	шошилмоқ	shoshilmoq
aproximar-se (vr)	яқинлашмоқ	yaqinlashmoq
aquecer (vt)	иситмоқ	isitmoq

arrancar (vt)	узиб олмоқ	uzib olmoq
arranhar (vt)	тимдаламоқ	timdalamoq
arrepender-se (vr)	афсусланмоқ	afsuslanmoq
arriscar (vt)	таваккал қилмоқ	tavakkal qilmoq

arrumar, limpar (vt)	йиғиштирмоқ	yig'ishtirmoq
aspirar a …	интилмоқ	intilmoq
assinar (vt)	имзоламоқ	imzolamoq
assistir (vt)	ассистентлик қилмоқ	assistentlik qilmoq
atacar (vt)	ҳужум қилмоқ	hujum qilmoq

atar (vt)	боғлаб қўймоқ	bog'lab qo'ymoq
atracar (vi)	келиб тўхтамоқ	kelib to'xtamoq
aumentar (vi)	катталашмоқ	kattalashmoq
aumentar (vt)	катталаштирмоқ	kattalashtirmoq

avançar (vi)	мартабасини кўтармоқ	martabasini ko'tarmoq
avistar (vt)	кўрмоқ	ko'rmoq
baixar (guindaste, etc.)	туширмоқ	tushirmoq
barbear-se (vr)	соқол олмоқ	soqol olmoq
basear-se (vr)	асосланмоқ	asoslanmoq

bastar (vi)	етарли бўлмоқ	etarli bo'lmoq
bater (à porta)	тақиллатмоқ	taqillatmoq
bater (espancar)	урмоқ	urmoq
bater-se (vr)	муштлашмоқ	mushtlashmoq

beber, tomar (vt)	ичмоқ	ichmoq
brilhar (vi)	нур сочиб турмоқ	nur sochib turmoq
brincar, jogar (vi, vt)	ўйнамоқ	o'ynamoq
buscar (vt)	изламоқ	izlamoq

253. Verbos C-D

caçar (vi)	ов қилмоқ	ov qilmoq
calar-se (parar de falar)	жимиб қолмоқ	jimib qolmoq
calcular (vt)	ҳисобламоқ	hisoblamoq
carregar (o caminhão, etc.)	юкламоқ	yuklamoq
carregar (uma arma)	ўқламоқ	o'qlamoq

casar-se (vr)	уйланмоқ	uylanmoq
causar (vt)	сабабчи бўлмоқ	sababchi bo'lmoq
cavar (vt)	қазимоқ	qazimoq
ceder (não resistir)	бахридан ўтмоқ	bahridan o'tmoq
cegar, ofuscar (vt)	қамаштирмоқ	qamashtirmoq
censurar (vt)	гина қилмоқ	gina qilmoq
chamar (~ por socorro)	чақирмоқ	chaqirmoq
chamar (alguém para ...)	чақирмоқ	chaqirmoq
chegar (a algum lugar)	етиб бормоқ	etib bormoq
chegar (vi)	етиб келмоқ	etib kelmoq
cheirar (~ uma flor)	ҳидламоқ	hidlamoq
cheirar (tem o cheiro)	ҳид чиқармоқ	hid chiqarmoq
chorar (vi)	йиғламоқ	yig'lamoq
citar (vt)	ситата келтирмоқ	sitata keltirmoq
colher (flores)	узмоқ	uzmoq
colocar (vt)	қўймоқ	qo'ymoq
combater (vi, vt)	жанг қилмоқ	jang qilmoq
começar (vt)	бошламоқ	boshlamoq
comer (vt)	емоқ	emoq
comparar (vt)	солиштирмоқ	solishtirmoq
compensar (vt)	ўрнини тўлдирмоқ	o'rnini to'ldirmoq
competir (vi)	рақобат қилмоқ	raqobat qilmoq
complicar (vt)	қийинлаштирмоқ	qiyinlashtirmoq
compor (~ música)	ёзмоқ	yozmoq
comportar-se (vr)	ўзини тутмоқ	o'zini tutmoq
comprar (vt)	харид қилмоқ	xarid qilmoq
comprometer (vt)	обрўсизлантирмоқ	obro'sizlantirmoq
concentrar-se (vr)	жалб етилмоқ	jalb etilmoq
concordar (dizer "sim")	рози бўлмоқ	rozi bo'lmoq
condecorar (dar medalha)	тақдирламоқ	taqdirlamoq
confessar-se (vr)	иқрор бўлмоқ	iqror bo'lmoq
confiar (vt)	ишонмоқ	ishonmoq
confundir (equivocar-se)	адаштирмоқ	adashtirmoq
conhecer (vt)	танимоқ	tanimoq
conhecer-se (vr)	танишмоқ	tanishmoq
consertar (vt)	тартибга келтирмоқ	tartibga keltirmoq
consultar ...	маслаҳатлашмоқ	maslahatlashmoq
contagiar-se com ...	юқтириб олмоқ	yuqtirib olmoq
contar (vt)	сўзлаб бермоқ	so'zlab bermoq
contar com ...	... га умид боғламоқ	... ga umid bog'lamoq
continuar (vt)	давом еттирмоқ	davom ettirmoq
contratar (vt)	ёлламоқ	yollamoq
controlar (vt)	назорат қилмоқ	nazorat qilmoq
convencer (vt)	ишонтирмоқ	ishontirmoq
convidar (vt)	таклиф қилмоқ	taklif qilmoq
cooperar (vi)	ҳамкорлик қилмоқ	hamkorlik qilmoq

coordenar (vt)	мувофиқлаштирмоқ	muvofiqlashtirmoq
corar (vi)	қизармоқ	qizarmoq
correr (vi)	югурмоқ	yugurmoq
corrigir (~ um erro)	тўғриламоқ	to'g'rilamoq
cortar (com um machado)	чопиб ташламоқ	chopib tashlamoq
cortar (com uma faca)	кесиб олмоқ	kesib olmoq
cozinhar (vt)	тайёрламоқ	tayyorlamoq
crer (pensar)	ишонмоқ	ishonmoq
criar (vt)	яратмоқ	yaratmoq
cultivar (~ plantas)	ўстирмоқ	o'stirmoq
cuspir (vi)	туфламоқ	tuflamoq
custar (vt)	қийматга эга бўлмоқ	qiymatga ega bo'lmoq
dar (vt)	бермоқ	bermoq
dar banho, lavar (vt)	чўмилтирмоқ	cho'miltirmoq
datar (vi)	сана билан белгиланмоқ	sana bilan belgilanmoq
decidir (vt)	ҳал қилмоқ	hal qilmoq
decorar (enfeitar)	безамоқ	bezamoq
dedicar (vt)	бағишламоқ	bag'ishlamoq
defender (vt)	ҳимоя қилмоқ	himoya qilmoq
defender-se (vr)	ҳимояланмоқ	himoyalanmoq
deixar (~ a mulher)	ташлаб кетмоқ	tashlab ketmoq
deixar (esquecer)	қолдирмоқ	qoldirmoq
deixar (permitir)	ижозат бермоқ	ijozat bermoq
deixar cair (vt)	туширмоқ	tushirmoq
denominar (vt)	атамоқ	atamoq
denunciar (vt)	чақимчилик қилмоқ	chaqimchilik qilmoq
depender de ...	боғлиқ бўлмоқ	bog'liq bo'lmoq
derramar (~ líquido)	тўкиб юбормоқ	to'kib yubormoq
derramar-se (vr)	тўкилмоқ	to'kilmoq
desaparecer (vi)	ғойиб бўлмоқ	g'oyib bo'lmoq
desatar (vt)	ечиб олмоқ	echib olmoq
desatracar (vi)	жўнамоқ	jo'namoq
descansar (um pouco)	дам олмоқ	dam olmoq
descer (para baixo)	тушмоқ	tushmoq
descobrir (novas terras)	кашф қилмоқ	kashf qilmoq
descolar (avião)	учиб чиқмоқ	uchib chiqmoq
desculpar (vt)	кечирмоқ	kechirmoq
desculpar-se (vr)	кечирим сўрамоқ	kechirim so'ramoq
desejar (vt)	истамоқ	istamoq
desempenhar (papel)	ўйнамоқ	o'ynamoq
desligar (vt)	ўчирмоқ	o'chirmoq
desprezar (vt)	нафратланмоқ	nafratlanmoq
destruir (documentos, etc.)	қириб ташламоқ	qirib tashlamoq
dever (vi)	қарздор бўлмоқ	qarzdor bo'lmoq
devolver (vt)	орқага қайтармоқ	orqaga qaytarmoq
direcionar (vt)	йўналтирмоқ	yo'naltirmoq

dirigir (~ um carro)	машина бошқармоқ	mashina boshqarmoq
dirigir (~ uma empresa)	бошқармоқ	boshqarmoq
dirigir-se	мурожаат қилмоқ	murojaat qilmoq
(a um auditório, etc.)		
discutir (notícias, etc.)	муҳокама қилмоқ	muhokama qilmoq
disparar, atirar (vi)	отмоқ	otmoq
distribuir (folhetos, etc.)	тарқатмоқ	tarqatmoq
distribuir (vt)	тарқатмоқ	tarqatmoq
divertir (vt)	кўнглини очмоқ	ko'nglini ochmoq
divertir-se (vr)	қувнамоқ	quvnamoq
dividir (mat.)	бўлмоқ	bo'lmoq
dizer (vt)	айтмоқ	aytmoq
dobrar (vt)	икки марта орттирмоқ	ikki marta orttirmoq
duvidar (vt)	иккиланмоқ	ikkilanmoq

254. Verbos E-J

elaborar (uma lista)	тузмоқ	tuzmoq
elevar-se acima de …	юксалиб турмоқ	yuksalib turmoq
eliminar (um obstáculo)	олиб ташламоқ	olib tashlamoq
embrulhar (com papel)	ўрамоқ	o'ramoq
emergir (submarino)	сузиб чиқмоқ	suzib chiqmoq
emitir (~ cheiro)	тарқатмоқ	tarqatmoq
empreender (vt)	бошламоқ	boshlamoq
empurrar (vt)	итармоқ	itarmoq
encabeçar (vt)	бош бўлмоқ	bosh bo'lmoq
encher (~ a garrafa, etc.)	тўлдирмоқ	to'ldirmoq
encontrar (achar)	топмоқ	topmoq
enganar (vt)	алдамоқ	aldamoq
ensinar (vt)	ўргатмоқ	o'rgatmoq
entediar-se (vr)	зерикмоқ	zerikmoq
entender (vt)	тушунмоқ	tushunmoq
entrar (na sala, etc.)	кирмоқ	kirmoq
enviar (uma carta)	жўнатмоқ	jo'natmoq
equipar (vt)	жиҳозламоқ	jihozlamoq
errar (enganar-se)	адашмоқ	adashmoq
escolher (vt)	танламоқ	tanlamoq
esconder (vt)	беркитмоқ	berkitmoq
escrever (vt)	ёзмоқ	yozmoq
escutar (vt)	эшитмоқ	eshitmoq
escutar atrás da porta	яширинча эшитиб олмоқ	yashirincha eshitib olmoq
esmagar (um inseto, etc.)	эзмоқ	ezmoq
esperar (aguardar)	кутмоқ	kutmoq
esperar (contar com)	умид қилмоқ	umid qilmoq
esperar (ter esperança)	умид қилмоқ	umid qilmoq
espreitar (vi)	яширинча кўриб олмоқ	yashirincha ko'rib olmoq

estar	ётмоқ	yotmoq
estar convencido	ишонмоқ	ishonmoq
estar deitado	ётмоқ	yotmoq
estar perplexo	ҳайрон бўлиб қолмоқ	hayron bo'lib qolmoq
estar preocupado	хавотирланмоқ	xavotirlanmoq
estar sentado	ўтирмоқ	o'tirmoq
estremecer (vi)	сесканмоқ	seskanmoq
estudar (vt)	ўрганмоқ	o'rganmoq
evitar (~ o perigo)	ўзини четга олмоқ	o'zini chetga olmoq
examinar (~ uma proposta)	кўриб чиқмоқ	ko'rib chiqmoq
exigir (vt)	талаб қилмоқ	talab qilmoq
existir (vi)	мавжуд бўлмоқ	mavjud bo'lmoq
explicar (vt)	тушунтирмоқ	tushuntirmoq
expressar (vt)	ифодаламоқ	ifodalamoq
expulsar (~ da escola, etc.)	чиқармоқ	chiqarmoq
facilitar (vt)	енгиллаштирмоқ	engillashtirmoq
falar com ...	... билан гаплашмоқ	... bilan gaplashmoq
faltar (a la escuela, etc.)	қолдирмоқ	qoldirmoq
fascinar (vt)	мафтун қилмоқ	maftun qilmoq
fatigar (vt)	чарчатмоқ	charchatmoq
fazer (vt)	қилмоқ	qilmoq
fazer lembrar	еслатмоқ	eslatmoq
fazer piadas	ҳазиллашмоқ	hazillashmoq
fazer publicidade	реклама қилмоқ	reklama qilmoq
fazer uma tentativa	уриниб кўрмоқ	urinib ko'rmoq
fechar (vt)	ёпмоқ	yopmoq
felicitar (vt)	табрикламоқ	tabriklamoq
ficar cansado	чарчамоқ	charchamoq
ficar em silêncio	индамай турмоқ	indamay turmoq
ficar pensativo	ўйланмоқ	o'ylanmoq
forçar (vt)	мажбурламоқ	majburlamoq
formar (vt)	ташкил қилмоқ	tashkil qilmoq
gabar-se (vr)	мақтанмоқ	maqtanmoq
garantir (vt)	кафолатламоқ	kafolatlamoq
gostar (apreciar)	ёқмоқ	yoqmoq
gritar (vi)	бақирмоқ	baqirmoq
guardar (fotos, etc.)	сақламоқ	saqlamoq
guardar (no armário, etc.)	беркитмоқ	berkitmoq
guerrear (vt)	урушмоқ	urushmoq
herdar (vt)	мерос қилиб олмоқ	meros qilib olmoq
iluminar (vt)	ёритмоқ	yoritmoq
imaginar (vt)	тасаввур қилмоқ	tasavvur qilmoq
imitar (vt)	тақлид қилмоқ	taqlid qilmoq
implorar (vt)	илтимос қилмоқ	iltimos qilmoq
importar (vt)	импорт қилмоқ	import qilmoq
indicar (~ o caminho)	кўрсатмоқ	ko'rsatmoq

indignar-se (vr)	ғазабланмоқ	g'azablanmoq
infetar, contagiar (vt)	юқтирмоқ	yuqtirmoq
influenciar (vt)	таъсир етмоқ	ta'sir etmoq
informar (~ a policia)	хабар қилмоқ	xabar qilmoq
informar (vt)	хабардор қилмоқ	xabardor qilmoq
informar-se (~ sobre)	билмоқ	bilmoq
inscrever (na lista)	қўшиб қўймоқ	qo'shib qo'ymoq
inserir (vt)	ичига ўрнатмоқ	ichiga o'rnatmoq
insinuar (vt)	ишора қилмоқ	ishora qilmoq
insistir (vi)	қаттиқ туриб ма'қулламоқ	qattiq turib ma'qullamoq
inspirar (vt)	руҳлантирмоқ	ruhlantirmoq
instruir (ensinar)	йўриқнома бермоқ	yo'riqnoma bermoq
insultar (vt)	ҳақоратламоқ	haqoratlamoq
interessar (vt)	қизиқтирмоқ	qiziqtirmoq
interessar-se (vr)	қизиқмоқ	qiziqmoq
intervir (vi)	аралашмоқ	aralashmoq
invejar (vt)	ҳавас қилмоқ	havas qilmoq
inventar (vt)	ихтиро қилмоқ	ixtiro qilmoq
ir (a pé)	юрмоқ	yurmoq
ir (de carro, etc.)	кетмоқ	ketmoq
ir nadar	чўмилмоқ	cho'milmoq
ir para a cama	ухлашга ётмоқ	uxlashga yotmoq
irritar (vt)	ғазаблантирмоқ	g'azablantirmoq
irritar-se (vr)	ғазабланмоқ	g'azablanmoq
isolar (vt)	яккаламоқ	yakkalamoq
jantar (vi)	кечки овқатни емоқ	kechki ovqatni emoq
jogar, atirar (vt)	отмоқ	otmoq
juntar, unir (vt)	бирлаштирмоқ	birlashtirmoq
juntar-se a …	қўшилмоқ	qo'shilmoq

255. Verbos L-P

lançar (novo projeto, etc.)	бошламоқ	boshlamoq
lavar (vt)	ювмоқ	yuvmoq
lavar a roupa	кир ювмоқ	kir yuvmoq
lavar-se (vr)	ювинмоқ	yuvinmoq
lembrar (vt)	ёдда тутмоқ	yodda tutmoq
ler (vt)	ўқимоқ	o'qimoq
levantar-se (vr)	турмоқ	turmoq
levar (ex. leva isso daqui)	олиб кетмоқ	olib ketmoq
libertar (cidade, etc.)	қайтариб олмоқ	qaytarib olmoq
ligar (~ o radio, etc.)	ёқмоқ	yoqmoq
limitar (vt)	чекламоқ	cheklamoq
limpar (eliminar sujeira)	тозаламоқ	tozalamoq
limpar (tirar o calcário, etc.)	тозаламоқ	tozalamoq
lisonjear (vt)	хушомад қилмоқ	xushomad qilmoq

livrar-se de …	қутулмоқ	qutulmoq
lutar (combater)	урушмоқ	urushmoq
lutar (esporte)	курашмоқ	kurashmoq

marcar (com lápis, etc.)	белгиламоқ	belgilamoq
matar (vt)	ўлдирмоқ	o'ldirmoq
memorizar (vt)	еслаб қолмоқ	eslab qolmoq
mencionar (vt)	еслатиб ўтмоқ	eslatib o'tmoq

mentir (vi)	алдамоқ	aldamoq
merecer (vt)	лойиқ бўлмоқ	loyiq bo'lmoq
mergulhar (vi)	шўнғимоқ	sho'ng'imoq
misturar (vt)	аралаштирмоқ	aralashtirmoq

morar (vt)	яшамоқ	yashamoq
mostrar (vt)	кўрсатмоқ	ko'rsatmoq
mover (vt)	суриб қўймоқ	surib qo'ymoq
mudar (modificar)	ўзгартирмоқ	o'zgartirmoq

multiplicar (mat.)	кўпайтирмоқ	ko'paytirmoq
nadar (vi)	сузмоқ	suzmoq
negar (vt)	инкор қилмоқ	inkor qilmoq
negociar (vi)	музокоралар олиб бориш	muzokoralar olib borish

nomear (função)	тайинламоқ	tayinlamoq
obedecer (vt)	итоат қилмоқ	itoat qilmoq
objetar (vt)	еътироз билдирмоқ	e'tiroz bildirmoq
observar (vt)	кузатмоқ	kuzatmoq

ofender (vt)	хафа қилмоқ	xafa qilmoq
olhar (vt)	қарамоқ	qaramoq
omitir (vt)	қолдириб кетмоқ	qoldirib ketmoq
ordenar (mil.)	буюрмоқ	buyurmoq

organizar (evento, etc.)	уюштирмоқ	uyushtirmoq
ousar (vt)	журъат қилмоқ	jur'at qilmoq
ouvir (vt)	ешитмоқ	eshitmoq
pagar (vt)	тўламоқ	to'lamoq

parar (para descansar)	тўхтамоқ	to'xtamoq
parar, cessar (vt)	тўхтатмоқ	to'xtatmoq
parecer-se (vr)	ўхшамоқ	o'xshamoq
participar (vi)	иштирок етмоқ	ishtirok etmoq
partir (~ para o estrangeiro)	кетиб қолмоқ	ketib qolmoq

passar (vt)	ўтиб кетмоқ	o'tib ketmoq
passar a ferro	дазмолламоқ	dazmollamoq
pecar (vi)	гуноҳ қилмоқ	gunoh qilmoq
pedir (comida)	буюртма бермоқ	buyurtma bermoq

pedir (um favor, etc.)	сўрамоқ	so'ramoq
pegar (tomar com a mão)	тутмоқ	tutmoq
pegar (tomar)	олмоқ	olmoq
pendurar (cortinas, etc.)	осмоқ	osmoq
penetrar (vt)	кириб олмоқ	kirib olmoq
pensar (vi, vt)	ўйламоқ	o'ylamoq

pentear-se (vr)	соч тарамоқ	soch taramoq
perceber (ver)	кўриб қолмоқ	ko'rib qolmoq
perder (o guarda-chuva, etc.)	йўқотмоқ	yo'qotmoq

perdoar (vt)	кечирмоқ	kechirmoq
permitir (vt)	рухсат бермоқ	ruxsat bermoq
pertencer a …	тегишли бўлмоқ	tegishli bo'lmoq
perturbar (vt)	безовта қилмоқ	bezovta qilmoq

pesar (ter o peso)	оғирликка ега бўлмоқ	og'irlikka ega bo'lmoq
pescar (vt)	балиқ тутмоқ	baliq tutmoq
planejar (vt)	режаламоқ	rejalamoq
poder (~ fazer algo)	уддаламоқ	uddalamoq

pôr (posicionar)	жойлаштирмоқ	joylashtirmoq
possuir (uma casa, etc.)	ега бўлмоқ	ega bo'lmoq
predominar (vi, vt)	ортиқ бўлмоқ	ortiq bo'lmoq
preferir (vt)	афзал кўрмоқ	afzal ko'rmoq

preocupar (vt)	хавотир қилмоқ	xavotir qilmoq
preocupar-se (vr)	хавотир бўлмоқ	xavotir bo'lmoq
preparar (vt)	тайёрламоқ	tayyorlamoq
preservar (ex. ~ a paz)	сақламоқ	saqlamoq

prever (vt)	олдиндан кўрмоқ	oldindan ko'rmoq
privar (vt)	маҳрум қилмоқ	mahrum qilmoq
proibir (vt)	тақиқламоқ	taqiqlamoq
projetar, criar (vt)	лойиҳалаштирмоқ	loyihalashtirmoq
prometer (vt)	ваъда бермоқ	va'da bermoq

pronunciar (vt)	айтмоқ	aytmoq
propor (vt)	таклиф қилмоқ	taklif qilmoq
proteger (a natureza)	кўриқламоқ	qo'riqlamoq
protestar (vi)	норозилик билдирмоқ	norozilik bildirmoq

provar (~ a teoria, etc.)	исботламоқ	isbotlamoq
provocar (vt)	иғво қилмоқ	ig'vo qilmoq
punir, castigar (vt)	жазоламоқ	jazolamoq
puxar (vt)	тортмоқ	tortmoq

256. Verbos Q-Z

quebrar (vt)	синдирмоқ	sindirmoq
queimar (vt)	ёндирмоқ	yondirmoq
queixar-se (vr)	шикоят қилмоқ	shikoyat qilmoq
querer (desejar)	истамоқ	istamoq

rachar-se (vr)	ёрилмоқ	yorilmoq
ralhar, repreender (vt)	уришиб бермоқ	urishib bermoq
realizar (vt)	амалга оширмоқ	amalga oshirmoq
recomendar (vt)	тавсия қилмоқ	tavsiya qilmoq

| reconhecer (identificar) | танимоқ | tanimoq |
| reconhecer (o erro) | иқрор бўлмоқ | iqror bo'lmoq |

recordar, lembrar (vt)	ёдга олмоқ	yodga olmoq
recuperar-se (vr)	соғаймоқ	sog'aymoq
recusar (~ alguém)	рад етмоқ	rad etmoq

reduzir (vt)	камайтирмоқ	kamaytirmoq
refazer (vt)	қайтадан қилмоқ	qaytadan qilmoq
reforçar (vt)	мустаҳкамламоқ	mustahkamlamoq
refrear (vt)	ушлаб қолмоқ	ushlab qolmoq

regar (plantas)	суғормоқ	sug'ormoq
remover (~ uma mancha)	йўқ қилмоқ	yo'q qilmoq
reparar (vt)	тузатмоқ	tuzatmoq
repetir (dizer outra vez)	қайтармоқ	qaytarmoq

reportar (vt)	маъруза қилмоқ	ma'ruza qilmoq
reservar (~ um quarto)	банд қилиб қўймоқ	band qilib qo'ymoq
resolver (o conflito)	келиштирмоқ	kelishtirmoq
resolver (um problema)	ечмоқ	echmoq

respirar (vi)	нафас олмоқ	nafas olmoq
responder (vt)	жавоб бермоқ	javob bermoq
rezar, orar (vi)	ибодат қилмоқ	ibodat qilmoq
rir (vi)	кулмоқ	kulmoq
romper-se (corda, etc.)	узилмоқ	uzilmoq

roubar (vt)	ўғирламоқ	o'g'irlamoq
saber (vt)	билмоқ	bilmoq
sair (~ de casa)	чиқмоқ	chiqmoq
sair (ser publicado)	чиқмоқ	chiqmoq

salvar (resgatar)	қутқармоқ	qutqarmoq
satisfazer (vt)	қониқтирмоқ	qoniqtirmoq
saudar (vt)	салом бермоқ	salom bermoq
secar (vt)	қуритмоқ	quritmoq
seguir (~ alguém)	орқасидан бормоқ	orqasidan bormoq

selecionar (vt)	танлаб олмоқ	tanlab olmoq
semear (vt)	екмоқ	ekmoq
sentar-se (vr)	ўтирмоқ	o'tirmoq
sentenciar (vt)	ҳукм қилмоқ	hukm qilmoq
sentir (vt)	сезмоқ	sezmoq

ser diferente	фарқланмоқ	farqlanmoq
ser indispensável	зарур бўлмоқ	zarur bo'lmoq
ser necessário	керак бўлмоқ	kerak bo'lmoq

ser preservado	сақланмоқ	saqlanmoq
ser, estar	бўлмоқ	bo'lmoq
servir (restaurant, etc.)	хизмат кўрсатмоқ	xizmat ko'rsatmoq
servir (roupa, caber)	лойиқ келмоқ	loyiq kelmoq

significar (palavra, etc.)	англатмоқ	anglatmoq
significar (vt)	билдирмоқ	bildirmoq
simplificar (vt)	соддалаштирмоқ	soddalashtirmoq
sofrer (vt)	азобланмоқ	azoblanmoq
sonhar (~ com)	орзу қилмоқ	orzu qilmoq

sonhar (ver sonhos)	туш кўрмоқ	tush ko'rmoq
soprar (vi)	пуфламоқ	puflamoq
sorrir (vi)	жилмаймоқ	jilmaymoq
subestimar (vt)	кам баҳо бермоқ	kam baho bermoq
sublinhar (vt)	таъкидламоқ	ta'kidlamoq
sujar-se (vr)	ифлосланмоқ	ifloslanmoq
superestimar (vt)	қайтадан баҳоламоқ	qaytadan baholamoq
supor (vt)	фараз қилмоқ	faraz qilmoq
suportar (as dores)	чидамоқ	chidamoq
surpreender (vt)	ажаблантирмоқ	ajablantirmoq
surpreender-se (vr)	ажабланмоқ	ajablanmoq
suspeitar (vt)	шубҳаланмоқ	shubhalanmoq
suspirar (vi)	хўрсинмоқ	xo'rsinmoq
tentar (~ fazer)	уринмоқ	urinmoq
ter (vt)	ега бўлмоқ	ega bo'lmoq
ter medo	қўрқмоқ	qo'rqmoq
terminar (vt)	тугатмоқ	tugatmoq
tirar (vt)	олиб ташламоқ	olib tashlamoq
tirar cópias	кўпайтирмоқ	ko'paytirmoq
tirar fotos, fotografar	фотосурат олмоқ	fotosurat olmoq
tirar uma conclusão	хулоса қилмоқ	xulosa qilmoq
tocar (com as mãos)	тегмоқ	tegmoq
tomar café da manhã	нонушта қилмоқ	nonushta qilmoq
tomar emprestado	қарз олмоқ	qarz olmoq
tornar-se (ex. ~ conhecido)	бўлмоқ	bo'lmoq
trabalhar (vi)	ишламоқ	ishlamoq
traduzir (vt)	таржима қилмоқ	tarjima qilmoq
transformar (vt)	ўзгартирмоқ	o'zgartirmoq
tratar (a doença)	даволамоқ	davolamoq
trazer (vt)	олиб келмоқ	olib kelmoq
treinar (vt)	машқ қилдирмоқ	mashq qildirmoq
treinar-se (vr)	машқ қилмоқ	mashq qilmoq
tremer (de frio)	титрамоқ	titramoq
trocar (vt)	алмашмоқ	almashmoq
trocar, mudar (vt)	алмашмоқ	almashmoq
usar (uma palavra, etc.)	ишлатмоқ	ishlatmoq
utilizar (vt)	фойдаланмоқ	foydalanmoq
vacinar (vt)	емламоқ	emlamoq
vender (vt)	сотмоқ	sotmoq
verter (encher)	қуймоқ	quymoq
vingar (vt)	қасос олмоқ	qasos olmoq
virar (~ para a direita)	бурмоқ	burmoq
virar (pedra, etc.)	ўгириб қўймоқ	o'girib qo'ymoq
virar as costas	юз ўгирмоқ	yuz o'girmoq
viver (vi)	яшамоқ	yashamoq
voar (vi)	учмоқ	uchmoq

voltar (vi)	қайтмоқ	qaytmoq
votar (vi)	овоз бермоқ	ovoz bermoq
zangar (vt)	жаҳлни чиқармоқ	jahlni chiqarmoq
zangar-se com …	жаҳли чиқмоқ	jahli chiqmoq
zombar (vt)	масхара қилмоқ	masxara qilmoq

www.ingramcontent.com/pod-product-compliance
Lightning Source LLC
Chambersburg PA
CBHW062055080426
42734CB00012B/2659